西北农林科技大学奖学金获奖学生

风 采 录

主　编　闫祖书
副主编　王文博　李国龙　赵　静
　　　　　薛建鹏
参　编　张永斌　仲　会　王阳修
　　　　　卫晓晶　徐陈松

西北农林科技大学出版社
·杨凌·

图书在版编目(CIP)数据

西北农林科技大学奖学金获奖学生风采录 / 闫祖书主编. -- 杨凌 : 西北农林科技大学出版社, 2024. 11.
ISBN 978-7-5683-1504-3

Ⅰ. K828.4

中国国家版本馆 CIP 数据核字第 2025C5L599 号

西北农林科技大学奖学金获奖学生风采录

XIBEI NONGLIN KEJI DAXUE JIANGXUEJIN HUOJIANG XUESHENG FENGCAILU

闫祖书 主编

出版发行	西北农林科技大学出版社		
地　　址	陕西杨凌杨武路 3 号	邮　编:712100	
电　　话	总编室:029 - 87093105	发行部:029 - 87093302	
电子邮箱	press0809@163. com		
印　　刷	陕西森奥印务有限公司		
版　　次	2024 年 11 月第 1 版		
印　　次	2025 年 2 月第 1 次印刷		
开　　本	787mm × 1092mm	1/16	
印　　张	20		
字　　数	347 千字		

ISBN 978-7-5683-1504-3

定价:56. 00 元

PREFACE

序

奋斗是青春最亮丽的底色。为了鼓励广大西农学子努力学习、勇于实践、敢于创新，学校为每一个学生打造了追求卓越的梦想舞台，不断完善"人人尽展其才、人人皆可出彩"的奖学金体系，每年评选出1 000余名优秀的本科生，向他们颁发国家奖学金、国家励志奖学金、校长奖学金。他们勤于学习、求知若渴，他们潜心科研、勇于探索，他们心中有爱、乐于奉献，他们是全学校2万多名青年学子的优秀代表，他们用自己的言行和品质展现着当代大学生的精神风采，诠释着新时代中国青年的价值取向与道德追求。

榜样的力量是无穷的！欣逢我校九秩华诞，为了近距离让学生领略榜样事迹、感悟榜样风采，学校遴选出96名在2018—2022年期间获得国家奖学金、国家励志奖学金及校长奖学金学生代表的突出事迹，希望借此引领全校学生向先进学习：学习他们发奋学习，以学为本，遨游书海，精勤不倦，焚膏油以继晷，恒兀兀以穷年；学习他们不畏困苦，穷且益坚，艰苦砥砺，自立自强，鸿鹄博高风，不坠青云志；学习他们心怀天下，志存高远，热心公益，勇于担当。

行动是青年最有效的磨砺。衷心期冀西农广大学子借榜样之力，挺膺向前，胸怀理想、崇德修身，治学求真、知行合一，做赤诚的攀登者，做脚踏实地的赶路者，用终身的奋斗回答时代之问，用实际的行动勇担强农兴农的使命，为实现中华民族伟大复兴贡献力量。

闫祖书

二〇二四年八月

CONTENTS

目录

国家奖学金获得者代表

国家励志奖学金获得者代表

校长奖学金获得者代表

国家奖学金获得者代表

光荣榜

屈媛媛	娄宇飞	方晓丽	叶永凯
李志鹏	商红兵	于咏雪	闫佳丽
刘博文	白利华	黄志一	陈杉杉
刘　习	桑　鹏	张智伟	房乾光
李正华	徐明辉	周格格	牟湘宁
赵　甜	曲玉馨	倪　可	刀　倩
张怡萌	闫　堃	张李京尧	王松林
张鑫璐	李浩欣	姚文慧	张晓雨

国家奖学金

为激励广大学生勤奋学习、努力进取，在德智体美劳等方面得到全面发展，中央政府出资设立国家奖学金，用于奖励特别优秀的二年级以上（含二年级）的全日制普通高校本专科（含高职、第二学士学位）在校生。

国家奖学金是评审最规范、标准最严格、荣誉等级最高的奖学金，自2002年设立以来，每学年评选一次，实行等额评审，坚持公开、公平、公正、择优的原则，奖励标准为每人每年8 000元，颁发国家统一印制的奖励证书，并记入学生的学籍档案。

你若盛开　蝴蝶自来

——食品科学与工程学院屈媛媛

屈媛媛，女，汉族，1996 年 2 月生，中共预备党员，食品科学与工程学院食品质量与安全专业 2015 级学生。大学期间曾获得国家奖学金、国家励志奖学金和专业一等奖学金。其他奖项还有：全国大学生生命科学创新创业大赛国家级三等奖；中国“互联网 +”大学生创新创业大赛省级铜奖、校级银奖；西安农村电商创业创新大赛三等奖；校级学科竞赛获奖十余项。被授予“三好学生”“优秀团员”“优秀学生干部”“优秀团干部”“社会实践先进个人”“社会实践标兵”等称号。入选 2018 年《人民日报》“本专科国家奖学金获奖学生代表名录”。

坚定信念，锤炼党性

刚入大学我就递交了入党申请书，获得中共西北农林科技大学委员会党校第十九期入党积极分子培训班“优秀学员”称号。我在 2016—2018 年担任食品 1505 班团支部书记期间，在加强个人理论知识学习的同时，积极组织班级同学开展了一系列有创意、贴近大学生生活的活动，如红色歌曲比赛，积极参加“三严三实”“两学一做”“党的十九大”系列活动，并为同学们编写、分发学习材料。在校级优良学风示范班验收工作中，班级被学校评为“优良学风示范班”。

每次的“三会一课”，我都是按时积极参加，我的笔记本上密密麻麻地记着党的理论知识，由我牵头组织的党员笔记展示大赛，得到了组织的肯定和好评。同时，我还积极参与组织各类实践活动，如赴扶眉战役烈士陵园、八路军西安办事处纪念馆等地参观学习，积极参加党支部举办的党员 PPT 大赛等，并在“两学一做”学习教育成果分享中获得二等奖，受到支部的一致好评。

勤学好问，不断攀登

初入西农，在高手如云的食品科学与工程学院，我的成绩并不理想，甚至有几门课的成绩挣扎在及格的边缘，期末考试后我很认真地反思了一年来自己的学习情况，然后在心中暗暗告诫自己，不能再这样下去了，我必须从内到外彻底改变。高等数学不是我的强项，课堂上老师讲解的每一道经典例题，我都一一记录下来，在课下反复思考，实在弄不明白的地方便去老师办公室请教。尽管这样努力，我的成绩还是远远不如很多同学。这虽然让我有点气馁，但让我感到欣慰的是，通过老师的谆谆教导和耐心讲解，我收获了最珍贵的学习方法和学习习惯，这让我在接下来的专业课学习中受益匪浅。

三年来我坚持这种方法和习惯，不断进步，每一门课都认真对待，学积分从大一上学期的 77.82 分到大三下学期的 94.38 分，我用数据证明了自己的努力。尤其是在“食品微生物学”这门课的学习中，我找到了自己对科研的兴趣，开始适应了大学的生活节奏，且不断尝试突破，闯出了自己的一片天地。

躬行实践，勇于探索

大三接触专业课后，我发现自己对食品安全问题特别感兴趣，于是在 2017 年，我进入杨保伟教授的食品安全与微生物实验室学习。通过与研究生师兄、师姐的接触和学习，让我对于诸如菌株接种及保藏、分离鉴定、API 试纸条菌种鉴定、药物敏感性测定、聚合酶链式反应（PCR）、脉冲场凝胶电泳（PFGE）、Southern Blot 等微生物实验操作的基本技能有了完全的掌握。

在与周围优秀人的相处中，我发现自己在创新意识方面还有所欠缺。于是在平时提高自身实验技能的同时，我还在一学期内先后主持和参与了不同类型的课题，为自己未来进入科研领域打开了一扇新的大门。下面是我参加的科研项目：

科研类：独立承担“食品功能因子导致沙门氏菌耐药性消除的机制”课题。致力于解决抗菌药物使用不合理导致的问题，保障食品安全，为农副产品的深加工和食品安全研究提供新思路。

研发类：加入高活性羊乳乳酸菌产品的研发团队。本项目选取羊乳，通过乳酸菌发酵制成一种新型发酵型饮料，以期开发一种新型发酵饮品，为乳酸菌饮品开发提供新的方向。

创业类:主持“亚麻籽油精准适度加工及产品营销策划”创业训练项目,主要从事亚麻籽油的市场营销服务。该项目的另一个课题在中国“互联网+”大学生创新创业大赛中获得省级铜奖、校级银奖,同时作为本校唯一一支获奖的大学生团队参加了西安农村电子商务创业创新大赛并获得三等奖。

另外,我还参与了2018年陕西省“西源汇”第二届“金孵奖”评选活动及西安电子科技大学专场推介会,赢得了主办方的肯定。

“不积跬步,无以至千里;不积小流,无以成江海。”我始终认为,机会是留给有准备的人,只有平时不断地积累知识并积极实践,才能在关键时刻创造机会、把握机会。

身先为率,律己服人

对待学生工作,我认真负责、甘于奉献,因工作出色而被授予2017年度校级“优秀学生干部”和2018年度“优秀团干部”称号。

在学生会,从大一至大二,我从学院学生会就业信息部的志愿者成长为部委、副部长。后将工作重心转移到社团,担任大学生职业规划与发展协会会长,曾多次联合陕西其他高校,为同学们提供学业生涯规划的服务。班级工作中,大一时通过竞选我担任了科创委员;大二时,我被推举为团支部书记并担任至今。任职期间,我有效配合老师的工作,积极组织同学讨论,营造了良好的学习氛围,班级成绩优秀率和英语四、六级通过率都有所提升,大二学年我所在班被授予校级“优良学风示范班”荣誉称号。

从大一起,我便注重参与社会实践。2016年寒假我在洛川县槐柏镇东头村进行调研,撰写的论文《“千村万户”精准扶贫调研》获得校级一等奖、《回访母校,薪火相传》获得校级二等奖。2016年7月,我参与“洛川苹果产业效益调研”“三下乡”活动,深入我校在洛川建立的苹果试验站和周围农村进行实地调研考察;10月,我获得“互联网+引领洛川苹果经济新形势”演讲比赛校级三等奖;农村社会实践竞赛校级三等奖;被授予2016年度“社会实践先进个人”荣誉称号。2017年我担任第十二届村委会主任助理,业余时间下乡服务,宣传食品安全知识,任期一年;被授予2017年度“社会实践标兵”荣誉称号。

社会实践让我逐渐了解国情、了解社会,增强了自己的社会责任感和使命感,并对自身的成长产生紧迫感,对我增强适应社会、服务社会的能力,发展组织协调能力和创新意识,提高个人素养,完善个性品质等方面起到了重要的作用。

师长点评

厚积薄发始于点滴积累,屈媛媛同学正是这样规划自己的学业蓝图的。作为班级干部,她成绩优良,帮助学困生,带动学风建设;在生活中热情洋溢,团结同学,拥有良好的人际关系,体现了新一代青年人朝气蓬勃的精神面貌和风采。

食品科学与工程学院院长　刘学波

励志座右铭

心中有阳光,脚下有力量。

勇敢追梦　不负韶华

——动物科技学院娄宇飞

娄宇飞，女，汉族，1999年5月生，共青团员，动物科技学院动物科学专业2016级学生。大学期间曾获得国家奖学金、感恩中国近现代科学家奖学金、第三届全国大学生动物科学专业技能大赛团体特等奖及第四届全国大学生生命科学创新创业大赛一等奖、教育部主办的全国大学生“互联网+”创新创业大赛国赛金奖、校级“三好学生”、“口才之星”、“创新创业标兵”、北京生命科学研究所（NIBS）暑期训练计划优秀学生等荣誉，现已推免至清华大学。入选2019年《人民日报》“本专科国家奖学金获奖学生代表名录”。

爱拼才会赢

荣誉的背后往往是艰辛的付出，在大四学期开始的时候，我接到了学院的指派——参加第三届全国动物科技生产技能大赛。这对我来说并不是件容易的事，尤其是我需要负责主攻一个项目——“猪背膘厚度及眼肌面积的测定”。这个项目历来都是选手们叫苦不迭的，因为在练习的时候，需要频繁地前往猪场，和猪一次次地“亲密接触”。并且，这次比赛所采用的仪器是20多万元的专业仪器，而学校当时只具备2万多的B超仪，设备上的悬殊差距也让人很难有底气去承担这项艰巨的任务。身边的人都在打退堂鼓时，我毅然地站了出来，主动承担了这个任务。于是，每周4~5次，在上课、做实验之余，我会和小伙伴前往山下的畜牧场，风雨无阻，从零开始学习背膘仪的使用方法、测定方法。地面的污水染黑了我的鞋底，却没能阻挡住我前行的脚步；长久的奔波虽使我精疲力竭，但我的内心却更加坚定，那就是不辜负学院的重托，延续动物科技学院动物科学的那份辉煌。

“苦心人，天不负。”在最终的比赛中，我们凭借着扎实的专业功底和熟练的操作技能，齐心协力完成了每一个项目。为了准确完成外貌评定项目，我想都没想就趴在地上，用手扒着猪腹部进行观察评分。最终，我和我的伙伴拿下了团队特等奖以及多项一等奖、二等奖和单项奖。在上台领取证书的那一刻，我突然觉得，自己近两个月的辛苦都值得了。或许，正是因为这份甘于吃苦、敢于拼搏的精神，才让我无坚不摧、所向披靡。

两场考试

大四开学后，很多人都羡慕我拿到了清华大学的推免，他们感慨我的优秀，殊不知暑假里，为了按时参加夏令营，我付出了多少的艰辛！7 月 9 日，清华大学夏令营开始了，名校极高的门槛，复杂的面试、笔试流程要求我在 8 号晚上参加笔试，而 9 号，学校里还有一门考试在等着我。缓考？学校行不通；放弃夏令营？我不甘心。面对此情此境，我只能积极争取，于是我先向主办方请了一上午的假。8 号晚 7 点，我以最快的速度完成了笔试，甚至来不及检查一遍，我便踏上去机场的地铁，像一片落叶般乘上最后一趟飞往西安的航班。当时，在候机大厅，我的心忐忑不安，因为根据航班记录，这班飞机经常会晚点，如果晚点将意味着我很难赶上学校的考试了。

但那一天我的运气实在好，飞机竟像与我约定好似的，准时落了地，我终于能够顺利地赶上考试了。在飞机上，我本想再复习一小会儿，可是起飞后不久所有灯都突然熄灭——这个世界和我说了晚安。在窗口边的我就借着手机微弱的光匆匆翻了一遍书，但又害怕打扰到旁边人的休息而不敢持续太久。

这次的经历让我知道，当一个人有决心克服一切困难的时候，上天都会忍不住帮她一把。于是在那一天，飞机带着呼啸的气流，准时而安全地降落在了西咸机场。简短的休息之后，我镇定自若，准时地参加了考试。考完之后，我又一次坐上了飞往北京的飞机。下午 3 点，我终于和北京的阳光道了安。20 个小时内，我考了 2 次试，特别是在清华大学的笔试中还获得了老师的肯定。

来回奔波两千多公里，连小憩一下都成了奢望。那天晚上躺在北京的酒店中，我心潮起伏，感慨颇多，天无绝人之路，无论遇到多大的困难，只要有心去克服，都能迎刃而解。在别人都在因考试和夏令营冲突而无奈选择放弃时，我两边同时进行，两手抓，却也做到了“两手都硬”。而解决问题的关键，就是我那不惧艰难、迎难而上的决心与付出。

岁月不老

未来要干什么？这个在很多人看来都很迷惑的问题，在我心中却早有了答案。首先，我递交了由于之前未到年龄而一直没有递交的入党申请书，我已决定要用马克思主义理论武装自己，更好地为建设中国特色社会主义尽自己绵薄之力。我的专业原本是动物科学，是要和畜禽“共度余生”，然而大学生活却开阔了自己的眼界，我决心把衰老与抗衰老机制研究作为自己一生的追求，去寻找让身体“永葆十八岁”的秘诀。这不，有关线粒体衰老、内质网功能的相关文章已堆满我的案头，我已经和相关的老师取得了联系，正摩拳擦掌、跃跃欲试。

有人问我，以后人类真能长生不老吗？我莞尔一笑，那份笑容中的淡然与自信仿佛在告诉别人，当一个人心态永远年轻，不畏惧挑战与困难，征服了岁月，岁月怎能让她衰老？

师长点评

娄宇飞同学性格热情开朗，积极向上。为人随和而有主见，与同学相处融洽。是非分明，有责任心，对任何事都能尽职尽责地做好。对待学习和科研态度端正，创新意识强烈，不断要求自我进步，是一名优秀的大学生。

心理发展与教育中心讲师　窦龙

励志座右铭

不负韶华，向阳而生！

脚踏实地　志存高远

——经济管理学院方晓丽

方晓丽，女，汉族，1999年4月生，中共党员，经济管理学院会计学专业2017级学生。本科四年学积分成绩95.22分，排名年级第1，英语六级成绩631分，发表SCI论文1篇，连续三年获得国家奖学金，现免试推荐至北京大学攻读硕士研究生。在校期间，曾获全国大学生英语竞赛一等奖、全国大学生数学竞赛二等奖、全国大学生能源经济学术创意大赛三等奖、亚太地区大学生数学建模竞赛三等奖等奖项，被授予"三好学生""优秀大学生""优秀共青团员"及"百名校园之星——学习之星"等荣誉称号。入选2021年《人民日报》"本专科国家奖学金获奖学生代表名录"。

坚定信仰，与时俱进

思想方面，我积极向党组织靠拢，大一一入学便向党组织递交了入党申请书，平时积极学习党的理论知识，关注时事政治和国家方针政策，不断提高自己的思想觉悟，树立了良好的人生观和道德观，现已成为一名光荣的中共党员。在党组织的教育、培养下，我更加明确了自己肩负的责任，在生活中从点滴做起，尊重师长，团结同学，发挥党员的先锋模范作用。

"非学无以广才，非志无以成学"。学习上，我始终坚信一分耕耘、一分收获，大学期间，我基于明确的学习目的、端正的学习态度和良好的学习方法，一方面，勤奋刻苦、努力学习，课堂上认真听讲、勤学好问，课余时间就泡在图书馆和自习室，在完成老师布置的各项学习任务的同时，主动拓宽知识面，不断充实和提高自我。另一方面，我注重学习方法的改进，主动灵活学习，不断提高学习效率。大学期间，本着对学习的热爱，通过老师们的谆谆教诲和自己的不懈努力，在学习方面我取得了优异的成绩。

课程学习方面，我注重高效专一，前五学期排名均为专业第1(1/94)，学积分95.22分，GPA3.96，连续三年获得国家奖学金、三好学生等荣誉。在三年的课程学习中，我打下了坚实的数学功底，所学的数理课程卷面成绩均获满分，包括“高等数学(甲)”“线性代数”“概率论”与“数理统计”等，并获全国大学生数学竞赛二等奖。同时，我致力于将数学能力与科研探索和论文写作相结合，积极参加数学建模竞赛，获美国大学生数学建模竞赛国际二等奖、全国大学生数学建模竞赛陕西赛区二等奖和亚太地区大学生数学建模竞赛三等奖。在英语学习方面，我热爱并且坚持学习英语，具备良好的听、说、读、写、译能力，英语六级成绩631分，曾获全国大学生英语竞赛一等奖、“外研社杯”全国英语写作大赛陕西赛区二等奖等奖项。

潜心笃志，磨炼能力

大三期间，我搜集了中国259个地级市的相关数据，撰写全英文论文，获全国大学生能源经济学术创意大赛三等奖，并发表于SCI期刊。此外，我以团队负责人的身份申请了省级大学生创新训练项目，通过实地调研，获得344份农户微观数据，撰写实证分析论文，项目结题良好。

本科期间在科研路上不断探索，虽然有过很多挑战，但也帮助我积累了丰富的经验，让我的科研素养和研究能力都有了质的飞跃，同时这些科研经历也使我更加坚定了继续深造的选择。

在学习和生活之余，我本着认真负责的工作态度，积极参与学生工作。大学期间，我在大一学年担任校团委组织部委员、大二学年担任2018级班主任助理、大四学年担任党支部宣传委员。在日常工作中，我认真完成老师分派的任务，积极帮助同学，在为同学服务的同时也锻炼了自己各方面的能力。此外，我还参加了很多文体和实践活动，丰富了自己的课余生活；通过参加学校的演讲比赛和辩论赛，提高了我的语言表达能力和自我展示的勇气；通过担任马拉松志愿者和参与海外支教项目，坚定了自己服务社会、奉献社会的信念；通过多次参加社会调研活动，锻炼了我的团队合作能力及吃苦耐劳精神。平时，我也会通过跑步等来强身健体，为自己将来步入工作岗位储备良好的身体素质。

常怀感恩，乐观生活

生活中，我是一个乐观积极、常存感恩之心的女孩，尊重师长，对待同学热情大方、真诚友善。大学期间，在学习和生活中我和同学们互帮互助、共同提高，尽我所能地对学弟学妹们的困惑提供帮助。我很珍惜和老师、同学们相处的缘分，也很感恩在大学期间遇到的所有的老师和同学，感谢他们对我的关心和鼓励，感谢他们让我的大学生活变得更加美好和精彩。在闲暇时间，我也会通过画画、慢跑、打羽毛球等方式使身心得到放松，从而以更加饱满的精神状态投入到学习和工作中。

大学期间，我在各个方面都取得了很大的进步，这三年的点点滴滴无不记录着我的努力和成长。凡是过往，皆为序章，目前我已成功保研至北京大学，在今后的学习和生活中，我会继续以积极的态度、饱满的热情，不断地充实和提升自我，以求有更优异的表现！

师长点评

方晓丽同学四年来始终保持最优异的综合成绩和最踏实的学习态度，在思想、学习、生活上，都是年级之表率、学院之楷模。望其在今后的治学道路上砥砺奋进，用扎实的学识和满腔的热忱为国家和社会作出应有的贡献。

经济管理学院党委副书记　张军驰

励志座右铭

做一个自由又自律的人，凭着一股言行必果的精神创造出人生的辉煌。

所谓辉煌　只有坚持

——机械与电子工程学院叶永凯

叶永凯，男，汉族，2001 年 5 月生，中共预备党员，机械与电子工程学院电子信息工程专业 2018 级学生。在校期间，获国家奖学金 2 次，校长奖学金、专业一等奖学金 3 次；荣获中国机器人大赛一等奖、全国大学生数学竞赛（非数学类）一等奖 2 次、陕西省大学生高等数学（本科）竞赛一等奖，以及校“三好学生”“优秀大学生”“优秀共青团员”等荣誉称号；发表 SCI 论文 2 篇，获国家实用新型专利授权 1 项。入选 2022 年《人民日报》“本专科国家奖学金获奖学生代表名录”。

坚持真理，坚守理想

进入大学，面对全新的环境，我及时调整自己的状态，以积极向上的态度去面对每一件事情，其间经历了许多，成长了许多，也慢慢地得到同学、老师的认可。我做人有原则，做事有恒心，待人和善，认真负责，一直以高标准严格要求自己。热爱专业学习，有着扎实的工作作风，善于吸收新知识。

我具有坚定的政治方向与良好的道德修养，热爱祖国，遵纪守法，团结同学，乐于助人，并积极参与学校开展的各项活动。勇于开展批评与自我批评，在日常生活中一直以党员的标准严格要求自己，积极参加组织生活会，学习先进思想，聆听同学发言，向优秀党员看齐，为实现中华民族伟大复兴中国梦奉献自己的力量。

投身实践，奉献自我

课余，我积极参加社会实践活动，于 2018—2019 学年加入机械与电子工程学院创新创业部，以志愿者身份发挥着自己的一份力量。在担任学生会干部期间，我以身作则，不断提高个人素质。作为班级一分子，我积极参加学校举办的篮球赛、啦啦操等活动，并在形式多样的工作中积累了丰富的经验，为服务班级、学院、学校奠定了良好的基础。除此之外，我还参加了田园使者、杨凌农科城国际马拉松赛志愿者等活动。凡此种种，让我深深体会到，作为新时代青年，不能只学习书本知识，一定要积极参与社会实践活动，在社会实践中学会理论联系实际。带着这样的一份激情，在大三下学期，我主动担任了班级的班长，积极为班级同学解决学习、生活中的难题，带领班级走向新的辉煌。

知易行难，知行合一

我大一学年学积分 91.10 分，位于电信专业第 2 名，大一学年一次性通过大学生英语四六级。大二学年学积分 94.09 分，位于电信专业第 1 名，大三学年学积分 95.02 分，位于电信专业第 1 名。目前三年平均学积分为 93.14 分，GPA 为 3.88。学业课程“高等数学(甲)”上、下，“复变函数”“线性代数”“模拟电子技术基础”和“通信原理”等多门课程取得满分的成绩。我知道，真正的强者不能局限于过去的成绩，我时刻提醒自己，在仰望星空的同时，要脚踏实地、戒骄戒躁。

我有着丰富的学科竞赛经历，曾于 2019 年 9 月参加中国机器人大赛，所在团队获得国家级一等奖；2019 年 11 月参加第十一届全国大学生数学竞赛，获省级一等奖；2019 年 12 月参加陕西省第六届大学生高等数学竞赛，获得省级一等奖。此外，2020 年 5 月成功申请 1 项国家级创新创业训练项目，并获得实用型新型专利 1 项。2020 年 12 月以全校第一名的成绩获得第十二届全国大学生数学竞赛省级一等奖并晋级全国竞赛。2021 年 5 月参加第十二届全国大学生数学竞赛决赛，获国家级三等奖。目前以第一发明人获得实用型新型专利 1 项，发表 SCI 论文 2 篇，其中以第一作者发表一篇中国科学院一区 TOP 期刊论文。

目前我已被推免至浙江大学生物系统工程与食品科学学院农业机械化工程专业。展望未来，我将满怀激情，坚守理想，奉献自我，践行自己“落木无边江不尽，此身此日更须忙”的夙愿。

师长点评

叶永凯同学学习认真努力，勤奋严谨，专业知识掌握扎实、牢固，并能将所学知识与实践相结合；工作积极主动，踏实负责，能创新性地开展各项工作，工作成绩突出；团结同学，尊敬师长，积极帮扶同学，能起到模范带头作用。

机械与电子工程学院副教授　吴婷婷

励志座右铭

时刻牢记师长教诲，以奋斗为美，撸起袖子加油干。

脚踏实地　仰望星空

——植物保护学院李志鹏

李志鹏，男，汉族，中共党员，1997 年 6 月生，植物保护学院制药工程专业 2015 级学生。在校期间，连续三年获专业综合测评成绩第一，通过国家英语四、六级考试，保送为清华大学药学院直博生。自 2015 年起，连续三年获得国家奖学金，获得专业一等奖学金 4 次以及全国大学生数学竞赛陕西省二等奖、陕西省阳光排球锦标赛男子组冠军、西北农林科技大学大学生化学实验技能竞赛三等奖，被授予校级“三好学生”“优秀团员”“优秀团学干部”“文体活动先进个人”等称号。

筑实学习知识

我的大部分时间都用在学习，而且收获也来自学习。高中三年，“学习是学生的第一要务”这句话深深地烙在了我的脑海中；大学三年，我也很好地秉持了这个原则，刻苦学习，努力务实，善于总结，认真学习基础课和专业课，同时博览群书，为今后的学习打下坚实的理论基础。“宝剑锋从磨砺出，梅花香自苦寒来。”在老师、同学的指导、帮助下，我取得了比较理想的成绩：大一、大三两年均取得专业第一的成绩，另外还获得过 3 次国家奖学金和 4 次专业一等奖学金。虽然取得了以上的成绩，但我知道离自己的期望还很远，很多方面还需要进一步完善。为此，在努力学好专业课的同时，我还长期坚持自学，空余时间经常泡在图书馆里，或者通过上网的方式查阅资料来充实自己，及时补充课堂知识的不足：这些做法，拓宽了我的视野，丰富了我的知识。

作为一名制药工程专业的学生，我深知创新思维和动手能力的重要性。因此在学好专业知识的同时，实验室便成为我将专业知识付诸实践最佳的场所。大二时，我申请到了一个国家级大学生创新训练项目——“石蒜杀虫活性测定”，经过两年努力，该项目以“优秀”等级顺利结题。大三一年，我又进入化学与药学院的药理实验室，学习一些基本的实验操作和方法论。这些经历让我进一步明确了自己的研究方向。当然，我也知道，只有先大量积累相关知识，通过解决不同类型的问题，然后提出问题并开发合适的模型，才能最终解决问题。

思想积极进取

一个好的思想、好的态度，是我们做事的基础。因此，我特别注重培养正确的世界观、人生观、价值观，努力提高自己的思想政治觉悟。日常学习、生活、工作中，无论做什么，我都非常注重德行。在校期间，我始终以一名党员的标准严格要求自己，认真学习党的工作路线，正确贯彻党的方针政策，时刻关注着党和国家的发展形势，以及国内外的局势变化。牢记党的宗旨，全心全意为人民服务，力争做到工作中任劳任怨，生活中艰苦朴素，在同学中起表率作用。2016 年 12 月，我光荣加入了中国共产党，成为中国共产党的一分子。

努力提升自我

工作上脚踏实地，认真做好分内工作，有很强的责任心和组织能力。大一时，基于对集体生活的憧憬，我加入了院团工委组织部，之后在新闻宣传部担任副部长一年。两年的时间，让我认识到团工委、学生会，既是组织又是家，它有家长的关怀，有伙伴间的情谊。这两年的工作，除了信念、责任，让我诚心诚意地愿意为同学们提供服务外，它更是对自己初心的一个交代，也是对学生会中爱的传承。除此之外，我还是校男子排球队的一名成员，曾代表学校参加比赛，获得省级冠军。自然而然，我还是我们院排球队的队长，曾带领院队两次获小组出线。

通过方方面面的锻炼，让我学会了独立与自强，综合素质也得到了极大的提升。今后，我将要更加严格地要求自己，以更加优异的成绩回报师友、回报学校、回报社会。

时光荏苒，三年的时间很快就要过去，回味过往岁月，通过一点一滴的付出，我取得令人满意的成绩，完成了自己入学初设定的各项目标，拿到了去清华大学读研的名额，这是对我矢志不渝坚持的回报。我的成功，离不开老师们的辛勤教导与谆谆教诲。在此，我对他们表示诚挚的感谢。

三年时间，我学到了很多，也成长了很多，“已往不可谏，未来犹可追，理想其未远，振翼而腾飞。”以后的路还很长，我将以更大的努力为更高、更强、更远的目标而奋斗。我深知，自己还有许多不足之处。今后，我将继续以积极的态度、饱满的热情，把握机会，投身到学习和生活中去。“欲穷千里目，更上一层楼”，请大家拭目以待吧！

师长点评

李志鹏同学始终以党员的标准严格要求自己，严于律己，诚实守信，做事踏实；学习勤奋刻苦，积极进取，稳居专业第一名；热爱运动，为校院排球队争得了一项项荣誉，是师长眼中的好学生，是朋辈中间的知心学霸。

植物保护学院党委副书记　汪振明

励志座右铭

专注与坚持是全世界通行的货币，也是凭以遨游人生大海的诺亚方舟。

天道酬勤　汗水凝金

——机械与电子工程学院商红兵

商红兵，男，汉族，1996 年 12 月生，中共党员，机械与电子工程学院机械设计制造及其自动化专业 2015 级学生。大学期间曾连续三年荣获国家奖学金、专业一等奖学金，获第五届全国大学生工程训练综合能力竞赛陕西赛区一等奖、第八届全国大学生机械创新设计大赛陕西赛区二等奖，获校级“三好学生”“优秀学生干部”等荣誉称号。

思想先导，价值引领

思想上，我积极上进，不断向党组织靠拢。一入大学，我便向党组织递交了入党申请书，平时和班上的积极分子一起认真学习马克思列宁主义、毛泽东思想、邓小平理论、“三个代表”重要思想、科学发展观、习近平新时代中国特色社会主义思想，关注国内外大事和国家方针政策。作为一名中共党员，我始终以党员的标准严格要求自己，从身边的小事做起，从身边的一点一滴做起。党的十九大以来，我深刻地体会到了改革开放给中国带来的巨大变化，并且感受到了作为一名新时代中华儿女的骄傲与自豪，我暗自发誓要努力学习，为中华民族的伟大复兴和中国梦的实现而努力奋斗！

天道酬勤，汗水凝金

奥斯特洛夫斯基说过：“生活赋予我们一种巨大的和无限高贵的礼品，这就是青春：充满着力量，充满着期待、志愿，充满着求知和斗争的志向，充满着希望、信心和青春。”是的，每个人的成功都不是偶然的，而是用一滴滴汗水与一次次坚持铸就的。大学里充满了竞争，要想在这个人生舞台上脱颖而出，就必须时时刻刻做好吃苦的准备，必须时时刻刻做好努力奋斗的准备。作为一名大学生，自进入大学以来我就明白学习是学生的第一要务。于是，从大一开始我便认真听课，勤于思考，遇到不懂的问题便向老师和同学请教，尤其是高中到大学的过渡期间，我非常幸运地遇到了很多优秀的老师和学哥学姐，他们为我排忧解惑，与我畅聊人生，这是我能够从高中顺利地考入大学的重要原因。

在学习过程中我也遇到了很多困惑，专业课的难度偏大曾让我一度崩溃，压力充斥着自己的身体，还好在周围老师和同学的帮助下，我度过了那段艰难的时光，也明白了少一点怨天尤人、多一分自尊自立的道理，通过自己的不断进取，努力改变现状，这才是积极的人生态度。作为一名机械类的工科学生，在保证基础课程学习的情况下，我还参加了一些科创竞赛，并获得第五届大学生工程训练综合能力大赛陕西赛区一等奖和第八届大学生机械创新设计大赛陕西赛区二等奖。

空谈误国，实干兴邦

作为机制 1504 班的班长，围绕着班级事务，我积极配合辅导员以及班主任工作。作为一名学生干部，我明白必须处理好学习与工作之间的关系，大学的班长一职并不像想象当中的轻松，各种表格的制作以及各种信息的统计令我手忙脚乱，占用了我许多学习的时间。对此我毫无怨言，及时调整状态并且耐心细致地完成每一项工作，从而在工作当中锻炼了我的能力。党的十八大闭幕后，习近平总书记多次提到“空谈误国，实干兴邦”，这对我影响颇深，因而少说话、多做事成为我的标签。在我和班级内其他班委以及全体同学的努力下，班级建设取得了很大的成就，获得校级“优良学风示范班”“先进团支部”“先进班集体”等集体荣誉，班风积极向上，学习氛围浓厚，同学之间友好和睦。

以心相交，成其久远

每天我都以饱满的热情迎接生活中的每一个挑战。与此同时，感恩则是伴随着我大学生活的另一个标签，我感恩国家、感恩社会、感恩学校，他们为我提供了众多的奖助学金，让我这样一个来自贫困家庭的普普通通的大学生能够在无忧无虑的天地中完成我的大学学业。正是基于这样的认知，在四年的大学生活中，我积极参与社会实践和献爱心活动，希望通过自己的努力回报社会。我明白以心相交，方能成其久远，我用心对待每一个人，并以饱满的热情迎接每一天的挑战，在我和宿舍同学的共同努力下，我所在宿舍连续三年被评为校级“五星级文明宿舍”。

仰望星空，脚踏实地

仰望星空，寥廓而深邃、庄严而圣洁，它激人奋进、令人神往，冥冥之中，我感觉这壮丽而光辉的星空就是未来我们描绘宏伟蓝图的广阔天地，它需要我们年轻人的付出，它为我们年轻人努力拼搏提供了大舞台，任我们施展才华。由此我联想到我们伟大的祖国，回望中华人民共和国成立，尤其是改革开放以来，我们所取得的辉煌成就，无不凝聚着无数仰望星空的人的智慧、心血和追求。

脚踏实地，就是要求真务实、身体力行，要扎扎实实地从小事做起，一步一个脚印向前迈进。我们这一代的大学生，就是要树立起为振兴中华而勇担大任的使命感，并将之融入当前的学习和将来的工作中去，学会做人，学会做事。

师长点评

天行健，君子以自强不息。商红兵同学秉持着天道酬勤的态度规划着自己的大学生涯，在他身上，我们看到了当代大学生永不言弃、志存高远、锐意进取的精神。

机械与电子工程学院辅导员　马香丽

励志座右铭

天道酬勤，汗水凝金。

不忘初心　方得始终

——人文社会发展学院于咏雪

于咏雪，女，汉族，1998年9月生，共青团员，人文社会发展学院法学专业2016级学生。曾获国家奖学金(2次)、专业一等奖学金(3次)、华中科技大学口述史2017暑假调研优秀奖、“汉字知多少”校级比赛二等奖、“润心”实训活动校级比赛三等奖等奖项，被授予校级“优秀团干部”“优秀干部”“三好学生”“优秀团员”等荣誉称号。杨凌农科城国际马拉松赛志愿者。

精深是一种追求

小时候坐在曾祖父的膝头，听他叙述战火纷飞的年代，在简单朴实的话语中体味共产党员与敌人的斗智斗勇，感叹共产党员的足智多谋与骁勇善战。从那时起，成为共产党中的一员，就如同一颗种子埋在了我的心田。随着年龄的增长与学识的增加，我对党的认知不断深化，对党的感情也愈发炽热，进入大学后更是如此。通过对“马克思主义基本原理”和“毛泽东思想和中国特色社会主义理论体系概论”课程的学习，我对共产党的先进理论思想有了更加透彻的理解。作为法学1602班团支书，我通过开展学生工作，对全心全意为人民服务这一宗旨有了深刻的理解。学院开展的各项活动为我这颗入党的“种子”浇水施肥，定时召开的团组织生活会提高了我的思想认识，党旗领航工程让我感受到了党员的先锋模范作用。在课余时间，我会主动研读相关名著，如《共产党宣言》《毛泽东选集》，细细品味其中的哲理，从而进一步坚定了我加入中国共产党的决心。

2016年12月，我向党支部郑重地递交了入党申请书。2017年7月，党课培训结业，我正式成为一名入党积极分子。2018年10月，通过班级民主投票、党支部组织理论考试与答辩，我成为党员发展对象。这对我来说，是莫大的鼓舞，它离我成为一名正式的中国共产党党员越来越近，在接下来的日子中，我将以党员的标准严格要求自己，努力去实现自己的人生理想。

优秀是一种习惯

“永远都坐第一排”是英国前首相玛格丽特·撒切尔夫人的一条至关重要的人生经验。来到大学之后，我深刻地领会到了这一启示背后的内涵。每一节课，我都会坐在第一排，认真聆听老师的讲授。当然，大一刚开学时坐第一排的动机很单纯，只是为了借此警醒自己不要堕落。久而久之，也就养成了坐第一排的习惯。坐在第一排，与老师眼神的交流能够激励自己用心去思考，更好把握专业知识学习的要点，对老师传授的知识最大化地理解吸收，从而在考试中得到一个满意的成绩。而这一习惯不仅为我带来了学业上的丰收，也给我的心理带来了意想不到的变化。在不知不觉中，我培养出了勇争第一不服输的心态以及在做事情上舍我其谁的自信。

每一天最幸福的时刻莫过于坐在图书馆内学习。阳光透过窗户洒在桌前，拿出一本专业书，预习温故；学累了，取一本专业名著细细品读，感受大师风采。此时的我才是真正完整的我，忘却所有，如赤子般徜徉在知识的海洋。

也正是这种学习态度与努力，助推我在本科两学年的学积分排名、综合测评排名均稳居年级第一。2 次荣获国家奖学金，3 次荣获专业一等奖学金，也获得了“校三好学生”“优秀团员”等荣誉称号。

工作是一种责任

我深知作为一名即将步入社会的大学生不仅要有扎实的理论基础，还应当有一定的组织能力、领导能力及其他工作能力，这样才能真正地有所作为，有所贡献。所以自大一以来我就积极参加各种学生组织及社团活动，申请担任各种职位，以此来提高、磨炼自己。

通过个人的努力，我得到了同学们的认可，在大二学年我很荣幸地被选举为法学 1602 班的团支书。在职期间，我以身作则，严于律己，做好上传下达工作的同时也热心关注每位同学的思想动态。定时召开的团组织生活会，既开阔了同学们的视野，也提高了同学们的思想；积极响应党支部的党旗领航工程，鼓励帮助入党积极分子发挥模范带头作用。同时，为进一步巩固党旗领航工程的效果，我们班创造性地定期召开入党积极分子小会，共同交流在领航工作过程中遇到的问题并探讨解决方案。在同学们的努力下，我们班荣获了“学风建设成效班”“先进班集体”“五四红旗团支部”等荣誉称号，我也获得校“优秀干部”与“优秀团干部”的荣誉。

作为法学社支书，我积极组织社员参加社团内外活动。社团内部，定期的案例讨论提高了大家的专业水平，开展的模拟法庭活动在全校师生中获得了一致好评，在“12·4”前夕，我们携手我系老师，开展了宪法宣传日系列活动，共同传递法治精神，承担作为法律人的社会责任。

公益是一种态度

“勿以善小而不为”。虽然知道一己之力很薄弱，但我从未松懈过做公益的信念。在社会实践中，我体会到了贡献的乐趣与实现人生价值的满足。更多地，通过参加实践活动，我深切地感受到了社会散发出的真善美，这种氛围感染着我，给予了我极大的正能量。担任杨凌农科城国际马拉松赛志愿者，选手们的努力告诉我坚持就是胜利；参加五泉、杜寨支教活动，孩子们的纯真告诉我简单才是美；做福利院义工，老人们的安详告诉我平平淡淡才是真。在过去的两年里，我担任了西北农林科技大学青年志愿者协会校园公益部部长（现担任揉谷村村委会主任助理），也曾在华中师范大学寒假口述史调研活动中获得了优秀奖。在奉献自我的同时，个人素质与能力也得到了极大的提升。

坚守是一种品质

走在三号楼前，摩挲着古老墙砖上的累累弹痕，仔细聆听她所见证的历史。从民国时期的风风雨雨走到了新中国的太平盛世，目睹了我校从一所西部农业高校发展成了一所全国双一流大学，她在斑驳的阳光下静静地站着，安静而又平和；依旧承担着教化育人的重任，威严而又庄重。这种历经沧桑的淡泊与坚守正是我所崇敬的。

我的努力，虽然得到了回报，收获了鲜花与掌声，但这并不预示着未来的我就一帆风顺，就可以引以为傲，就可以止步不前；相反，我将会继续以热情、真诚的态度待人接物，以谦虚谨慎的心态修身治学。正如米兰·昆德拉所说：“生活，就是一种永恒沉重的努力，努力使自己在自我之中，努力不致迷失方向，努力在原位中坚定存在。”唯有不忘初心，才能牢记使命。

师长点评

于咏雪同学思想上积极向党组织靠拢，拥有良好群众基础；学习上坚韧不松懈，以踏实的态度取得成绩；热心于社会实践与班团组织工作，于自身发展和组织作为都有不错的增益。综合表现优秀，是同学们学习的榜样。

人文社会发展学院党委副书记　侯东丽

励志座右铭

不忘初心，戒骄戒躁。砥砺前行，方得始终。

但求耕耘　莫问收获

——农学院闫佳丽

闫佳丽，女，汉族，1999 年 9 月生，共青团员，农学院植物科学与技术专业 2017 级学生。大学期间曾获得国家奖学金、国家励志奖学金、专业一等奖学金，2017 年通过考核成为红十字会初级救护员，2018 年前往加拿大萨斯喀彻温大学进行访问学习，在 2018 杨凌农科城国际马拉松赛中担任志愿者，在第二届农科学子创新创业大赛中担任志愿者，担任第十四届大学生村委会主任助理，参与组织回访母校、“三下乡”等社会实践活动。

付出只为求得无愧于心

有人说，一个人性格的养成，受家庭的影响最大。在外求学多年，老师和同学们对我的印象都是开朗乐观，原因就是我有睿智的爸爸、贤惠的妈妈，父母恩爱，家庭幸福，我的成长环境，一直是我引以为傲的话题。如果问我成长过程中最感激的人，我会毫不犹豫回答是爸爸妈妈。我一直特别感谢爸爸妈妈给我的教育，不管是从学习上，还是为人处世上，都让我获益匪浅。学习上，我很感谢妈妈对我的督促、指导和严格要求；生活上，我很感谢爸爸对我的教育。潜移默化中，爸爸妈妈给我创造了温馨、和谐、友爱的家庭环境，让我成长在一个幸福的环境中。

在我最失意的时候，也一直是他们让我鼓起勇气。高三那年，从小要强的我，尝到了人生第一次失败：从班级前十滑落到十五名。我记得那天我跟爸爸吃京都饺子——猪肉大葱馅的饺子，和着陈醋和辣椒，我哭红了眼睛，尤其是听到我爸说他相信我。可是之后大大小小几十次模拟考试，我再也没回到原来的水平，从全校 50 名到 170 名再到 270 名，这种落差，让我喘不过气。回家路上，我哭着跟爸爸说，我怕我会让他们失望。我至今记得那天，昏黄的路灯，寂静的道路，爸爸看着泣不成声的我，语气里透着满满的激励：傻闺女，怎么会失望？你永远是爸妈的骄傲，在爸妈心目中，你永远是最棒的。我知道，因为你们是我坚强的后盾，我不能放弃。那时，我脆弱敏感又要强，付出了但看不到回报的迷茫焦虑令我至今刻骨铭心。回想那段日子我还是会泪流满面：每天晚上学习到很晚，午饭后奔回教室自习，一路小跑回宿舍休息十几分钟，之后匆忙起床跑回教室复习。高三一年，每晚都是爸爸接我回家，在路上的时间，是我一天中最快乐的时光。爸爸总是会想尽办法让我开心，让我紧张了一天的神经得到放松，我们从家长里短谈到历史地理再到时事政治，谈见闻谈感受。回家之后，不管多晚，妈妈都会把晚饭再热一遍，笑眯眯地看着我狼吞虎咽。水汽氤氲，总是模糊了我的双眼。他们跟我一样着急、一样焦虑，却还是努力让我放松、逗我开心。我记得那个时候班主任在班会上点我名，说我有大将风度，对于成绩的大起大落，不悲不喜，每天乐观积极向上，一直保持努力，不松懈不气馁，他很看好我，相信我高考一定没有问题。我很感谢老师的信任和鼓励，我也知道，这些好心态都得益于我的父母。

十七岁生日那天，爸爸送我一句话“但求耕耘，莫问收获”，这句话从此成了我的信念和坚守。

开启新的追梦之旅

经过了那次历练，我学会了谦逊，学会了吃苦。我的性格更加坚韧，我不再畏惧困难。幸运的是，我的坚持不懈终于得到了回报，最后的高考，我取得了全班第四名的成绩。

“我们最终都要远行，都要同稚嫩的自己告别，告别是通向成长的苦行之路。”2017 年夏天，我背起行囊，跨越了 600 多公里，来到陌生的陕西杨凌，站在西农门口，我告诉自己：以后，这儿就是我的新家了。

西农的学习氛围很浓厚，我看到了教室里埋头自习的同学，楼道里大声背书的同学，早起排队等候图书馆开门的同学，自习到教室关门匆忙离开的同学……他们是青春最美的样子，在这样的氛围中，我养成了良好的学习习惯，这让今后的我受益匪浅。

初入大学，辅导员老师要求我们对自己的大学生活做一个简单的规划，当然，直到现在，我的规划项目并没有全部实现，但是在初入大学的迷茫时期，它给了我很多明确的方向，它让我知道自己该朝着哪个方向努力。“明其志，方能知所赴”，直到现在，我仍然保持着凡事都要做计划的习惯，不管是平时的学习，还是课外的任务，我都会做好计划和打算，以避免自己临阵磨枪、手忙脚乱。

“每个人身上都有太阳，只需要让它发出光来。”大学是一个开放包容的平台，每个人都有发挥自己优势的机会，各种活动、比赛、机会层出不穷，我也一直在这些比赛中努力发掘自己的闪光点。我参加了各类校级、院级比赛，其中，在书院第六届创新创业训练项目 Poster 展示与竞赛、农学院实验室安全知识竞赛、农学院英语演讲比赛、农学院农业知识竞赛，都取得了不错的成绩。当然，也有很多比赛没有取得理想的结果，但是我一直记着爸爸送我的那句话——“但求耕耘，莫问收获”。

收获成长的果实

上大学是我第一次离开家乡，离开父母，特别幸运的是我遇到了一帮志同道合的舍友，从她们身上，我学到了很多，在她们的带动下，我的大学生活丰富了很多。我的两个非常可爱的舍友，一个机智能干，一个勤奋认真，我们形成了一个小团体，一起在第一排上课，一起早起学习，一起讨论，互相请教、互相学习。在我手忙脚乱的时候，不论是在学习上还是生活上，她们都给了我很多的帮助。

在成长过程中，我收获了很多人的帮助和支持，也正因为这样，我也想要用自己的力量去帮助更多的人。我通过考核成为红十字会初级救护员，成为杨凌农科城国际马拉松赛和第二届农科学子创新创业大赛志愿者；作为支教队长，我多次组织爱心支教，另外还担任了第十四届大学生村委会主任助理。我的付出，让周围的人绽开笑容，我知道这一切都是值得的。

我一直严格要求自己，初入大学，我就递交了入党申请书，并且顺利通过了第 20 期入党积极分子培训。在日常生活中，我努力向身边的党员同志看齐，承担起自己的社会责任，加强思想政治理论学习。作为第 11 期青马工程的学员，我前往延安、梁家河等地进行参观学习。今后的我会继续努力，不断完善自己，提升自己，争取早日通过党组织的考验！

“路漫漫其修远兮，吾将上下而求索。”国家为我们提供了很多发展的机会，广阔的平台为我们的成功奠定了雄厚的基础，我感谢他们。但我深知，荣誉属于过去，今后，我将继续勇往直前，用汗水浇灌梦想，不辜负国家给予我的荣耀，不辜负西农对我的培养，把这些作为我奋斗的动力，继续微笑着勇往直前。

但求耕耘，不问收获！

师长点评

闫佳丽同学学习态度端正，上课总是坐在第一排，以确保有良好的精神状态投入到学习当中。心态沉稳，能持之以恒地坚持学习，成绩稳步提高。同时，闫佳丽同学还乐于助人，是红十字会初级救护员。

农学院副研究员　刘萌娟

励志座右铭

穷且益坚，不坠青云之志。

人生很贵　请别浪费

——草业与草原学院刘博文

刘博文，男，汉族，1998年8月生，共青团员，草业与草原学院草业科学专业2016级学生。大学期间获国家奖学金，曾2次获专业一等奖学金，被评为优秀学生干部，全国第四届生命科学创新创业大赛二等奖等荣誉奖项获得者。

遵内心，追寻想要的人生

在来西农之前，我时不时地会产生一种莫名的骄傲，因为在高考竞争十分激烈的山东，我居然能脱颖而出，考到985高校。虽然我知道，山东籍考生，都有着良好的学习习惯和认真的学习态度，可大学第一学期几门考试的成绩不甚理想，让我第一次对自己的沾沾自喜有了清醒的认识。

我开始意识到，在大学，地域、过往的成绩，甚至能力、水平都不能成为我们引以为傲的资本。到了大学，面对全新的环境和不同于高中的学习方式，我们每一个人都是一张白纸，唯有勤奋与努力，才能在这张纸上绘出最美最宏伟的蓝图。由此，在大一时我就给自己定下了读研继续深造的目标。之后的学习、生活、工作中，每当我身心俱疲想要松懈时，我总会提醒自己，自己的努力还配不上将来想要的人生，唯有不断坚持、不断奋进。小到一次随堂作业或汇报答辩，大到结课考试或课程论文，我都竭尽所能地做好，从不敷衍，更不抄袭。因为有了内心的坚强，我才不会让自己的目标变成一纸空谈，才不会被越来越重的压力击垮，才不会在内卷的社会中躺平，做“佛系青年”。我拿梦想做赌注，怎么舍得输？

抓机遇，立足眼前珍惜当下

大学里，有大把的时间供我们学习，但与此同时，不知时间珍贵，任意挥霍时间的人也很多。我一直在思索如何才能避免成为挥霍时间的人。大二上学期，我在学院许岳飞副教授的指导下，与同学合作，参与了国家级大学生创新项目——“硫化氢对弱光下高羊茅光合作用的调控机制”。这是我在权衡了未来规划与自身能力后作出的选择。现在的我，很感谢当时勇敢的自己。对于本科生，尤其是低年级的本科生，能把基础课程学好已实属不易，想要做到学习、科研两不误，必须利用好时间，付出加倍的努力。

科研是一个长期的过程，在项目中，我参与了从试验设计、植物培养、指标测定、数据分析到论文撰写的整个过程。每一步我都走得小心谨慎，生怕一丝一毫的差错会让我先前的努力付诸东流。仰望星空，更要学会脚踏实地，我利用课余时间，全身心地投入到了科创项目之中。在指导老师的帮助下，我们的创新项目中期答辩为优秀，我也以第三作者的身份，发表了一篇 SCI 论文。

在大三，当科创项目进入收尾阶段，课业压力也有所减轻，我又投身到了各类学科竞赛当中。我参加了“挑战杯”大学生学术科技作品竞赛，获得校级三等奖；参加第四届生命科学创新创业大赛，获得二等奖。由于这些比赛不是我的专业所长，我付出了比别人更多的时间，如参加比赛培训、项目申报、申报书撰写等很多的前期工作。当时我一直鞭策自己，既然作出了选择，就要克服一切困难，做到最好，不要因为怕麻烦，让机会在自己的手里溜走。

每当我迷茫不知所措时，总会迫使自己把握当下，利用好每一分每一秒的时间。因为时间是残酷的机器，它从不会在你肆意挥霍时给你提醒，只会记录你感慨它流逝时的扼腕叹息。请学会敬畏时间，不要让它成为你的对手和敌人。

常自省，让自律成为一种习惯

人人生来平凡，没有谁的人生可以一帆风顺。在学业上和科研过程中，我自卑过，也飘飘然过。大二上学期，课程数量激增，“遗传学”“基础生物化学”“微生物学”等学科难度越来越大。同时，我刚刚进入实验室，对科研也不甚了解。一时间，我失去了对学习的动力与兴趣。老师及时发现了我的情况，不停地开导我，让我对自己要有信心。师兄师姐和科创组的其他成员，也一起帮助我完成实验。

我不断地反省自己，如何不让情绪影响我的生活。我开始给自己制订详细的计划表，只有完成了每天的小任务，才可以休息。日复一日地，我习惯了这样的满足感，我习惯了有规律的生活。自律能让人静下心来，因为静下心来你才会发现，生活不只有压力如山的紧张，也有花开的静谧绽放。

我很幸运生活在这个时代——这个让青年人相信追梦需要靠奋斗的时代，对于我，对于我们年轻的一代，成功变得越来越简单。因为有无数的人在为我们探路排雷，当遇到岔路口时，我们只需要循着前人的车辙，绕过前人失败的羁绊，当有一天我们发现，自己面前无可选择时，那条路就是成功的道路。

大学四年绝不是瞬间的风景，而是梦想的起航。作为大学生，我们应该有大学生的风采，学好本领，为国担当。我希望自己能在以后的时光里，戒骄戒躁，砥砺前行，不辜负家人和老师们的期望，朝着自己人生梦想实现的道路不断迈进。

师长点评

刘博文同学思想上要求进步，学习态度端正，学习成绩优秀，专业理论基础扎实；积极参加集体活动，待人真诚友善，追求自身的全面发展，是一名新时代优秀的大学生。

草业与草原学院讲师　孙娈姿

励志座右铭

操千曲而后晓声，观千剑而后识器。

不忘初心　筑梦前行

——资源环境学院白利华

白利华，女，汉族，1998 年 4 月生，中共预备党员，资源环境学院资源环境科学专业 2016 级学生。连续 3 年获国家奖学金、专业一等奖学金。通过英语四、六级，荣获第五届“互联网 +”大学生创新创业校赛铜奖，第七届创意农业设计大赛校级三等奖，校级“优秀学生干部”“优秀团干部”“三好学生”等荣誉称号，于 2018 年暑期作为西农代表队队长参加延安专项“青年红色筑梦之旅”，2019 年主持 1 项省级大创项目“灌施沼液对土壤结构的影响”。

理想——心向党组织

大学期间正是我们世界观、人生观、价值观形成的重要时期，大一时我便坚定了自己的信仰，那就是做坚定的马克思主义者。于是我递交了入党申请书，开始认真、系统地学习马列主义、毛泽东思想、邓小平理论、“三个代表”重要思想、科学发展观、习近平新时代中国特色社会主义思想，积极向党组织靠拢，争做一名立志报效国家、造福人民的有用之才。之后，我在各方面严格要求自己，工作勤勤恳恳，学习踏踏实实，并自觉遵守学校、学院以及班级的各项规章制度。在大二上学期，很荣幸，我成为一名入党积极分子，参加了党课培训，并以优异的成绩顺利通过党课结业考试，如今已是一名预备党员。虽如此，但我依然时刻鞭策自己，要始终以一名优秀党员的标准严格要求自己，充分发挥党员的先锋模范作用，更好地为人民服务。

拼搏——喜悦与压力同在

大学里，学习永远是我的第一要务。我在学习上最大的优点就是目标明确、态度端正，勤奋好学、坚持不懈，我一直秉持着“一分耕耘，一分收获”的理念,脚踏实地,一步一个脚印,丰富着自己的知识,磨炼着自己的意志,全面提升个人的各项能力,连续三年,我的专业课成绩都排年级第一名。

当然,我也知道,信息时代,仅有专业知识是远远不够的,只有广泛地涉猎各领域的知识才能在未来的工作中闯出一片天地。母校为我们创造了基础,可以说,大学三年,我大多数时间都泡在图书馆里,图书馆成为我学习、生活不可或缺的一部分。课余时间,在图书馆里、在书的海洋里,我自由自在地遨游,享受读书的乐趣。我坚信"时间就像海绵里的水,只要愿挤,总还是有的",但有时也会有苦恼,当冥思苦想一道题的时候,当一些意外发生的时候,我常会感到疲倦。每当这个时候,我的脑海中便浮现出一句句至理名言,如"有志者,事竟成""不经历风雨,怎能见彩虹"等。这时,我就会重新燃起奋斗的激情,以顽强的毅力战胜种种困难。

在不断提升自我能力的同时,我还积极组队申报科创项目,曾主持了一项省级大创项目——"灌施沼液对土壤结构的影响",参与了一项校重点大创项目"制样粒径对土壤有效铁锰铜锌测定值的影响"。参加科创项目,使我各方面的潜力都得到了很大的发掘,从搜集资料,到跟随老师着手做实验,每一步都是考验,从而为我以后的继续深造奠定了良好的基础。经过不懈地努力,目前,我已顺利推免至南京大学攻读博士学位。

担当——弘扬责任与爱心

班级工作方面,我有着强烈的热情和高度的责任感,以身作则,力求完美,并且胆大心细,遇事不慌,虚心向别人学习,做到有错就改,有好的意见就接受,同时能坚持自己的原则,对工作能有始有终。

大一,我担任了校级部门干事工作。在此期间,我以服务同学为宗旨,认真完成各项活动:加入了阳光团工委组织部,策划、组织、参与了诚信驿站宣讲会、支教经验交流会、阳光风采大赛等各项活动(对每一次活动的流程都了如指掌,积极配合部长、副部长安排各项工作,并及时做好后勤部署工作),锻炼了我的组织管理能力和沟通能力,因此成功当选阳光团工委办公室副主任(主要负责对接阳光团工委各支部和阳光团工委其他四个部门)。另外,我还参加了校导游队,通过早训、背诵导游词、培训礼仪等活动,对校园环境和校历史有了较为全面的了解。这一学年我还担任了班上的心理联络员,参加了心理骨干培训。

大二专业分流后，我成功当选新班级班长。作为一班之长，我充分发挥了一名学生干部的模范带头作用，与大家共同努力，按照学校、学院的要求，创造一切能够让班级健康发展的条件，带领同学们争创优秀班。我的尽心尽职得到了同学们的认可，班长一职一干就是 3 年。当然，在此期间，我曾先后荣获校“优秀学生干部”“优秀团干部”等荣誉称号。

除了班上工作，我还担任了夏家沟“村助”，每周都会带领阳光团工委支教志愿者去村里支教，给孩子们传授知识，激励他们勇于追逐梦想。通过与孩子们和志愿者的接触，我的心灵得到了很大的触动，思想也得到了熏陶和提升。

另外，在社会实践方面，大一假期我参与了暑期调研并进入企业实习，接触了各行各业的人，学到了许许多多的工作经验，根据学习和工作情况撰写的社会实践论文受到校、院好评。大二寒假我组队参加了回访母校活动，暑假前往延安开展了“三下乡”活动：学习延安精神，探访梁家河，参悟小山村的“大学问”里蕴含的“大精神”。大三我参加了两个暑期“三下乡”队伍——资源环境学院“传承红色基因”红色实践调研队和资源环境学院赴安康市旬阳县“青春助力脱贫攻坚”调研团，所在团队获得了校级三等奖。

生活——常怀感恩之心

我一直觉得自己是幸运的，虽然出身于一个普通的家庭，但我拥有开明睿智的父母，他们用自己辛勤的汗水抚育我成长，供我读书，教会我怎样去拼搏。正是父母的无私，让我树立了为祖国、为人民奋斗的信念。在我看来，学习不是为了光宗耀祖，而是为了给自己和家人构造一个美好的未来，从而实现自己的人生价值。

此外，父母的言传身教让我养成了朴素节俭、勤劳守时、自觉独立、严于律己、宽以待人的好品德、好习惯，这让我在与同学的交往中受益颇多：建立了良好的人际关系，获得了大家的尊重与支持。

我兴趣广泛，喜欢健美操、乒乓球等活动，在人际交往和团体协作方面积累了丰富的经验。我参加了 2017 年春季校运会开场舞《小火苗》和 2018 年春季校运会《中国进入新时代》的表演，尽管训练很累，但我还是以饱满的热情坚持了下来，既锻炼了身心，又充实了我的大学生活。学习之余，我会抓住每一个展示自己、提高自己的机会，放松心情，然后以更充沛的精力投入学习当中。

奋斗——人生最美好的追求

回顾过去,辛苦与收获同在;展望未来,机遇与挑战并存。人生最美好的回忆就是那一个个努力奋斗的瞬间,不忘初心,怀揣梦想,砥砺前行,方能成就美好未来。现在的成绩只是对自己三年来努力坚持的认可,我会更加努力去证明自己真的配得上这份荣誉,这份荣誉同时也是一份监督,激励我怀着感恩的心不断地奋进。未来的路还很长,我一定会时时告诫自己,不骄不躁,志存高远,自强不息!

师长点评

白利华同学学习刻苦,成绩优秀,热心公益事业,积极向党组织靠拢,作为班长,关心同学,能妥善处理各项班级事务。对科研有浓厚的兴趣,一直在我实验室参与实验,善于思考,具有很好的科研潜质,是一名很优秀的大学生。

资源环境学院教授　王旭东

励志座右铭

你若盛开,清风自来;心若沉浮,浅笑安然。

理想作帆　奋楫起航

——信息工程学院黄志一

黄志一，女，汉族，1998年7月生，共青团员，信息工程学院电子商务专业2016级学生。大学期间曾获国家奖学金(2次)、专业一等奖学金(4次)、第九届全国大学生电子商务"创新、创意及创业"挑战赛省级一等奖、全国大学生数学建模比赛省级二等奖和美国数学建模比赛H奖等奖项，校"十佳团员""三好学生""优秀共青团员""社会实践先进个人"等荣誉获得者，先后参与过大学生实践创新训练计划国家级、省级重点项目。

接受挫折，拥抱曾经失败的自己

"人生的意义不在于拿了一副好牌，而在于怎样去打好坏牌。世上没有常胜将军，勇于超越自我者才能得到最后的奖杯。"对于现在的我来说，高考是一件既熟悉而又遥远的事，我仍然记得三年前得知成绩的那一天，我被贴上了高考失利的标签。纵使内心有过多少痛苦与不甘，但残酷的事实就摆在眼前，这是我无法改变的。既然不能改变过去，那就努力去书写明天吧。

马克思曾说过："后悔过去，不如奋斗将来。"为此，首先，我调整了自己的心态，进入大学以后尝试着学会坦然地面对和接纳这份失败，告诉自己"既来之，则安之"。其次，大学是学习知识的黄金时期，我一直告诫自己以学业为主，珍惜现在的大好学习时光，要始终保持端正谦虚的学习态度，将上课不迟到、不旷课作为基本要求，认真对待每门课程，发掘自己对课程的兴趣，积极培养自己的思辨能力。我深知自己不是一个聪明的人，所以每当遇到不懂的问题时我会多思考多请教他人，考试之前也一定会认真准备。正因为如此，我才能在大学学习中基本做到每门课都能取得满意的成绩，每学年成绩都名列前茅，这也为之后做科创打下了坚实的理论基础。学业、课余生活，这些丰富多彩的时光充实着我的大学生活，帮助我顺利地走出了高考失利的阴影，以至于后来遇到再大的困难和挫折自己都能很好地去面对。

比如，我曾和队友经常为了一场比赛从分析问题做起，去查资料、讨论，甚至撰写出近20页论文却未曾得到好名次，我和队友也只是为之惋惜了一会儿而已，没过多久就又开始认真投身于新的比赛之中；我也曾努力准备几个月的项目，却在答辩时遭到几位评委的质疑与不认可，但我并未为此一蹶不振，而是在答辩结束后学着去总结经验教训，等等。因为我知道，大部分的人都是平凡的，而尽全力做好自己便是平凡中的不平凡。每个人的人生中都会经历失败，失败越多，未来前进的空间才会越大。

优于过去，期盼遇见更好的自己

正是因为我深知不能“两耳不闻窗外事，一心只读圣贤书”，所以刚进入大一便跃跃欲试，积极参加各种比赛、活动来锻炼自己各方面的能力。令我印象最为深刻的是，在大一第一次班级自我介绍活动中我的紧张与拘谨，导致当时吞吞吐吐地介绍完了自己。然而，幸运的是，通过大学期间经历过的一次次比赛答辩和活动发言后，我不再惧怕演讲，也变得越来越自信，能从容淡定地完成好每一次答辩的任务。其次，从大一到大三我参加过6次不同级别的数学建模类比赛。在这些持续三天三夜的比赛中，有过种种煎熬，也曾想过放弃，但最后每场比赛我都坚持了下来，从最初的零经验甚至于零基础，经过慢慢积累和学习，到后来不仅学到了很多建模知识，也锻炼了自己的编程、写作和动手等能力，更重要的是自己的心理素质和解决问题的能力都有了很大的提升。

我也曾担任队长连续带队参加过两次全国大学生电子商务“创新、创意及创业”挑战赛，在这个过程中不仅锻炼了我与他人之间的合作和沟通能力，更让我懂得了作为队长身上所担负的责任——除了完成自己肩负的任务外，还需要全面兼顾整个队伍的工作，及时帮助队员解决出现的问题。除此以外，我还积极参与了大学生实践创新训练计划国家级和省级重点项目，将平日在课堂上和书本中所学到的知识运用到实践中，既巩固了专业所学知识，又锻炼了自己的编程动手能力，更提升了自己的学术素养，让知识变得能够沟通与交流。

“不积跬步，无以至千里；不积小流，无以成江海。”只有积累了一点一滴的进步，才能不断地变得更加优秀和强大，活成自己想要的样子，遇见更好的自己。

从三年前的高考考场走出，我的生活蒙上了一层暗淡；三年后的现在，同两年前的我一样，再次获得了国家奖学金并即将踏上崭新的征程。经历过了如此的一切，我更加坚信，努力带来的从来不会是空白，任何结果的获得都是一个长期积累的过程，纵然有运气占据的成分，但是从量变到质变，依然取决于自身的累积。一个优秀的水手从来不会认输，只有保持坚韧，不断寻求改变的契机，才能用自己的力量再次以梦为桨，扬帆起航。

师长点评

黄志一同学在校期间，思想上积极向党组织靠拢；学习上，能够严格要求自己，刻苦努力，成绩一直名列前茅；生活上，尊敬师长，关心同学，是一名优秀的大学生。

信息工程学院辅导员　周海渊

励志座右铭

仰望星空，脚踏实地。

别样征途　永无终点

——化学与药学院陈杉杉

陈杉杉，女，汉族，2000年6月生，共青团员，化学与药学院化学生物学专业2018级学生。在校期间曾荣获专业一等奖学金(2次)及2019年国家奖学金，担任班级心理委员一职，获2018年度校级“优秀共青团员”、2018—2019学年校级“三好学生”、入党积极分子培训“优秀学员”等荣誉称号，参加2019年校田径运动会获女子铅球个人项目第三名、三人绑腿跑团体项目第四名，积极参与回访母校、暑期“三下乡”等实践活动，所在团队获评校三等奖。

拼搏是人生最大的乐趣

有幸评选为国家奖学金获得者后，“学霸”的光环将我紧紧罩住。其实在我的人生中，并没有所谓的“学霸”，你所看到的“惊鸿”，那都是多年的不为人知的磨炼所致。本就粗鲁平凡、黯淡无光的人，哪里能有什么光环，若说有，那只是比别人多了一分的自律——早起晨诵，从无懒觉，认真听课，完成作业，准时自习，杜绝熬夜，保证睡眠，提高效率；多了一分的勤奋——远离宿舍，勤去教室，勤去图书馆，勤思考，勤发问，勤练习，勤总结；多了一分的坚持——每天清晨伴着7点钟教学楼广播的国歌进入教室，深夜10点半在执勤人员的催促下又匆匆离开教学楼，坚持成为第一个开灯、最后一个关灯的人；多了一分的耐心——爱啃“硬骨头”、善打“攻坚战”。

曾有人问我：“你认为学习是什么？”我的答案是：“学习是一种习惯。”我热爱学习，并将其作为一种良好习惯，每天去做，反复去做。生活不是速成班，学习的成效也不是立竿见影的，我相信一分耕耘、一分收获，持续地努力才会收获累累的硕果。

慢慢成长，默默发光

生活可以有主旋律，但不能只有一个旋律，否则未免单调了一些。大学里有各种各样的机遇和挑战，四年后走出校门，抬起脸庞，那模样全然取决于你想成为怎样的自己。做一个求知者，追求高水平、严要求，于是经过大一学年的蛰伏，一进入大二我便加入了老师的科研实验室，为提升自己的实验技能、加强实验素养打基础。做一个能力者——能在方方面面都有力可出，于是我勇迎一切机遇和挑战：抓住进入学生会锻炼自己的机会，尽善尽美做好每一份学生工作是对个人能力的挑战；抓住参加回访母校、暑期“三下乡”等社会实践活动的机会，与队友们团结协作，圆满完成活动中大大小小的挑战；抓住展示自己的机会，面对每一次评奖评优准备过程中的挑战。做一个追梦者，“为国家和民族振兴而自强不息”是我十六岁便埋种于心的理想，不似遨游宇宙般天马行空，不似疆场报国般雄壮猛烈，以期有朝一日有能力、有资格、有底气为国家和民族振兴贡献一份力量。一步一个脚印，我正努力向理想的实现靠近：13 岁成为一名光荣的共青团员；19 岁，成为一名入党积极分子，并顺利结业，获得“优秀学员”称号；未来，更要成长为一名国家栋梁之材。

坚定信念，相信未来

如今这个时代总是充斥着各种各样的声音，从四面八方不断涌来，稍有不慎便可能淹没其中，以至窒息湮灭。所以要学会做一个“聋子”，面对流言蜚语要不听、不想，实力是最好的答案。做一个梦想的“偏执狂”，向着目标前进，无所谓对错，只单纯地相信未来。一个人只要相信明天，并为之努力，上天一定会给他一个光明的明天。最难熬的日子才最能收获成长。性格的缘故，我喜欢不断激励自己，让自己时刻保持热情高涨，用积极的心态面对百态人生。我乐于与身边的人沟通、交流，所以每当身边的人游走在心态崩溃的边缘，我总会与他们谈谈心、聊聊天，在疏导别人的同时也能给自己以积极的暗示，这也是我选择竞选班级心理委员的理由之一。树立远大理想，做到知行合一，坚持正确的方向，努力学习，不负韶华，做时代的弄潮儿，谱写时代华章。

师长点评

陈杉杉同学勤奋学习，刻苦努力，善于思考，敢于发问，总是以饱满的热情投入到日常的学习中去，生活上她乐于与同学们沟通交流、团结协作，性格乐观开朗、善良大方。有志者，事竟成；苦心人，天不负。实现理想，指日可待！

化学与药学院副教授　张秀云

励志座右铭

道虽迩，不行不至；事虽小，不做不成。

但行好事　莫问前程

——语言文化学院刘习

刘习，女，汉族，1997 年 7 月生，中共党员，语言文化学院英语专业 2016 级学生。大学期间曾获国家奖学金，国家励志奖学金，专业一等、二等奖学金，主持大学生创新项目获得优秀等级，获美国大学生数学建模竞赛 M 奖、"外研社杯"英语阅读大赛三等奖、创新创业论坛人文经管类三等奖、寒假社会实践优秀调研论文评比三等奖、"助学·筑梦·铸人"主题宣传活动征文类优秀奖，杨凌农科城国际马拉松赛志愿者，校级"优秀团员""优秀学生干部""三好学生""社会实践先进个人"等荣誉称号获得者。

思想意识是土壤

崇高的理想是激励人前进的不懈动力，是鼓舞人奋发向上的精神支柱。加入中国共产党，成为其中的一员，是我一直以来的理想。入学以来，我就积极加强思想政治教育，并向党组织递交了入党申请书，2018 年 12 月成为一名光荣的中共党员。党支部每周开展的党课学习充实了我的政治理论知识；红色基地主题教育让我了解到更多有关共产党人的光辉历史；丰富多彩的组织生活让我感受到了团体的温暖和力量。

作为一名共产党人，我始终以高标准和严要求来约束和指导自己，将理论知识最大化地与生活相结合，将所学、所思付诸实践，努力用自己的微薄之力温暖和感召身边更多的人，在实践中不断奉献，不断实现自己的价值。

本职工作是根

作为大学生，我清楚地认识到，学习是自己的第一要务，学习上的任何事情都耽误不得。作为英语专业的学生，我不断地提高自己的语言能力，增强自己双语知识储备。守住课堂是我学习的秘籍，老师们在课堂上生动有趣地讲解总是能让我感受到知识与文化的魅力。课堂外，查漏补缺和不断练习让我对所学知识拥有了更深刻的认识。

都说站在巨人的肩膀上可以看得更远。于我而言，每一位给予我教诲的老师，每一位分享经验的朋友和同学，每一个为我提供善意的提醒和友情鼓励的人，都是我生命中的贵人。因为他们，我更加深刻地了解了如何进行有效的学习，找到了最适合自己的学习方法。

英语专业的学习不仅培养了我坚实的语言基础，还培育了我的跨文化意识，这让我在学习过程中时刻享受着新鲜感和获得感。

实践科研是枝叶

"纸上得来终觉浅，绝知此事要躬行。"实践是检验学习能力最好的途径。

学校给予了我们广阔的平台，让我们可以既动脑又动手，将想法付诸实践。课堂学习之外，我积极地参与各种实践活动与科研项目，努力培养自己的科研潜质与创新能力。

我曾经来到青海，探究非物质文化遗产"花儿"艺术，用声音和影像记录民间艺术家们为文化的传承和传播作出的贡献，和同伴一起感受祖国广袤大地上的多彩文化；我曾经参加杨凌农科城国际马拉松赛和杨凌农高会的志愿者活动，用自己的专业知识服务于城市建设，在过程中不断学习。以各种方式走近不同的生活，让我领略了不一样的景象，更让我看到了自己前进的方向。

课堂外，我不断培养自己的科研素养。曾成功申请到省级大学生创新项目并顺利开展、成功结题，获得了优秀等级；参加人文经管类创新创业论坛，在论坛中获得三等奖；和不同专业背景的同学一起参加美国大学生数学建模比赛，在比赛中发挥自己的语言优势，在研究中不断吸收其他专业、其他领域的知识，获得了大赛的 M 奖；在"外研社杯"英语阅读大赛中获得了三等奖。

这些经历都让我真正领略了研究的重要意义和无限魅力。通过开展创新项目、参加竞赛活动，我的科研潜质和研究能力都得到了一定程度的培养和提升，这些都将是我进一步学习的重要财富。

社团活动是点缀

社团和学生会的活动不仅丰富了我的生活，也让我学习到了不一样的知识和道理。国旗班的训练和升降旗任务培养了我的韧劲和拼劲，那是一种守护的责任感，是在拼搏过后可以触碰到心底那一抹温暖色彩的踏实感。文艺部的工作让我体验了舞台上光与影交错背后无数参与者的辛勤付出，让我感受到了团队和集体的智慧与力量。

永远感恩 永远热情

一个人可能走得快，但一群人才能走得远。生活在群体中，我们的每前进一步都得益于身边人的搀扶和帮助。

他们——我的老师、同学、亲朋好友——在我迷茫的时候给予我指导，在我低沉的时候给予我鼓励，在我取得成绩时提醒我戒骄戒躁，他们的陪伴是我前进的最大动力。

我会永远心怀感恩，将他们的点滴温暖放在心底最深处，带着这份纯粹走向没有终点的下一站。我会永远满怀激情，即使力量微薄，也要用自己的力量温暖身边更多的人。

师长点评

刘习同学积极乐观、热情善良，追求上进、阳光淳朴。她学习上认真努力，积极申报参与各种科研创新活动，具有较强的学习能力和科研能力。同时，她能参加多项课外活动，全面提升个人能力，是一位有思想、有追求的好学生。

语言文化学院副教授　张晓容

励志座右铭

既然选择了远方，便只顾风雨兼程。

选择责任　勇往追求

——植物保护学院桑鹏

桑鹏，男，汉族，2000 年 1 月生，中共预备党员，植物保护学院植物保护专业 2018 级学生。在校期间曾获得国家奖学金、国家励志奖学金、专业一等奖学金、农一网奖助学金及第 11 届全国大学生广告艺术大赛三等奖，校级“优秀共青团员”“三好学生”等。

选择拥抱黄土

选择农业方向的院校，选择大农业框架下的专业，这不是一件小事。对于来自一个高考大省——山东省的我，身边的每一个人都信奉着“三分考、七分报”的信念，去对待高考的最后一关：专业选择。带着几分冲动、迷茫，还有几分热血和渴望的心态，在面临人生未来发展方向的重大抉择面前，我毅然选择了西北农林科技大学植物保护专业。值得庆幸的是，我的家人并不干涉我的选择；更值得庆幸的是，这所高校，选择了我。

为什么是农业

从高考备考到考试结束，从拿到录取通知书时短暂的几分喜悦到坐进大学课堂里的些许紧张，我经常在思考自己为什么选择与农业有关的专业。然而让人内心忐忑、惶恐不安的是，选择竟来自自己发自心底的热爱。我不是一个十足的理科男，闲暇之余，我从往事中寻求答案、从历史中探索出路，我看到的是一个具有五千年文明泱泱大国的文明兴衰，同时也感受到了一个具有五千年农业文明民族的朴实情感。从黄河之畔到长江之滨，从采收粟米到五谷丰登，从小农布衣到王朝更替，农业一度是这个国家发展的原动力，更是这个国家不断改朝换代的根本原因。农业是一个国家、一个民族的命脉根基；忽视了粮食安全问题，就足以撼动整个国家。所以，农业是解决国民温饱的大事；农业人，是以最朴实的付出维护着能够实现一切梦想的坚实后盾。

选择了它，即选择了一副沉甸甸的担子。农业人的担子，让我们含着坚守的泪水，紧紧凝视着爱得深沉的这片土地。

选择承担责任

上大学这两年多来，除了学习专业基础知识，我还加入了学生会工作。所谓“大学之道，在明明德，在亲民，在止于至善”。学生会的工作，使我在一次又一次的锻炼中不断塑造自己的品性、完善自己的品行、提高自身的品德。一场场活动的策划，一次次成功或者失败的经历，或酸或甜，亦苦亦辣，都是人生宝贵的财富。以我的性格，习惯于精益求精，努力使一个活动朝着既定的样子去展现。尽管面临着学习与再学习、反复地修改和不理解，但我都始终坚持着尽善尽美、善始善终的目标，这并非是因为我的执拗，而是出于我对这个工作的责任，推动着我要对它付出我全部的心血与劳动。也正是这种心态，让我在对任何属于自己的事情上，都能不断突破，敢于不停挑战。

再回到我的本业，一名植保人，一名粮食安全的守护者，专业的学习与再学习，并不像一场学生活动，它有开始，却不会终止。大一第一个学期，我在学有余力的情况下，在图书馆里摸爬滚打，专业知识类以及与其相关的衍生类书籍，我都泛泛地了解了一下。就像一个被师傅刚刚带进门的学徒，我试着从我的角度去对我学的专业窥探一角，结果却只看到一个庞然大物，并不能看到它的全貌。那些被隐藏在未知与神秘的角落里的问题，仍然让农民们切身体会到苦难与辛酸。“农民不易”这是师傅们的共识；“把每一篇论文都写进土地里”，这就是师傅们的传承。由此，出于责任，抑或机遇，我决意正视这个不会终止的永恒事业，并永远地钻研下去。

追求科研价值

机会，机遇，这是学院给我们的一份礼物。大一第二学期，我根据学院安排，选择了我的本科导师。导师的选择，让我在专业学习的枯燥生活中又重新找到了广阔的天地。自此，我进入了导师的实验室，去进一步了解、认识什么是科研。

带着一个没有坚实基础的本科新生，对实验室的师兄师姐们来说是比较头痛的事。如何努力让他们接纳我，如何利用好这短暂的时间学到更有用的知识，我也为此苦恼过。不过，学习就要有厚脸皮精神。我像一个跟屁虫，跟着师兄师姐一点一点爬梳实验流程，趁着师兄师姐休息，就立马问他们几个问题。尽管傻问题不少，但是他们还是会尽力解答。就这样，他们从不习惯、不认识，到最后愿意带着我，再到主动让我做，这个认可的过程，是在我的执着、谦虚的态度下一点点换回的。

偶然的一次机会，大师兄带我去吃饭，路上他问了我刚刚做的实验某个步骤的原理是什么。我一时语塞，尽管他没在意，可我尴尬了许久。科研，不仅仅是掌握方法那么简单，更重要的是其中的思考和求知。回到我最初的起点，回到我刚刚进入实验室那种跟随询问的状态，回到我在图书馆里的反复搜索查找，回到我对所学的专业重新认识和探求。不是所有咖啡都只有苦味，也不是所有的学习都只是枯燥，默默付出是一种学习的态度，勤于思考是科研的进步启示。这种勤奋的学习，带来的就是一次次的惊喜、蜕变。接触多了，我看的便不再是一群穿着白大褂的人每天早出晚归的身影，而是一个个充满探索精神的智慧结晶逐渐凝结的过程，此即“精诚所至，金石为开”吧。

生活总有高峰和低谷，大学生活亦是如此。人生的时钟不断前进，唯有把握其中的时机才能不断进步。我很荣幸，用努力获得了一次国家奖学金，但这是求学路上一点小小的辉煌，它提醒我们，尤其是督促我们农业学子，把实在的奖励变成前进的动力，接过前辈们的传承，把更多优秀的成果变成农民一个个的笑容。一株冬小麦，只有经过严冬的凛冽才能结出一串丰硕的麦粒，心是向往蓝天不断拔节，可根永远扎根于黄土地里。农业人的心，就像小麦，因为选择，所以坚守；选择责任，勇往追求。

师长点评

桑鹏同学心怀远大理想、脚踏实地；思想上追求上进；学习上刻苦努力，成绩优异；班级工作上责任心强；生活中乐于助人，品德高尚；同时又能积极参加社会实践活动，是一位德智体美劳全面发展的优秀大学生。

植物保护学院副研究员　毛虎德

励志座右铭

士不可以不弘毅，任重而道远。

百尺竿头思更进　策马扬鞭自奋蹄

——草业与草原学院张智伟

张智伟，女，汉族，1999年1月生，中共预备党员，草业与草原学院草业科学2017级学生。大学期间曾获国家奖学金(2次)、校长奖学金(1次)和专业一等奖学金(4次)，获第五届全国大学生生命科学创新创业大赛三等奖，曾担任草业与草原学院团委办公室部长、2019年学生资助宣传大使。

涓流汇沧海，积土成丘阜

作为一个懵懂的大一“萌新”，我“包揽”了许多事情，比如担任班内实践委员、加入实践部、加入乐团等。在这些活动中，我认识了许多优秀的学长学姐。在他们的帮助下，我得到了成长，通过一点点的经验积累，不断地总结进步，对于如何快速适应大学的学习和生活，我有了更加明确的答案。

学习是一个积少成多、聚沙成塔的过程。能够取得现在的成绩，关键是在于平时的积累与自控，而不是天资卓越。我很喜欢读课外闲书，但相比于大多数人，我可能更懂得如何控制自己的惰性，明白学习、工作与娱乐之间的界限，在该玩的时候玩，在学习的时候专心致志。除此之外，制定明确的“每日目标”也对我有良好的约束作用。它每时每刻都在提醒与督促我发愤图强。当然，遇到一群志同道合、共同奋战的舍友，是我上大学最幸运的一件事。在大二学年，我对待学习的心态有所改变。虽然总评成绩不错，但我并不能止步于此。在探索学习的这条路上，最大的敌人是自己。在接触到越来越多的专业课后，我越发地领悟到：大学学习并非刷刷题、成绩应付得过去就可以，更重要的是要“探其花”“自拔其根”！在大三学年，尽管一场疫情将我们隔离在了家中，学习与生活都被“特殊”化，但我仍然坚信：虽处寒冬之中，一切都在向着朝阳前进。

三年的大学生活，让我积累了知识与友谊，收获了经验与教训，更让我学会静下心来沉淀自己。我相信自己所经历和学习的一切都会为未来的发展助力——即使现在它们还没有用武之地，说不定在将来某个时刻就会让我大放异彩。

纸上得来终觉浅，绝知此事要躬行

大二的时候，我进入实验室开始接触科研工作。在帮助老师一项项实验的同时，让我对于自己的专业有了更进一步的了解：原来自己可以做的远远不止“种草”，当然要想种好一棵草也绝非一件容易的事！在老师的指导下，我与小组成员协作开展了题为“褪黑素和油菜素内酯对低温胁迫下多年生黑麦草生长及生理特性的影响”的大学生创新创业项目。试验的过程并非一帆风顺。实验过程中哪怕出现小小的失误都会对我们的实验结果造成很大的影响，但一遍遍从头再来的反复试验并没有浇灭我对科研的热情。我相信这些宝贵的经验都将成为我未来科研道路上的推动力。同时，这也教会我在做试验时要更加严谨、细心，并且要多思、多虑。最终我们的科创项目顺利结题，论文也发表在《草地学报》上。

在科创试验的过程中，我也明白了试验与实验的不同。实验是对已知过程的验证，而试验因其所面对的大部分结果都是未知的，所以其是一个不断重复、积极探索、大胆推测的过程。在自己做科研以后，我对科研工作者的态度也有了极大的转变。老师们就像每一位科学家一样，他们执着于对真理的追求，这种敬业精神让我不由得肃然起敬。科研于我，是日久生情，愈了解，愈热爱，它吸引着我去一步步地揭开它神秘的面纱。在不久前的研究生推免中，我很荣幸获得了兰州大学草学直博生的拟录取资格。这意味着在将来我需要更深层次地研究草业，探索草地的奥秘，同时为国家草业的发展贡献自己的一份力量。

流年笑掷，未来可期

还记得大二草坪学第一节课，老师教导我们“草坪是朝阳产业”。从那时起，我便把这句话牢记于心。习近平总书记于 2013 年 11 月 9 日在关于《中共中央关于全面深化改革若干重大问题的决定》的说明中提出了“山水林田湖草生命共同体”的概念，从“山水林田湖”到“山水林田湖草”，不仅仅是增加了“草”的内容，也是在认识生命共同体上的一次重大飞跃。2018 年 3 月，十三届全国人大一次会议表决通过了关于国务院机构改革方案的决定:组建国家林业和草原局,不再保留国家林业局。这些变化都说明国家对于草业的重视程度在不断提高。国家的政策支持、草业与草原学院的成立,让我也越来越坚信当初专业选择的正确性,也坚定了我继续学习草业的决心。

全球草原面积约占陆地面积的50%,是一个重要的陆地生态系统。它既是草原畜牧业的生产基地,又是重要的生物基因库、各种特色植物产品的生产基地,还是重要的旅游、文化、教育的场所,具有重要的生产、环境和文化功能。身为草业与草原学院的学生,我深知自己身上所承担的不仅仅是饲草、草坪草的良种繁育及抗逆增强的责任,更兼有"草创大业,绿美江山"之重任。而作为一名大学生和积极向党靠拢的中共预备党员,我也势必乘草业发展之东风,紧跟党的领导,秉承"诚朴勇毅"的校训,努力学习,为国家绿色建设贡献自己的一份力量!

师长点评

张智伟同学一直严格要求自己,态度端正,学习勤奋刻苦,专业基础扎实,在平时学习和生活中乐于助人,尊敬师长,团结同学,生活上朴素节俭,对待班级事务认真负责,具有较强的责任感。

草业与草原学院副教授　杨培志

励志座右铭

把不忙不闲的工作做得出色,把不咸不淡的生活过得精彩。

学无止境　厚积薄发

——林学院房乾光

房乾光，男，汉族，1999年10月生，中共预备党员，林学院林学专业2018级学生。曾获得2次国家奖学金、3次专业一等奖学金；获得2019年陕西省大学生乒乓球锦标赛团体、单打双料冠军，2020年中国大学生计算机设计大赛全国二等奖，2020年全国大学生生命科学创新创业大赛全国三等奖；国家一级运动员，校乒乓球队队长，曾获得校级“优秀共青团员”“三好学生”“入党积极分子优秀学员”称号。

大一扬帆起航

同许多大学一样，我的开学第一课也是在炎炎夏日接受一段严酷的军事训练。但我所在的学院承担的军训会演任务是军事演习，从小喜欢运动的我，积极报名了“特种兵”这个特殊的角色，最终也很幸运地成为这个行动组的一员。于是，每日军训的任务从军姿军体拳变成了学习如何持枪进行前滚翻与匍匐前进；间歇时的喝水放松变成了讨论如何更好地表现剧情。就是在这样全新的训练中，我学到了一些只有在军校中才会有的专业知识、专业动作，也知道了想要完成一次话剧似的演出需要台前幕后多少人的辛勤付出和配合。

军训结束后，正式的课程也都提上了日程。我怀着高昂的热情畅游在学海之中。日常的高数、化学与概率论等课程，那些充满逻辑的推导和全新符号的碰撞不断地刺激着我的大脑。每一次的作业，对我来讲不再是高中时为了分数而焦虑，更多的是沉浸于对一道题原理逻辑的认知和掌握中。这时作业册上的红对勾变成了对我思想燃烧的肯定，而红叉叉成为激励我课堂上认真去听解析的强大动力。错误永远都不可怕，关键是能否从错误中得到一份属于自己的见解并将知识真正内化为自己能力的一部分。英语老师对国外历史与文化的幽默风趣的讲解，使我跳脱出了高中时对英语课的死板印象，让我在了解世界的同时也在提高着英语水平，为未来的发展打下良好基础。也正是在这种对于知识最纯真和热切的渴望之下，通过上课认认真真地剖析老师讲解的知识点，下课扎扎实实思考有疑惑的问题，在期末复习阶段，自己已然能够对课本中的知识了然于心。同时我也利用自己对高数知识的凝练总结，帮助身边的同学来推进复习进度。通过自己的理解来阐述课本上的知识，把庞杂的内容凝练化，由点成线，由线到面，在帮助同学复习的过程中，也让自己对知识梳理得更加清晰和明朗。在这样日积月累地学习和思考过程中，我对知识的渴求越来越强烈。学习变成了真正让我感到快乐的事情，每一次的成就，都是一次厚积薄发。

大二乘风破浪

于我而言，大一的生活不止充实的课堂，还有各项兴趣活动与竞赛，但是大一的我经验和实力尚且不足，我参与的比赛或多或少都留下一丝遗憾，这些都成为升入大二之后激励我不断前进的动力。

作为一名乒乓球运动员，我在大一时代表学校参加了省高校乒乓球锦标赛。虽然取得了不错的成绩，但仍有不足之处，尤其是在单打1/8决赛的时候，未能把握住关键球，导致输掉了比赛。汲取之前的经验，在大二备战阶段，我更加积极地参与训练课，不断学习新的战术，提高自己的稳定度和威慑能力。功夫不负有心人，在不断地学习、训练下，当我再一次面对关键比分和关键球的时候，我以过硬的心态以及韧性十足的拼劲渡过难关，也渡过自己心中的一道坎，最终成功夺得了省高校乒乓球锦标赛团体和单打的双料冠军。这样的成绩背后少不了校乒乓球团队的齐心协力和默契配合，也少不了自己在训练场上的付出和积累。当初挥洒在训练场上的汗水都变得掷地有声。在体育赛场上，能发挥出自己水平的60%就已经是良好的状态了。但想要发挥出更好的状态以及取得自己心中理想的成绩，就必须要为此付出十倍百倍的艰辛，这也正是“台上十分钟，台下十年功”所蕴含的道理。

与乒乓球赛一样，我在计算机设计大赛上也有着一份夙愿。大一时期带着那份对于任何事都有的强烈好奇心，我与同学踏上了这次大赛的征程，这是我第一次通过计算机软件来设计一款游戏。俗话说“万事开头难”，没有软件操作经验，没有绘画能力，没有剧本编写能力，一切都是白手起家，一切都需要去构思和设计。仍然记得那段时光，一杯咖啡，一个夜晚，坐在书桌前不停地写代码，大家相互鼓励坚持，终于完成了属于自己的第一份游戏作品。遗憾的是，在进入省赛答辩时，由于经验不足和临场调节能力不到位，未能得到满意的成果，但这让我认识到了自己在答辩、编程等方面还有很大的进步空间。找到问题，就能针对性地突破。时间回到了2020年，我再次带着设计作品参加了计算机设计大赛，志在突破上一届的成绩并实现了自己的夙愿。通过认真打磨作品以及反复修改材料，我们一步步冲进国赛，最终取得了二等奖的好成绩，成功实现了上一次没能实现的愿望。

转眼飞逝的两年大学时光留给我最深刻的感受是自己在知识的海洋里是多么的稚嫩。面对这个飞速发展的世界，知识和科学都处于蓬勃发展的阶段，事物的丰富性已然是指数级别的增长。没有人能够掌握所有的技能，所以这个世界需要更多的跨界合作。学习是永无止境的，活到老，学到老。我所能做的就是继续打磨和积累自己的专业知识和实力，时刻为自己充电，做好任何时间面对任何挑战的准备，这样才能够在机会到来之时抓住它，让自己真正做到博观约取，厚积薄发。同时要在此基础上，把握每一次经历，积累经验，不断学习和提高认知，让自己在未来、在新时代成为一个有真才实干的弄潮儿。

师长点评

房乾光同学思想上进，作为一名预备党员和班干部，能够在班级的各项工作中起到良好的模范带头作用。学习扎实认真，勤于思考，学业成绩名列专业前茅。与同学友爱相处，多次参加各种体育比赛并获奖，是一名品学兼优的大学生。

林学院副教授　张存旭

励志座右铭

栉风沐雨，朝乾夕惕；驰而不息，与时俱进。

初心不改　砥砺奋进

——葡萄酒学院李正华

李正华，男，汉族，1999年2月生，共青团员，葡萄酒学院葡萄与葡萄酒工程专业2019级学生。部队退役士兵，服役期间曾获“优秀义务兵”“神枪手”称号和嘉奖奖励；现担任班级团支书，曾获国家奖学金、专业一等奖学金，华王“NO.1”奖学金，获得过校级“优秀大学生”“优秀学生干部”“优秀共青团干部”“战‘疫’青年优秀志愿者”等荣誉。

军营服役锻本心

在高考结束后，我积极响应国家号召，应征入伍，成为一名光荣的人民子弟兵，自此开启了砥砺前行的两年军旅生涯。2017—2019年服役于光荣的“临汾旅”，服役期间经历过身扛几十斤沙袋越野奔袭的磨炼，经历过在正午烈日暴晒下射击训练的全身灼痛，经历过严寒隆冬为国道扫雪除冰数小时后冻得手脚失去知觉，但我从未放弃，而是凭借坚忍的毅力和永不言败的精神在磨砺中迅速成长。在入伍的第一年我就走上了迎外场，用自己精湛的射击技术为国内外交流学习人员表演，曾打出了25秒20发子弹196环的成绩，荣获连队“神枪手”称号，因表现优异，我获得了“优秀义务兵”称号和嘉奖。千锤百炼的两年，褪去了我身上的青涩和稚嫩，让我增添了一分坚毅和沉稳，也让我对爱国奉献的使命担当有了更深的理解，更加坚定了我为国贡献、为民服务的理想信念。

新冠战“疫”显初心

新冠病毒感染疫情发生之际，我顾不上父母的担心和反对，在当地人武部的号召下，联合当地其他退伍老兵，慷慨请战：“我们曾是军人，我们责无旁贷；我们曾是军人，我们义无反顾；我们曾是军人，我们勇往直前！”“若有战，召必回”，请战书上一个个鲜红的指印彰显着军人的担当和青春的力量。我穿上军装，手拿宣传单行走于街道，沿着乡镇的道路，对来往行人进行居家防疫劝导，一家一户地发放传单并对他们进行必要的防疫科普。有时看见一些人群聚集在广场和路口，我更是迫切而焦急地上前进行交涉，劝阻并遣散人群。在为期10天的志愿服务活动期间，我与退伍老兵走遍乡镇，坚守疫情防控第一线，得到了周边群众的充分肯定，当地人民政府对我在疫情防控期间的无私奉献也表示了高度认可，向学校寄发了表扬信。同时，我还担任班级"防疫信息联络员"的职务，每天督促班级同学健康打卡、监测体温、填写问卷，精准配合辅导员完成一系列的数据统计工作，细致认真，任劳任怨，赢得了同学们的敬佩和赞赏。明知不可为而为之，不是鲁莽，是责任与担当，更是初心不改的最好象征。用自己力所能及的力量为国家、社会构筑防疫屏障，肩负起时代赋予的重任，人生当如是。

重归校园再前行

退役复学后的我，用自己的行为诠释了"扛红旗，争第一"的奋勇拼搏、昂扬向上精神。作为团支书，我恪尽职守，对班级事务尽心尽力，为营造良好班级氛围而努力。充分发挥自己的组织领导能力，自开学以来，带头组织了几十次线上线下的班级政治理论学习和团课学习活动，为提升团组织凝聚力和丰富团组织生活作出了积极贡献。我所在的1903班团支部积极进取，在大一学年中学分成绩居全年级第一；疫情期间积极开展线上线下防疫相关活动，其抗"疫"纪实被收录入《西农战"疫"纪实》；同时，1903班也被评选为2020年校级"五四红旗团支部"，作为葡萄酒学院团支部代表在西农86年校庆之际演唱校歌，为母校庆生。

作为延期两年入学的"新生"，知识遗忘，跟不上进度是我刚复学遇到的最大困难，但我清晰地认识到大学学习自律的重要性。为弥补差距，我充分利用一切时间，积极投入到每一门课程的学习中，勤学好问，不断汲取知识，不懈奋斗。经过一年的努力，我在大一学年取得了专业第一的优异成绩，无愧汗水，无愧拼搏。而在一些文体、公益活动中也会经常看到我的身影，入党积极分子红歌比赛二等奖、新生运动会上5 000米第一名、乡村义务支教成员……此外，为尽早接触专业知识，提高自身科研实验能力，我在大一便进入实验室，并成为一个校级科创项目的负责人，在充实提高自我的路上不断前进。我用笃实的信念和踏实的脚步勇往直前，在全面发展的道路上不断前行，从而展示了当代大学生的风貌。

“面朝大海，春暖花开”是哲人的“诗和远方”，“生于忧患，死于安乐”是仁人志士的“诗和远方”，而“不忘初心，砥砺奋进”就是我的“诗和远方”。无论是作为一名保家卫国的军人，还是一名新时代大学生，我都始终坚守初心，用奋斗争取自己的荣誉，用奉献赢得他人的认可。作为新时代军人，我始终认为应该把最真挚的情感、最饱满的热情、最真心的投入倾注于服务人民之中；作为新时代青年，我始终认为应该把身上最鲜活的特质、最执着的态度、最本真的初心灌注于青春之中。选择吃苦也就选择了收获，选择奋斗也就选择了进步，在风华正茂的年纪，恪守本心，砥砺前行，方能不负青春。

在经过部队大熔炉的锤炼以及大学一年生活的体验后，我证明自己既能持枪，亦可执笔。在最美的年纪，选择不一样的道路，成就不一样的青春，相信不一般的经历会使我对自己的初心有更深的理解和更多的想法，相信我也会在今后的生活里坚守初心，遵从原则，携赤子之心，以青春奋进力量，逐未来美好梦想。

师长点评

从军报国不负青春，将个人价值融入社会价值，在奉献中尽显青春活力；重归校园不忘初心，重拾笔墨继续前行，在奋斗中彰显新时代大学生风采。不论是持枪还是执笔，李正华同学都能坚守本心，全身心投入，用踏实的步伐创造属于自己的精彩。

葡萄酒学院党委书记　胡俊鹏

励志座右铭

流水不腐，户枢不蠹。民生在勤，勤则不匮。

踽踽独行　亦有繁花

——理学院徐明辉

徐明辉，男，汉族，2000年7月生，共青团员，理学院信息与计算科学专业2019级学生。曾获国家奖学金及陕西省第十二次高等数学竞赛特等奖。

未曾设想的道路

我曾经是葡萄酒学院2018级的一名学生，在大一下学期选择转专业来到理学院和2019级信息与计算科学专业的同学们一起攻读数学专业。在那以前，我在葡萄酒学院度过了愉快但略显颓废的一年。彼时的我也不过是一个对数学抱有微妙的炽热情愫的学生，2018年夏天的高考于我是不想提及的，只因它噼里啪啦震碎了一个男孩对未来的梦想。虽然伤心，但还是揣着些许的不甘来到了葡萄酒学院。“反正我化学也不赖嘛”，那时我也只是觉得选择或许没有那么重要，在一个还不甚清晰的未来面前我也不过是随手选择了一个驻足的地方而已。

慢慢地，我发现除了高数课之外，我似乎很难去专注于其他的课程，能让我把课后习题全部完成的也只有数学，临考之前能让我稍加复习就能取得好成绩的也只有数学。当时，我恣意且固执地一门心思地学习“数学”，凭着些许骄傲与自负，我给自己定下了一个规矩：高数考试一小时便交卷。虽然成绩尚可，但其余课程的成绩却惨不忍睹。当时安慰自己说，不怎么打鱼却天天晒网的日子倒也逍遥自得，勉强混个二等奖学金说出去也不至于被诘问有没有好好学习。

但在那一年寒假，不知怎的，兴许是被什么东西感染到了，我开始思考转专业这件事。我大致了解了学校转专业的规则之后开始权衡降一级去学数学这件事。我常说“万事只在衡量二字”，尽管我知道正儿八经地在理学院学习数学和粗浅地上高数课不可等量齐观，但我深知一些根深蒂固长在身体内的力量不容小觑。我还常说“山不过来，我就过去”，在那个寒假，很多个夜晚我辗转反侧，小心拼凑着过往剥落的碎片准备进行一场放浪的豪赌。那个时候，我就像是与自己秘密地签订了契约，背着父母、亲人与老师，果断地踏上了一条未知的道路。

今日方知我是我

“世途倚伏都无定，尘网牵缠卒未休。”不管怎样，经过笔试与面试的一番小小的竞争，我顺利地转到了理学院信息与计算科学系。回想起 2019 年开学时的高等数学竞赛，说来惭愧，在严谨地学习数学之后再度回忆起这件事着实感觉不足为人道也，其实这种竞赛很大程度上依赖于对“奇技淫巧”的打磨与对出题“套路”的谙熟，这也正是我不甚喜欢的地方，所以这个比赛当时也只是权当图一乐呵，没怎么准备就硬着头皮上场了。

心心念念全天候无死角泡在数学里果真与我先前臆测转专业后的情形大不相同，甚至可以说是迥异。有一点薄薄的高等数学的底子，学数学分析倒也不算吃力，可高等代数这种与之前的数学教育完全断层的学科真是让我露怯。“这条路选了可回不了头”，我总是这样告诉自己。还能怎么办？只能撸起袖子加油干。

若不是对数学的热爱，真是难以想象一个如此巨大的转变会发生在我这样任性的人的身上，转专业后我开始认真对待每一门课，对于俯拾皆是的定理、定义与海量的习题基本上来者不拒。我自认为用“孜孜不倦”来形容自己当时的学习状况毫不为过。或许只有对足够热爱的事物我才会乐此不疲，对所爱事物的珍重同样也是足金的珍重。

其实我并不想标榜或是夸耀自己的努力，也不想展现出高级的优越感凌越于我对事物本真的描述之上。试想，能拿到国家奖学金的诸多优秀的同学，有哪个不努力、不优秀？而相较而言，我实际上也不存在所谓的“突出事迹”，不过是“实迷途其未远，觉今是而昨非”然后踏踏实实地学习罢了。这里也只想谈一谈数学这个学科赋予我的或许与别人不一样的东西。我认为数学让我成为真正的我，就像小标题里说到的一样，它让我意识到了“我是我”。就如同是提纯了一般，这种逻辑与思维上时不时地“顿悟”总是让人不自觉地到达了一种超我的高潮中。“黄色的树林里分出两条路，而我选择了人迹更少的一条，从此决定了我一生的道路”，最后半句姑且不敢言，但对于学习数学这条道路目前我认为是相当正确之选择。虽然绝大多数时候这条路需要独自去攀爬，即使山重水复也在所不惜，然而踽踽独行中亦有繁花盛开，每个人的心中或多或少都有着一点坚信，也许我们不说，但只要抓住那零星半点也足以让人焕然一新。

“一只船孤独地航行在海上，它既不寻求幸福，也不逃避幸福，它只是向前航行，底下是沉静碧蓝的大海，而头顶是金色的太阳。将要直面的，与已成过往的，较之深埋于它内心的皆为微沫。”昨日之深渊，今日之浅谈，因此与其把这篇词不达意的文章当作突出事迹，不如说这是一个“痛改前非”的学生追忆往昔“艰难”岁月之后的咿呀学语，不为希冀成为别人眼中的楷模，只为陈述自身过往，以期引起共鸣，要是还能对别人产生些许正面的影响，那便是善莫大焉。此刻窗外的雪还未完全停歇，卧雪眠云虽非能事，并不求贯世间学问之大成，尚无离离星辰之德，也非昭昭日月之才，巧献拙作不能飨诸读者，还望莫笑莫怪矣。

师长点评

该同学学习思维敏捷，对问题有自己独特的见解。更难能可贵的是，不仅理科突出，还兼有深厚的人文素养。平日生活里待人接物谦和有礼，能做到光而不耀、静水流深，是一位很优秀的同学。

理学院副教授　杨斌

励志座右铭

要大笑做梦，要与众不同，须知人生是一场伟大的冒险。

博观约取　厚积薄发

——语言文化学院周格格

周格格，女，汉族，2000年1月生，中共预备党员，语言文化学院英语专业2018级学生。曾获国家奖学金、专业一等奖学金，获第五届“互联网+”大学生创新创业大赛陕西赛区金奖、国际大学生数学建模比赛三等奖、“希望之星”英语风采大赛陕西赛区一等奖、“重现经典”英语原声电影配音大赛一等奖，获得校“三好学生”“优秀学生干部”“优秀团干部”等称号。

乘风破浪，扬帆起航

苏轼曾言：“古之立大事者，不惟有超世之才，亦必有坚忍不拔之志。”我就是这样一个既有着“超世之才”又兼有坚忍不拔之志的女孩。

我在年级中成绩总是名列前茅，是同学们眼中的学霸。但与人们印象中整日埋头苦学的人不同，我特别注重对学习方法的探究。于是我总会做一些别人看起来“浪费时间”的工作，比如我喜欢将自己的笔记整理成思维导图，或者是将现有的复习提纲按照自己的想法加以整理。大多数同学在忙于完成作业，我却有条不紊地在完成自己的计划。我还给自己制订了“学霸养成计划”，即详细的作息安排以及课余时间的有效利用。

除了对学习方法的探究外，我还是一个坚韧、勇敢的女孩。英语专业培养方案中为大一专业的学生开设高等数学课和计算机课，对于这两门让无数文科学子头疼的科目，我却乐在其中，甚至取得了高等数学考试满分的优异成绩。我常常在八号教学楼一学就是一整天，见过无数次“八教”灯光一层层熄灭，保安大叔催促学生赶快回宿舍的场景。我说，学习本身就是动力。古之学者为求师曾跋山涉水，更有头悬梁、锥刺股者，追根到底，他们的动力是对知识的渴望而非功名。学习高等数学和计算机，重要的不在于这些课和英语能有多少交叉或者这些课对于英语专业的同学有什么用处，跨学科挑战自己坚持学习的过程本身就是意义。我经常对舍友讲："学习是一个不断发现自我、发现世界的过程。"正是基于这样的学习理念，才能有"乘风破万里浪"之志，从而不断超越自己，扬帆起航，取得一次又一次的好成绩。

在语言学习中，我留意到在语言学的研究领域，以汉语为母语的老年人的语言能力衰退问题很少有人关注，而在中国社会老龄化趋势越来越明显的背景下，这一问题显得尤为重要。我便与导师沟通，查阅文献，进行初步的研究，随后在大学生创新创业项目申报中获得了国家级项目。

踏雪寻梅，旧梦浅眠

英国思想家约翰·密尔曾这样总结"博雅教育"："每件事都知道一点，有一件事知道得多一些。"对于我来说，人生不仅只有学习和考试，每个人都应该在生活中找到自己的兴致所在。

我的兴致有二：一是演讲主持，一是古筝。我对语言特别敏感，尤其热衷于演讲，对于诗歌朗诵和主持也可谓兴致勃勃。大一时，我便凭借出色的表现加入大学生艺术团主持队，在训练一年后成为大学生艺术团主持队的负责人之一，带领着下一届怀着语言梦的同学们探索语言的魅力和艺术。在主持队期间，我曾先后主持了大大小小各类讲座、晚会十余场，收获了老师和同学们的无数好评。

我自幼习筝，对上古时期就流传下来的筝谱格外着迷，弹拨古筝也成了我抒发心中惬意的惯常手法。即便失意，也总能从缓缓流淌的古筝声中寻找到那一份快乐。《李凭箜篌引》曾这样形容箜篌声："昆山玉碎凤凰叫，芙蓉泣露香兰笑。"对于我来说，筝声不仅富有生命力，更是精神世界的一股清泉，从上古一直流淌至今。

君子怀德，不以物惑

在西农，深刻在我心底的大概是"诚朴勇毅"的校训，在当下浮躁的物质世界，这让我更加看清自己的心，更加坚定自己走的路。我不仅是一个执着追梦的青年，更是一个有理想、有担当的西农学子。

从班级建立之初，我就带领大家开展丰富多彩的团组织活动，不但协调同学们之间的关系，还带领同学们共同营造团结和谐的班级文化氛围。每次为同学们开政治理论学习会前总是查阅各类书籍以充分准备，而同学们也多次表示在学习会中受益匪浅。遇到问题时，我也总是第一时间和班主任沟通交流。我不仅是班级同学之间沟通的枢纽，更是连接老师和同学们的一座桥梁。我时常怀着为班级奉献的责任和对老师同学们的感恩不断前行。在我任团支书期间，班级成功获得趣味运动会二等奖、班级风采展一等奖、合唱比赛二等奖等荣誉，还获得“优秀班集体”的荣誉称号。

师长点评

周格格同学学习态度端正，敢于挑战自己，追求卓越。一代人有一代人的青春使命，作为英语专业的学生，周格格同学一直都将讲好中国故事，更好地传递中国智慧、中国方案作为自己的使命，为扩大中国在国际社会的话语权，让中华民族更自信地屹立于世界之林努力奋斗。周格格同学不仅学习成绩优异，还在各个方面全面发展，向着复合型人才的目标不断前行。相信周格格同学一定能在奋斗之路中找寻到生命的意义，探索自己奋斗的人生目标。

语言文化学院讲师　张乃丹

励志座右铭

奋斗是青春最好的底色。

今朝之路

——资源环境学院牟湘宁

牟湘宁，女，汉族，2001 年 3 月生，中共预备党员，资源环境学院地理信息科学专业 2018 级学生。曾获国家奖学金、校长奖学金和专业一等奖学金。获得 2020、2021 年美国大学生数学建模竞赛 M 奖，全国大学生生命科学竞赛创新创业类三等奖，2021 年中国大学生计算机设计大赛三等奖，第十二届全国大学生数学竞赛陕西赛区二等奖，“诚朴杯”公共危机管理案例分析大赛一等奖等。荣获校级“三好学生”“优秀大学生”“优秀共青团员”“十佳村助”“社会实践标兵”等称号。

追求进步，向党靠拢

进入西北农林科技大学以后，我就积极向党组织靠拢。在第一学年虽然因为年龄不满 18 周岁未能递交入党申请书，但始终认真学习团课，积极参加团组织活动。在第二学年成功递交入党申请书，参加了领航教育培训、入党积极分子培训和发展对象培训等，如今已经成为一名中共预备党员。其间，能够积极完成党支部、党小组的各项任务，认真夯实自己的政治理论基础，不断提高思想认识。

努力学习，勇攀高峰

学业成功是走向人生辉煌的基石。步入大学，我并未因为自己是天之骄子就放松学习；相反，我对自己的未来有一个更加明确的规划和更加清晰的目标，对待学业之态度，较之高中则更为坚定。从大学第一门课开始，我就拿出了百分之百的热情。上课认真听讲，预习、复习、知识归纳、总结，哪个方面也不敢马虎。因此，我的学习成绩一直名列前茅，前3年学积分为93.52分，专业排名第一。尤其数学类课程成绩更好，其中，高数成绩98分，概率论成绩99分，线性代数成绩100分。

对于数学这门课程，它作为大学的一门基础必修课，难度相对较大，我在学习过程中也遇到过一些困难。但我相信，努力总会有回报，课堂上老师讲的每道题，我都将其都作为训练能力的工具，反复练习，深思熟虑，做到举一反三。同时，我也养成了不间断碎片式学习的习惯，只要有时间，只要碰到能学习的时机、场合，我都不会放弃。比如英语，是非常重要的一门语言课，无论是否有考试，我每天都会抽出一点时间进行巩固。无论是单词还是听力，或者阅读，不间断地积累知识也成为我一个非常好的习惯（希望可以通过这种方式不断提升自己的英语水平）。而在各类实习、实验、实践类课程中，我也积极参与，组织好小组成员，共同攻坚克难，尽自己最大努力完成好工作。

在学习这件事中，必须要有一颗越挫越勇的心，更要有毅力。非常庆幸，面对着课业，我非常明确自己的需要，始终未曾停下脚步。

拓展学业，全面发展

除了基本的课程学习，在学有余力的情况下，我还参加了各种竞赛，考取证书。如英语四、六级考试，计算机二级考试（以“优秀”的等级成绩获得了“C语言”计算机二级证书）以及普通话二甲证书。

在这三年中，我参加各类竞赛荣获过：2020年美国大学生数学建模竞赛M奖（国家级二等奖）；全国大学生生命科学竞赛（2021，创新创业类）全国三等奖；2021年美国大学生数学建模竞赛M奖（国家级二等奖）；2021年中国大学生计算机设计大赛全国三等奖（西北地区赛一等奖）；第十二届全国大学生数学竞赛陕西赛区二等奖；全国大学生数学建模竞赛陕西赛区二等奖；全校首届“诚朴杯”公共危机管理案例分析大赛一等奖；第九届创意农业设计大赛二等奖；第十二届“挑战杯”中国大学生创业计划竞赛银奖；2020年“绿水青山”生态环境保护创意设计竞赛三等奖；第十届“挑战杯”大学生课外学术科技作品竞赛哲学社会科学类三等奖；第九届创意农业设计大赛三等奖；第十届“挑战杯”大学生课外学术科技作品竞赛自然科学类三等奖；2020年西北农林科技大学测量技能竞赛团体赛三等奖;等等。通过参加这些比赛,不但提升了我多方面的能力,同时还让我收获了队友的团结友爱、互助协作。

除了参加各类比赛,作为负责人,我也曾主持过一项全国大学生创新类省级科创项目,作为成员参与过另一个省级项目(两个项目目前均已顺利结题)。以上这些活动,对于我个人的成长具有重要的意义。虽然参加比赛占用了我大量的时间,但这不正是检验我们理论学习结果最好的方式吗?所以,想要武装自己、提升自己,就不要拘泥于现有的一切,不要享乐于现有的成果,只有从不同的竞赛或其他场合中一点点锻炼,才能让我们变得更强大。

勇担责任,服务社会

在过去的三年时间中,我也参加了诸多的社会实践活动,既丰富了自己的人生经历,又检验了自己专业学习的成果。

首先是"三下乡"暑期活动,大一学年暑假,我曾随队去延安参加"三下乡"调研活动,获校三等奖。在大二学年,我作为队长,带队在成都进行了社会实践调研,同时作为队员也参与了另一项"三下乡"实践活动,两个调研项目均获得了校二等奖。大三学年,我继续参加了两个"三下乡"实践调研项目。

其次,在爱心支教方面,我曾当过一年的支教小老师,在大三时成为夹道村村委会主任助理,继续带队进行进村支教、宣传教育、帮扶助农等活动。从策划活动、联系村委会主任、媒体宣传等各个方面的工作中锻炼自己。一年任期结束后,获评"十佳村主任助理"称号。

同时,我还担任过院辩论队副队长、班级科创委员等职务。从不同种类的实践经历中丰富自己的生活,同时也锻炼自己在处理事情、分工配合、相互合作、策划统筹等方面的技巧。由于社会实践活动的突出表现,大三学年,获校"社会实践标兵"称号。

总之,三年多的大学生活锻炼了我,我感谢母校,让我能够在这片广阔的天地里不断成长。未来的路还很长,我会再接再厉,拥抱美好明天。

师长点评

牟湘宁同学自入学以来，思想端正，学习刻苦，积极上进，学业上突飞猛进，工作上认真负责，深受老师、同学喜爱。对于未来，牟湘宁同学目标明确，规划细致，有干劲、闯劲，敢担当，专业成绩优异，科研能力不断提升，在各方面能够综合发展，是一名品学兼优的大学生。

资源环境学院教授　张青峰

励志座右铭

千里之行，始于脚下；逐梦之路，启于今朝。

把握当下　努力生活

——食品科学与工程学院赵甜

赵甜，女，汉族，2000 年 11 月生，中共预备党员，食品科学与工程学院食品科学与工程专业 2018 级学生。前三年平均学积分 91.11 分，绩点 3.84/4.00，分别以 525 分、524 分的成绩通过全国大学英语四、六级考试。曾荣获国家奖学金、国家励志奖学金、校长奖学金，获全国大学生生命科学创新创业大赛三等奖、全国大学生数学竞赛一等奖以及"欧倍尔杯"第三届全国食品专业工程实践训练综合能力竞赛一等奖等，被授予校级"优秀大学生""优秀共青团员"等荣誉称号。

转　变

进入西农之初，我和许多同学一样，对未来生活充满懵懂与好奇，怀着对大学生活多姿多彩、轻松愉悦的向往投入到大学学习当中。除了专业课学习之外，我还加入了学院的出国留学部，主要任务便是每周写写新闻稿，定期组织英语角活动，和外教老师进行交流练习英语口语。这样的日子似乎还算充实，但心中总是有一种不知道为什么忙的感觉。偶然的一次学习经验交流会，极大地推翻了我之前的很多想法。来给我们分享学习经验的几位学长学姐都是成功保研的，他们不仅专业课成绩优异，而且科研竞赛突出、学生工作和志愿活动等也做得很好，当时感觉他们身上焕发着夺目的光彩，听完后我很有感触，突然知道自己想要什么了。于是，我对自己入学以来的所作所为做了深刻的反思，摒弃了刚入校时抱着"60 分万岁"的学习念头，重新对自己的大学生活做了规划。首先需要把学积分提上来，不能只觉得及格就万事大吉了，而是要保证高学积分、高绩点；其次是英语成绩要尽量高，而且多多参加含金量较高的比赛，同时加入实验室学籍实验操作，提高自己的科研能力、创新能力，争取在大四能够顺利保研。

想要变得优秀，首先思想得进步。于是，大一上学期我便递交了入党申请书，积极向党组织靠拢，致力于培养正确的世界观、人生观和价值观，按时参加党课培训，不断加强党性修养，端正入党动机。

其次便是要把握好学积分和英语成绩。大一的课程不算特别繁重，学习起来还算得心应手，只是学习的自主性更强了，老师只是学习的引导者，而自己才是学习的主体，是主导者。因此，我上课认真听讲、做好笔记，课后抓紧时间复习，遇到不会的知识点及时请教老师同学，或者去网上查找相关资源，尽量做到融会贯通。欣慰的是，经过努力，我顺利通过了英语四、六级的考试，大一一年我的学积分也名列专业前茅。每一天的奋斗虽然感觉很累，但回报让人信心倍增，干劲越来越足。

成　长

一转眼就到了大二，突然增多的课程让我有些束手无策，好几门课程都非我兴趣所在，上课听得懵懵懂懂，一时间竟找不到一个适合自己的学习方法和状态。再加上那段时间每天都有实验课，数不尽的实验报告和听不懂的课程导致了我的学积分大幅下滑。对此我没有慌，内心虽然很急，但通过向老师、向同学耐心请教，以认认真真，踏踏实实的态度，硬是一点一点地找回原来学习的良好状态。我想，这就是大学生活给我带来的成长吧。大二下学期遭遇疫情，整个学期都在家里上网课，这反而让我个人的状态轻松了不少。可能是由于专业课没有那么难吧，再加上与家人、同学间经常交流，心态变好了许多，又体验到了学习带给我的那种快乐，自然而然地成绩也就得到了提升。

科研方面我也没有落下，参与了一项省级科创项目——低糖高膳糜子面包的制备工艺和品质评价，另外还参加了一些创新创业竞赛，是否获奖并不重要，重在参与，特别是通过参加这些项目，让我从中学到一些知识、技能，这对促使我快速成长非常有价值。

除此之外，在疫情期间我还加入了防疫志愿者行列，每天定时宣传防疫知识、协助测温扫码，为社区防疫作出了自己的贡献，也更进一步明白了作为大学生的使命和担当。

这一年是特殊而又不平凡的一年，有波动，但更多的是成长，总之是不管遇到什么情况，一定要学会调整心态，要相信一切的困难都只是暂时的，只要把握好当下，认真对待，生活就一定不会辜负每一个努力奋斗的人。

收　获

作为当代大学生,我清楚地知道学习成绩只是个人学习能力的一个方面,只有德智体美劳全面发展才能肩负起时代赋予我们的职责和使命。

为了达到这一目标,首先是认真学好各门专业课,其次是积极参加各项比赛,丰富自己的经历,最后就是要抓住一切机遇投身到科研工作中,努力培养自己的创新能力与科研能力。在经历了一次次的失败,让人沮丧到不知道实验还能不能进行下去,在这个过程中得到思维的锻炼和意志的磨炼,将是我们最大的收获。我们须知,真正的科研都是要经历多次的失败,只要我们坚持查阅文献、动手操作等,各方面提升的能力将使我们终身受益。

总结我这三年多来的收获,我的感受是,获得国家奖学金是对我专业的肯定,也是对我接下来学习、生活的激励;从入党积极分子到成为发展对象再到预备党员,这一路上我戒骄戒躁,认真学习党的理论知识并将其应用于实践,时时刻刻以党员标准严格要求自己,思想有了很大提升。学习上我一刻也未曾放松过,对于自己其他方面的发展亦是如此,一直向着成为一个优秀的人的目标不断靠近。譬如,加入了院阳光支队,定期去往学校周边的学校支教,在服务他人的同时也提升了自己的社会责任感等。现阶段我能做的仍旧是把握好当下,努力学习,带着家人、师长、朋友对我的期望继续向前奔跑,让自己变得更好、更优秀,有能力去迎接未知但是肯定充满着美好的明天。

师长点评

赵甜团结同学,乐于助人,思想上追求上进,能够起到先锋模范作用。学习成绩优异,态度端正,积极参加各类学科竞赛,科研能力和创新能力突出。做事踏实认真,具有高度的责任感。

食品科学与工程学院教授　王丽

励志座右铭

道之所在,虽千万人吾往矣。

萧辰荆棘挥剑斩　所行迷途皆光明

——葡萄酒学院曲玉馨

曲玉馨，女，汉族，2000年6月生，中共预备党员，葡萄酒学院葡萄与葡萄酒工程专业2018级学生。曾获国家奖学金(3次)、专业一等奖学金(4次)及第五届“互联网+”大学生创新创业大赛国赛铜奖和全国大学生数学竞赛特等奖，获得校级“三好学生”“优秀共青团员”荣誉称号。在疫情期间积极参与抗疫志愿服务活动，被评为“优秀战疫志愿者”。

青春须早为，岂能长少年

所谓成长过程，势必充满了艰难险阻，在我们身上留下的“千疮百孔”，终有一天会成为我们努力奋斗的见证。现实中，我们谁都不是完美无缺的，更难成为父母口中“别人家的孩子”。我们都会犯错，初中时我因为那些藏在心底里的萤火而荒废学业，那时的我以为这段真挚的感情定不为世俗的框架所破。对那时懵懂的我而言，那是“一川烟草，满城风絮”，更是“落日弥漫的橘，天边透亮的星”。可是在父母的劝导下，当我开始认真审视这一切的时候，宛如凝望着深渊那般，深深的无力感涌入心头，忘记清泉如许，忘记柳折花残，忘记娇花十里。于是我明白这不过是漫漫人生路上对我的第一次考验，我知道无论是诗或远方，都需要我变得更强才行。自此以后我便摒弃一切杂念，在初三的最后半年里静下心来去努力学习，最终如愿以偿，考上了心仪的高中。

卡着录取线进入高中的我意识到了这一切的来之不易。与名列前茅同学之间的距离感，再加上父母离异对我的打击，每天傍晚时分校门口接我回家的母亲，寒风吹在她疲惫的脸颊上，深深地刺痛着我的每一根神经。从那一刻起，我清醒地认识到自己的责任。也正是这份责任，这份承载着家人的期许以及自己未来的责任，让我不顾一切地奋发图强。从高一班级里的倒数，到高三时班级里的第一名,没有人不惊讶于我的“飞跃”,可是只有我知道,深夜里的数学题是陪伴我最好的朋友,单词书上那密密麻麻的批注是我耳边最美的旋律,书桌前那杯母亲端来的牛奶温暖着我疲惫的身躯。我会抬起头看着墙上的励志语录,也会眺望远方短暂地憧憬着属于我自己的故事,那会是光芒万丈的、美好的未来。“问渠那得清如许,为有源头活水来。”

既然知道学习之于我的意义,也就有了源源不断的动力,大学的我依旧坚持着高中时的好习惯,在学业上一丝不苟,同时我也在努力提高自己在英语方面的能力。正是因为这种坚持,才使我荣获 2 次国家奖学金和 3 次专业一等奖学金,并顺利通过英语四、六级考试。

行是知之始,知是行之成

我经常会想:为什么父亲做一件事之前总是能有很好的规划?为什么站得越高的人反而更加谦卑?

问题的答案伴随着我的人生经历逐渐明晰起来。

学习并不是大学的全部,思想境界的提升不可或缺,大一时我树立了自己的价值观,对时事热点新闻有着自己的见解。我积极响应国家的号召,主动递交入党申请书,按照党员的标准严格要求自己,以党的纪律指导自己的生活作风,立志加入中国共产党。

在疫情期间,我有幸担任一名防疫志愿者。戴上口罩,穿好防护服,准备好酒精等消毒用品,每天 7 点半我准时出现在十字路口的通行登记桌旁。站岗、拦车、测温、记录、指导,虽然都是一些简单的举动,可每一步我都不曾有丝毫懈怠。在疫情来临之际,以党员的标准要求自己,力争同抗击疫情的同志并肩作战,并做好一名入党积极分子应做之事。为人民服务,这不仅仅是一句口号,更是我要追寻的正确思想,将自己的理想融入祖国命运,这也是属于我的中国梦。

进入大学以来,我开始尝试提前做好每一件事的规划,提高自己的认识水平,培养自己的逻辑思维;同时,我也会找时间进行阅读,陶冶情操,成为一个有涵养且易与人相处的人。

见微以知著,见端以知末

大学的第一节实验课后,我便产生了一种实验室情怀,在大一的下半学期就迫不及待地联系导师进入实验室。一切都是那么的新奇，面对着一排排高级的仪器，我内心充满着欣喜，这是对未知领域知识的渴望，也是对科研生活的期盼。从基础开始，学习基本知识，培养实验技能，提高实际动手能力。同时我也参与酒中甘油物质含量测定、鲜食葡萄白兰地成分指标分析、酒中香气物质的探测、胶红酵母生长与代谢等不少科研项目。

我认为在这之中最重要的一点就是要保持一颗好奇心，对未知的实验结果充满好奇与期待，也正是这种心态，促使我申报了一项省级科创项目。查找文献，方案设计，分析问题，寻找解决方法，结果分析。每一步都很艰难，但大幅度提升了我的各项能力；与团队队员的讨论交流，和老师分析问题，在提升自己解决实际问题的能力的同时，为今后步入科研殿堂积累了丰富的经验。除此之外，我学着用饱满的激情取代刷试管时的枯燥乏味。

与此同时，我们的创新项目应用于实践生产，我随师兄师姐参加了第五届“互联网＋”创新创业大赛，经过我们团队的不懈努力，荣获了第五届“互联网＋”国赛铜奖。

生活中每一次富含创意的想法都是创新的萌芽，平时我们要注重每一个创意的细节；在生活方面，我同舍友们一起积极地改造我们的宿舍小窝，荣获了“创意宿舍”大赛三等奖。

身如逆流船，心比铁石坚

小学时第一节美术课总是感觉自己的画别别扭扭，中学体测后感慨为什么大家跑得都那么快，高中时羡慕同班同学总能兼顾学习与娱乐……

这一步步走来，镜子面前的我意识到了自己很多的不足之处，我也会因为这些缺陷而抱怨，可更多时候我的内心总是有着一股不服输的较真劲，“别人能做到的我为什么不能？”也感谢这股源于我灵魂深处的倔强，让我变得愈发顽强，愈发坚不可摧。

现在，我开始在惬意的午后拿着本子看那漫天飘零的樱花，还有清晨日出的第一缕暖阳，都将在我的画笔下勾勒出永恒的画面；开始时是为了通过体测而进行的锻炼，现在已经成为我生活中的一部分，每周两次的健身必不可少，沿途的风景，耳边的音乐，与自己的独处，让我开始爱上跑步，不知不觉体测成绩也开始名列前茅；肩上的行囊不知道收藏了我多少努力与汗水，有时候学业和科研的压力也会压得我喘不过气来，还好身边的朋友总是会予以我最真挚的帮助，我开始学着平衡学习和生活，我爱美食入口时内心的满足，喜欢挥动球拍时情感的宣泄，也偏爱诗中“红尘千丈，岂羡功名纸半张”的旷达乐观。我的肩上逐渐能扛起星辰大海！

未来不足惧，过往不须泣

难道向上攀爬的那条路不比站在顶峰更让人热血澎湃吗？

我的成长到目前来说并不是一帆风顺的，但那些曾让我撕心裂肺的挫折如今都变成了我身体上最美丽的伤疤，那些废寝忘食的拼搏还有难舍难分却最终不过是一笑而过的一次触动，一切都是最美的安排，经历的一切让我成长，让我坚不可摧。

回首过去，往昔历历在目，我纪念逝去的但不怀念；展望未来，满天繁星触手可及，我追求我所爱的永不退缩。

种自己的花，让最初的梦想变为现实，花海盛开，爱自己的宇宙，用丰富的知识触碰满天的星河。念念不忘，必有回响！

师长点评

曲玉馨同学思想端正，性格开朗，生活朴素，待人真诚，善于协调工作，适应能力较强。她专业基础扎实，重视动手能力的培养和课外知识的积累，能够独立思考，在大学生科创中表现出创新性思维，是一名品学兼优的好学生。

葡萄酒学院教授　陶永胜

励志座右铭

人生没有白走的路，每一步都算数。

永远要有直面失败和承认不足的勇气

——食品科学与工程学院倪可

倪可，女，汉族，2002 年 1 月生，中共预备党员，食品科学与工程学院食品科学与工程专业 2019 级学生。连续三年获国家奖学金，曾获 2021 全国大学生英语竞赛三等奖、2022 全国大学生生命科学竞赛三等奖、校级“优秀大学生”荣誉称号等。

有觉悟，也需行动

从小在父辈的熏陶下，“红旗渠”、沱灌精神植根于我的心中。因此，我把成为一名中共党员、服务于人民作为目标，思想上始终向党组织靠拢。我清楚地知道一名合格的党员不仅要有坚实的理论基础，还要有付诸实践的行动。由于理论基础不扎实，在大二学年的发展对象个人思想汇报中表现欠佳，失去了成为入党积极分子的机会。在认识到我与成为一名合格党员这一目标的差距后，我开始认真对待入党培训，踏实学习党的政策纲领。在大三学年顺利通过了考核，成为一名中共预备党员。今后，我将继续注重理论学习、党性修养，并投身实践，在实践中检验自己的能力。

会应试，也懂应用

在主旋律仍为课程学习的大学环境下，我取得了学积分 91.6 分的较好成绩。然而考试只是考核知识掌握情况的一种形式，知识最终还是要体现于服务社会实践的应用中。大一高数满分的我以为自己具有较强的数理逻辑理解能力，于是和小伙伴组队参加了美国大学生数学建模竞赛。当题目发布后，我毫无头绪，由此我认识到，如何将所学用以解决实际问题是一大难题。不出所料，最后仅仅获得了 S 奖。自此，我意识到自己在知识的灵活迁移方面还没有得到足够的锻炼。后来，在课程学习和实验操作中，我就常问自己这个知识点与实际有什么联系,通过这种方式,不仅巩固了知识点,而且当遇到相似的境况时,知识便会情景重现,在实操中达到举一反三的效果。

“逆时差”,也能翻盘

除了课程学习,众多的课外活动为大学生活增添了浓墨重彩的一笔。进入大学,多数人都想一展宏图,而怯懦的我却不敢参加任何社团的面试,因此失去了太多的机会。大家都在担任各种职务和参加各种社会实践,丰富自己的大学生活、锻炼自己的沟通能力,我却因为害怕暴露自己的短处而选择了逃避。与此同时,我并不甘蹉跎时光,大一我几乎把所有时间都投入到基础课的学习中,八教成了我“第二个家”。我常在八教自习室的一隅瞥见或从他人口中听说精彩的大学生活,还停留在高中思维的我仿佛与迅速适应大学生活的其他人有着巨大的“时差”,于是我开始思考自己是否能够在兼顾学业的同时去弥补自己的短板,开始计划着从哪些方面着手实施较好。大二很多同学认识到学习的重要性又纷纷从各种活动中抽身转而投入学习中去,而我和他们恰好形成了“逆时差”,大一打好专业知识基础,建立自信,收集信息为大二多方面提升自己做铺垫。大二我竞选了班级的学习委员,参加了学院科创部的面试并成为了科创部的一员;面试了学校的易班工作站,加入学院红烛志愿支队并开展了对社区老人的帮扶工作。另外,还在寒假期间开展了回访母校和资助育人宣讲活动。在社会实践中,我锻炼了自己沟通交流、组织协调的能力。回顾三年的历程,我不后悔自己在大一时的沉寂,因为那是在积蓄力量,更感谢自己能够在大二有勇气正视自己的不足,走出舒适圈,抓住一切展示交流的机会,使得大三的我在面对各种答辩、经验交流展示的时候已经从容、自信了许多。

科研路,也应试错

大二除了兼顾课程学习和课外活动,我还进入学院王新老师的微生物实验室开展学习。从小在家不干家务活的我十分清楚自己的动手能力很差,刚进实验室跟随师兄学习基础实验操作,时常犯错的我因为知道科研无小事,差点打消自己将来从事科研工作的念头。因为不愿意面对自己在科研上的短板,在很长一段时间,我越害怕犯错越是犯错,甚至只要师兄在身边看着我做实验我都会紧张到手抖。每次犯错都很怕告诉师兄,生怕师兄下次就不愿意让我再上手操作。即便没有操作上的失误,当实验结果与预期不符的时候,我也会怀疑自己出错了。后来,在师兄和王老师的悉心开导下,我逐渐明白自己不应该有这样的畏难情绪,要有面对失败的勇气和时时总结经验的意识。既然动手能力不强,那就多上手训练。慢慢地,我从一开始害怕进入实验室变成了主动让师兄把实验任务交给我来完成。虽然我的科研素养还有待提高,但承认自己的不足使我如释重负,就像老师说的"科研要学习维纳斯断臂之美",在踏实干事的同时去接受自身和事物发展的不完美。

两人行,亦可互师

不管是在学习、实践还是科研上,我都始终相信努力的力量,但是单靠个人的努力是很难在大学三年的学习生活中始终保持高效的输入、输出。都说当局者迷、旁观者清,所幸在大学阶段我遇到了我的诤友——陈桂潘,她总能一针见血地指出我的一些认知错误和处事不妥之处。一开始我还经常找借口为自己开脱,但是渐渐地我发现这些问题确实在我身上存在,承认自身问题的同时我也虚心向她请教解决办法。从大一心理课的结缘一直到现在,在这段亦师亦友的关系中,我勇于直面自己的缺点,见贤思齐,有意识地在生活的方方面面去发现她身上任何我可以学习的地方。她擅长的方面,包括利用网络检索信息、可视化表达、事情的高效执行,都成为我着手学习的落脚点。

回首三年的大学时光,一步步地承认自己的不足,接受失败,让自尊和自立都化作我重新出发的底气,希望自己在今后的日子里也能有直面失败和承认不足的勇气!

师长点评

该生在生活中善于批评与自我批评,能够做到不断汲取外部环境的力量来丰富和完善自己,从而使其能够不断前进,在思想、学业、实践和科研上能够有所成绩,望能继续按自己的节奏努力奋斗。

食品科学与工程学院食品安全系主任　王新

励志座右铭

在沉寂的时光明晰自我,付出努力,我们把它叫作扎根。

弦歌不辍　芳华待灼

——人文社会发展学院刀倩

刀倩，女，傣族，2001年11月生，共青团员，人文社会发展学院社会学专业2021级学生。曾获得国家奖学金、专业一等奖学金(2次)、第十三届“挑战杯”全国大学生创业计划竞赛全国铜奖、第一届模拟地方经济规划提案大赛三等奖、校党委宣传部优秀稿件一等奖、心理知识竞赛二等奖，获“优秀共青团员”“优秀大学生”“优秀预科生”“优秀青年学生志愿者”“迎新接待优秀志愿者”等荣誉称号。

芳华待灼，静待石榴花开

2020年的夏天，我收到了西北农林科技大学的录取通知书。“你现在是家中唯一走出云南的985大学生！”这是我听父亲说的最自豪的话。怀揣着梦想与家庭的希望，初入西农，初入少数民族预科班，一切都是崭新的。面对新的平台，看到与同学们的差距，我时常感到自卑与怯弱。但正是在这里，我感受到了学校对少数民族学生的关怀。预科期间的张静老师，是我最要感谢的人。英语是我的弱项，面对即兴口语和现场演讲我总是很惧怕，张老师很快发现了我的问题。“不会说很正常，慢慢积累就好了。”张老师激励的话至今仍是我前行的动力。张老师还鼓励我参加各类英语竞赛，经常为我修改稿子到凌晨，张老师的肯定与细致深深打动了我的心，激励着我不断克服学习上的各种困难。

我还与来自天南地北的兄弟姐妹们一起演奏冬不拉，跳篝火舞，过泼水节，更在一起提前学习大学知识，弥补自己与本科学生的差距。老师的鼓励与同学的陪伴让我找回了自信与勇气。我将自己取得的进步归因于学校与老师的栽培，我知道只有努力提升自己方不负栽培之恩，因此我加入了学校少数民族大学生“红鹰”训练营和“青马工程”培训班，努力将自己培养成为信仰坚定、能力突出、素质优良、作风过硬的少数民族大学生骨干，做一粒石榴籽，将自己播种在祖国大地上。

行而不辍，须持长剑纵马

正式步入本科生活后，我开始尝试接触新的领域，探索青春的价值和人生的方向。西农一批批科研成果的产出让我看到了学术科研背后的重大意义，前沿问题的突破正深刻影响着时代的脉搏。成果产出的背后离不开科研创新生力军们的不懈努力，我决定跟随老师们的脚步，从基础做起，在学业之余尝试参加各类学科竞赛与创新创业竞赛，以提升自己的学术水平与创新能力。我带着懵懂与热爱一头扎进了田野，乡土的厚重与灵感的碰撞，让作为科研小白的我第一次感受到了学术的魅力。从基础的问卷设计再到数据分析，我在不断试错中锻炼了自己的能力，并在"挑战杯"、提案大赛等各类比赛中取得了一定的成绩。然而我的求学之路才刚刚开始，我明白未来的道路不会一帆风顺，"道阻且长，行则将至"，哪怕荆棘密布、充满坎坷，我也不会退缩。

我更深知探寻新事物、取得进步的背后离不开学校、学院给予的广阔平台和老师、同学给予的鼓励与支持，我将对写作的热爱和实际行动结合起来，加入了学校风岗通讯社与学院新媒体中心，执笔为学校师生输送优质内容。并留任学院团委组织部负责人，怀感恩之心，继续服务同学、回馈学校，为学校的团务工作贡献属于自己的一份力量。

走出大山，只为回到大山

我时常问自己"我要做什么样的人?""祖国需要什么样的我?"我用实际行动给出了自己的答案。

大一时我抓住了学校科研训练的机会，将调研地选在了家乡新平彝族傣族自治县，并申报了同年的大学生创新训练项目。于是在暑假期间我带领项目成员走进大山里的傣族村落，看到了家乡经济的巨大飞跃，乡村旅游、基础设施建设蓬勃发展，也看到了现代文明冲击下少数民族地区文化传承困难的伤痛与疮痍。那一刻，我终于明白了——走出大山，是为了更好地回到大山，只有将知识与行动结合起来才能绽放绚丽的青春之花，于是乡村振兴的种子便在我的心中萌发。整个暑假我奔走在田间地头，经过持续深入的访谈与考察，终于我的调研报告被当地政府宣传部征用发表,得到了家乡父老乡亲的肯定,为家乡的乡村振兴事业贡献了属于自己的青春力量。

我还利用课余时间积极参加社会实践与志愿服务活动。利用小学期开展支教活动,我和队员们累计对杨陵区上川口村30余户村民的孩子进行了支教辅导,村委会议室、村民家中都留下过我们青春的身影。2022年9月,我了解到学校面临迎新工作志愿者、农高会志愿者紧缺的问题,我早早结束了假期返回学校,主动承担起新生入学引导和农高会志愿者服务工作。成为志愿者,这让我感受到了“心中有理想,脚下有力量”的使命感。

两年的大学时光,我心中的未来也渐渐被描摹清晰。当被问及自己的梦想,我总是坚定地回答:“我想回到基层一线继续我的家乡建设!”我想站上山巅,一览西南山河的秀美壮阔,更想俯下身子,帮助乡村换个样子。把自己的理想与祖国的前途、人民的命运紧密联系起来,让少数民族的青春之花绽放在祖国最需要的地方。

师长点评

刀倩同学思想上积极进取,学习态度端正,成绩优异,综合素质评价名列前茅,积极参加大赛,富有挑战竞争意识及创新能力;工作上踏实认真,具有良好的沟通能力和组织协调能力;能够用心服务师生,团结同学;生活中兴趣爱好广泛,是一名综合素质强、全面发展的优秀大学生。

人文社会发展学院辅导员　李春雨

励志座右铭

行者无疆,思者无域。

知不足而奋进　望远山而前行

——语言文化学院张怡萌

张怡萌，女，汉族，2001 年 12 月生，中共预备党员，西北农林科技大学语言文化学院英语专业 2019 级学生。曾获国家奖学金、专业一等奖学金、2022 年全国高校物联网应用创新大赛国家级一等奖、中国好创意暨全国数字艺术设计大赛陕西分赛区一等奖、全国大学生英语竞赛西北赛区 B 类二等奖、外研社“国才杯”全国英语写作大赛校一等奖及校级“优秀大学生”等荣誉。

仰望星空，脚踏实地

“力量从团结中来，智慧从劳动中来，行动从思想中来。”作为一名光荣的中共预备党员，我在思想上始终向党组织看齐，坚决拥护中国共产党的领导，自觉遵守学校、院系及班级的各项规章制度，树立正确的世界观、人生观、价值观，并通过参加入党领航教育、党课培训等汲取马克思主义理论知识，并将其践行到生活、学习的方方面面。在不断提高个人素养的同时，牢记全心全意为人民服务的宗旨，为班级、院系和学校的同学做好服务。

2019—2021 学年间，我先后担任院团委组织部志愿者和负责人，这与组织部各位学长学姐的引领和带动是分不开的，在无数次学习和交流中，我深受他们的影响，秉持着“在其位谋其政，担其职尽其责”的理念，开始学会主动担责，对待工作有决心，为开展本院思政教育工作尽心竭力。两年间，我先后成功组织全系各个支部成功开展 20 次的政治理论学习并留存完整记录；全系“青年大学习”学习参与率保持在 90% 以上，“学社转接”工作完成度在 90% 以上；协助开展了多次高质量素质报告会、团校团课学习、座谈会及包括“一二・九”“九一八”“五四”等在内的多个主题团日活动，被评为“优秀共青团干部”。

明确目标，厚积薄发

“立身以立学为先，立学以读书为本。”我深知作为青年学生要以学习为本，无论是想要实现个人的人生价值，还是想在社会中更具有竞争力，都需要以扎实的专业知识和理论素养作为基础。因此在大学三年期间，我始终把学习放在首位，对待学习有信心、有毅力，有明确的学习目标和学习方法，能够合理地安排时间完成学习任务，不让光阴白白流逝。我深知学问未必全在书本上，所以经常向见多识广的老师、同学们讨教，与他们进行思想交流和碰撞，注重培养全方位社交和独立思考的能力。三年来，我的学业成绩多次位列班级第一、专业第一，在班级和年级内起到了模范带头作用，并多次获得专业一等奖学金和“优秀大学生”等荣誉。在学好专业课的同时，我努力拓展自己的跨学科学习能力，结合所学知识与别的院系同学组队参加全国高校物联网应用创新大赛并获得国家级一等奖，阅读《新闻理论十讲》等优质书籍，发掘了对自己传媒领域的热爱，提升了自身媒介素养和新闻敏锐力，在全国夏令营活动中得以凸显，成功被推免至中国传媒大学电视学院国际新闻学专业。

在日常学习中，我善于与同学们团结协作，在面对困难时也能保持坚韧。面对所得成绩，我始终保持着一颗谦逊好学的心，不骄不躁，追求进步。在2020—2022年间，我参与了2项国家级创新训练计划项目——“‘互联网’+背景下农林院校英语专业学生语言学习策略与专四成绩的相关性研究”和“语言扶贫背景下陕西省基础外语教学现状调查研究”，其中一项作为主持人申报，并以优秀等级结题，公开发表论文2篇，写成综述性研究报告1篇。通过2项科研任务的磨炼，我的专业应用能力和科学研究素养得到了大幅提升，更加懂得如何站在巨人的肩膀上做出实质性的成果，如何通过学习他人的研究充盈自己的知识储备，并在实践中丰富体验、深化认知。此外，我热心于国际事务，曾经在上合组织现代农业高端论坛会议、杨凌农高会过程中提供多次笔译服务，如致辞翻译、宣传片脚本翻译、简介翻译等，对每一项任务都能认真对待，在实践中不断丰富自己的社会经验，深化自己对翻译行业的认知和了解。

服务为本，全面发展

“生活的细节才能彰显一个人的素质。”平日里，我坚持生活质朴，彰显党员勤俭作风，立身份、亮形象，以饱满的热情迎接每一天的挑战，坚持立足群众，服务群众，养成了良好的生活习惯和正派的工作作风。谨记“生活中没有朋友就像没有阳光一样”，一直以来与同学和睦相处，建立了良好的人际关系，得到了大家的信任和支持。为人正直善良，乐观向上，有着强烈的社会责任感和使命感，能主动帮助他人，如在 2021 年疫情发生期间参与潜江市广华寺钻井社区疫情防控工作，以一名志愿者的身份为社区群众分发抗疫、防诈骗传单，清扫社区街道，登记住户信息等，圆满完成了社区党员干部交付的各项任务，服务态度得到社区群众的一致肯定。

不忘初心，面向未来。大学四年间，学院的精心栽培和老师们孜孜不倦地教导，让我不仅收获了知识，也收获了成长，懂得了怎样处理人生道路上的困难，怎样面对即将到来的新的旅途，怎样实现个人的价值。在即将告别本科学业，走向人生下一站的时刻，我深知要发挥青年人的光和热，以奋斗定义人生价值，在奔跑中迎接有风的人生。未来，我将继续追求行胜于言的做人风格，仰望星空，不忘初心，脚踏实地，从一而终地努力。

师长点评

该生治学严谨，勤奋扎实，以极大的热情投身于专业学习，具备较高的悟性；在科研工作中展现出强大的执行力，对每项任务都保持精益求精的态度，这使得她不断拓宽自己的视野。相信她在以后的学习、科研道路上会走得更稳更远。

语言文化学院教授　杨晓峰

励志座右铭

满怀希望就会所向披靡。

既然选择

——风景园林艺术学院闫堃

闫堃，女，汉族，1998 年 2 月生，共青团员，风景园林艺术学院园林专业 2016 级学生。大学期间曾连续 2 年获得国家奖学金、4 次获得专业一等奖学金；获得全国大学生数学竞赛省级三等奖、休闲农业景观规划设计大赛二等奖、第四届“互联网 +”大学生创新创意大赛铜奖、西北农林科技大学第十八届“校园之春”文化艺术节之昆虫艺术品设计大赛三等奖等奖项；获得校级“三好学生”“优秀团员”等荣誉称号。

既然选择丰富的生活就会全力以赴

每个人都有自己的选择，无论是什么，对自己负责的选择就值得尊重。有人想创业，有人热爱学生工作，还有人致力于西部计划……为了提升自己的能力，丰富自己的履历，在学生工作中实现自己的部分价值，我选择了学习，以提升自己专业能力为主，其余工作及活动为辅。

本科前两年，我既努力完成学业，又努力将学生工作做好，同时积极参加社团活动。事情多了，时间一紧张，人就会累，但我始终坚定选择了就不抱怨、选择了就要做好的想法，不应付任何一个环节。学习上，我一直秉持着对自己严格要求的态度和强烈的好奇心及求知欲，努力学习每一门功课，在打下坚实专业基础的同时也取得了优异的成绩：3 年专业综合成绩为 88. 96 分，在本专业中排名第 2；获得 2 次国家奖学金、4 次专业一等奖学金，获得全国大学生数学竞赛省级三等奖等多项荣誉。在专业能力提升方面，我学习手绘，从大二开始进行风景园林学及植物学的相关科研工作，2018 年 4 月主持了省级大学生创新训练项目“‘无尽夏’绣球花的组织培养技术研究”。在该项目中，我通过查阅相关文献及深入思考，制定了科学的实验方案，并带领小组成员一起稳步推进实验的进行(基本每两周进行一次实验及实验数据分析,每月进行一次组内讨论交流),最终获得了结题良好的结果。

在学生工作上,我努力把学院学生活动的宣传工作做好。大一、大二期间,我曾先后参与了多次学院活动摄影,积极运营学院微博,策划开展了两个微信栏目等。社团活动方面,我一直跟随阮乐团进行训练,3 次参加演出。除此之外,我还参加了许多实践活动。2017 年 8 月我作为负责人,领导小组进行暑期"三下乡",开展"陕西省关中地区观光农业现状调查与优化策略研究"相关调研,在调研的过程中,我们发现了陕西省关中地区观光农业存在的问题,并结合自己的学习和理解提出了相关的建议。我两次参加"互联网 +"大学生创新创业大赛,分别提出构建方便设计者使用的植物检索系统和保护古树名木的网络交流平台(均是从对本专业和行业的思考出发,尝试探索互联网时代与风景园林行业结合产生的便利)。

既然选择专注与单调就要与众不同

大二结束后,2018 年 8 月,我参加了瑞典马尔默大学的访学活动,亲身体会了国外景观设计教育的模式方法,进一步锻炼了自己的能力,也认识到了自己的不足。因此在大三——一个我自己认为更需要专注、需要明确自己方向的学年,我选择了专注于某一方面,而不再追求丰富的生活。

2018 年 9 月开始,我和老师交流,并基于课程作业及访学相关数据的调查,开始了相关学术论文的撰写及资料的整理。在这个过程中,我进一步掌握了许多专业知识、提高了科技论文写作能力,也在和老师的沟通中提升了交流沟通能力和思考能力。在创新训练方面,我继续认真进行大二开始的科创项目,并从 2019 年 4 月开始,参与了省级大学生创新训练项目"西安市小学校园植物景观评价研究",进一步使我的科研能力得到了提升:我基本掌握了文献查阅、实验设计、数据分析处理等技能,同时也锻炼了我的思考能力、领导能力和团队协作能力。同时,大三一年我先后参加了休闲农业景观规划设计大赛、"岭南杯"、"北林国际花园建造节"、IFLA 等设计竞赛,在竞赛中发现自己的不足并予以完善,不断提升自己的设计能力和图纸表达能力。

现在,我选择出国,对我来说,这是一个充满未知与挑战的选择,既然选择了,那么在创造自己未来的路上,我会继续努力,不抱怨,来证明自己的选择是正确的。

真正的选择没有正确与否，我们应该把自己的选择变成正确的选择。同时，“如果选择做的事，是自己认可的，且有它的意义在，我会把心态调整好再开始。做了又抱怨，这是态度问题”。

师长点评

闫堃同学综合素质突出，思维活跃，细致认真，性格沉稳，有钻研精神，专业设计能力和团队合作意识强，有良好的发展培养潜力。在我接触过的本科学生中，闫堃同学的综合素质和能力是非常优秀和出众的。

风景园林艺术学院副教授　王开

励志座右铭

正确的选择就是让自己的选择变正确，而且既然选择，就绝不抱怨。

不忘初心　一路向前

——生命科学学院张李京尧

张李京尧，女，汉族，共青团员，1996年11月生，生命科学学院生物技术专业2015级学生。成绩排名院系第一，现已推免至清华大学攻读博士学位。曾连续3年荣获国家奖学金，4次获得专业一等奖学金，被授予校级“优秀团员”“三好学生”等荣誉称号。

树立目标，坚持到底

自高中起，我对生命科学就产生了浓厚的兴趣。大一入学时，我就定下目标：通过三年的学习，去往更好的平台继续深造。因此进入大学以来，我一直把学习放在首要位置，勤奋踏实，刻苦认真，课堂上保持着谦虚谨慎的态度，专心听讲，合理安排自己的课余时间，及时复习，每一门课程都会尽自己最大努力去学习。正因为如此，我的成绩始终名列前茅，最终学积分为92.03分，成绩和综合测评排名均位列专业和院系第一。

“不要用战术上的勤奋来掩盖战略上的懒惰。”我常常用这句话来激励自己，要想成为一名优秀的学生，付出时间是必要条件，但仅仅刻苦地付出时间还是不够的。在学习上，除了有足够的时间保障之外，我特别注重提高自己的学习效率，静下心来思考自己存在的问题，根据自己的实际情况制定明确的学习计划，提高自己分析问题、解决问题的能力；在时间安排上懂得取舍，能分清主次，在学习任务繁忙时减少休息时间。同时，我也深知：良好的英语基础对于今后的科研工作至关重要，因此我没有放松对英语的学习，在大一时期就以四级579分、六级548分的成绩通过了大学英语四、六级考试。正是因为坚持良好的学习习惯，通过自己的不懈努力，我连续3年获得了国家奖学金，并多次获得专业一等奖学金。

除了加强理论知识的学习之外，我还利用课余和暑假时间，在校内外进行科研实习，提高自己的综合科研技能，为今后的科研工作打下基础。2016 年暑假，在学院"启航计划"的支持下，我在浙江大学生命科学研究院靳津实验室进行暑期科研实习工作；2017 年，在"千人计划"奚绪光教授的指导下，我作为团队负责人，在学院生物大分子结构与功能实验室开展了"大学生创新性实验计划"国家级课题"RNA 解旋酶 DDX18 基本生化特性及酶学性质的研究"项目的研究工作。通过参与科研项目，我掌握了核酸分子克隆、动物细胞培养、qPCR、Western Blot、蛋白质表达纯化与性质测定等相关实验方法，学会总结分析实验结果、撰写科技论文(目前该项目已经成功结题)，锻炼了我的团队合作能力和独立承担科研项目的系统工作能力，加深了我对结构生物学领域的研究兴趣。2017 年暑假期间，我又参加了清华—北大生命科学联合中心举办的"结构生物学、有机生物学、药物生物学"暑期培训班并获得结业证书。2018 年暑假，我参加了高校推免夏令营活动，获得了清华大学、北京大学、复旦大学等多个高校的推免拟录取资格。

坚定信心，规划未来

"用自己的才智为社会创造财富，用自己的力量推动社会前进。"通过 3 年的理论学习和实践训练，在提高专业技能和综合科研素质的同时，也让我在生命科学领域进一步探索的决心更加坚定。虽然我深知科研之路的艰难，也曾有过被学业困扰、对研究担忧、为前途感到迷茫的一个个夜晚，但每次都会告诉自己坚持下去，"所有成功的科学家一定具有的共同点就是必须付出大量的时间和心血"，我常常以此来激励自己。

施一公教授在解答学生们的困惑时曾说过："我在你们这么大年纪的时候，也会觉得长期这样工作不可思议，但在不知不觉中，你会逐渐被科学研究的精妙所打动，也会为自己的努力和成绩而骄傲，你会逐渐适应这种生活方式！"虽然学习和科研有时会让人在体力上感觉到累，也会产生很大的压力，但我内心却十分满足和骄傲，我深知自己在用行动创造属于自己的美好未来。

业余生活，丰富多彩

虽然我希望自己能够投身于学习和科研中，但我不希望自己的生活因此而变得单调乏味，因为我期望自己的大学生活能够多姿多彩，从而让自己拥有丰富的人生经历。在大一时期我加入了校团委名家讲座中心，主持过许多场大型报告会；我还积极参加各项社会活动，在杨凌农科城国际马拉松赛中担任志愿者。同时，我也没有放弃发展自己的爱好，假期里我依旧会练习小提琴，期望在十级水平的基础上演奏出更多美妙的乐曲。此外，在假期我会去旅行，寻找内心的安宁和满足，在北京、上海、杭州、广州、成都、西安、重庆……都留下过我的足迹，在旅行途中的某个瞬间会突然成长，变为更好的自己。

成绩和荣誉是对我过去三年付出的肯定，但我知道这只属于过去，当下只有秉承着最初的信念，继续努力，砥砺前行，在困难和风雨中拼搏进取，才能创造出属于我自己的辉煌明天！

师长点评

张李京尧同学思想上积极进步，勇于拼搏进取，意志坚定，成绩突出，在学习上能起到先锋模范作用；生活中待人有礼、谦虚谨慎、尊敬师长、乐于助人，受到老师和同学们的一致好评。

生命科学学院辅导员　张红云

励志座右铭

除了自渡，他人爱莫能助。

志存高远　自强不息

——动物医学院王松林

王松林，男，汉族，2001 年 2 月生，共青团员，动物医学院动物医学 2019 级学生。曾获得专业一等奖学金(3 次)、大北农励志奖学金和国家奖学金；获第九届生化技能大赛个人三等奖、兽医知识竞赛团队三等奖；是校级“优秀共青团员”“优秀大学生”以及“善行 100 优秀志愿者”“最美疫情防控志愿者”等。

贫贱不移，在贫困中学会自强不息

我自幼家庭贫困，父母在我 5 岁时便外出打工，此时我的妹妹年仅 1 岁。在这样的情况下，我们兄妹二人就只能靠爷爷奶奶抚养，爷爷奶奶家庭生活条件也不是很好，可能是因为他们经历了河南饥荒，日子总是过得精打细算。在这样的生长环境里，从小我就明白要勤俭节约，并且要学会维持生活的一些基本技能，如洗衣、做饭等。后来即使我上了小学和中学，放学回到家后的第一件事便是把家里的卫生打扫一遍，作业写完后再去忙别的家务。庆幸的是，虽然承担了较多的家务，但我的学习成绩一直很好，在高中还获得了商丘市“三好学生”的称号。

2019 年，我以理想的成绩考入西北农林科技大学动物医学院动物医学专业。虽然家境一般，但我并不自卑。我深知，我可以通过自己的努力改变我的命运甚至是家人的命运。所以进入大学之后，我也没有懈怠，上好每一节课，做好每一次作业，向老师或学长学姐寻求学习经验，这些好习惯使我在大学的学习中依旧应付自如。大一学年我学积分专业排名第五，综测排名第四。在大二学年，我掌握了专业课学习方法，养成了自己的学习习惯，使得我在这一年有了很大的进步，学积分排名第一，综测排名第三。此外，我也拿到了奖学金和助学金,这在很大程度上减轻了我的家庭负担。我很是感激学院、学校和国家给予我的帮助。此外,我在品尝这些喜悦的同时,也享受着那份自强不息带来的快乐和充实:即使身上负担很重,我也乐此不疲。

充实自我,在忙碌中学会全面成才

大一刚开学,我成功当选为院学生会实践委员,由于有过6年的班委经验,这使我在面对学生工作时从容了许多。本着为同学服务的态度,我精心配合学院组织了一次全班同学在西南社区打扫的活动,提高了班级凝聚力。

为了进一步提升自己各方面的能力,我还加入了动物医学院学生会学习部。前前后后,从志愿者到负责人,我策划了多个活动。在这个过程中,学长学姐对我的帮助是莫大的,在两年的时间里,我感受到了家的温暖,体验到了集体的力量,让我在为人处世和组织领导方面的能力有了很大的提高,而且与陌生人讲话,或者上台演讲时也不会紧张慌乱。

在思想上,我积极向党组织靠拢,初中加入共青团,现在已经是一名中国共产党发展对象了。我母亲说:加入中国共产党,会是你这辈子做得最正确的决定。我对这句话很是赞同,是中国共产党带领我们走向了世界,走向了未来。因此我要严格要求自己,争取早日成为一名真正的中国共产党党员。

德智体美劳,在休闲中完善自我

学习之余,读书一直是我的习惯,因为读书使人受益终身。我充分利用图书馆,在那里阅读了大量的图书,在增长知识的同时也为我省去了一大部分资金。周末我有大量的阅读时间,我喜欢看一些文学作品和与专业知识有关的书籍。这不仅能为自己积累各方面的知识,还能丰富自己的精神世界。大学期间最重要的不仅仅是专业知识的积累,更为重要的是作为一个人的成长。成长的集中体现,便是在观察、思考和摸索中确定自己的追求和理想,并同时培养能把这种理想转化为现实的素质和能力。

身体是革命的本钱,在体育运动方面,我喜欢玩羽毛球、乒乓球和轮滑等。虽然我的球技很一般,但是我在和他人打球中能找到乐趣,结识了新朋友,锻炼了身体,我想这也是体育运动的意义所在。除此之外我还喜欢看电影。如果周末没有作业或工作,我会选择在校外看场电影,在精彩的武打场面和让人潸然泪下的情节里思索人生的真谛与价值。

志存高远，在荣誉中学会宠辱不惊

大学是一个充满竞争的地方，两年的大学生活让我深深地体会到什么是“天外有天，人外有人”，体会到了什么是“逆水行舟，不进则退”，理解了“勤能补拙”“一分耕耘，一分收获”，但我知道一切的荣誉都属于过去，曾经的辉煌不是我停止前进的脚步的理由。好男儿，志在四方。我知道我还有很多不足和需要完善的地方，在接下来的三年时间里，我会继续接受生活的挑战。直面人生，志存高远，奋发图强，用踏实、勇气和信念创造更加美好的明天。

国家奖学金鼓励我直面人生、积极进取，掌声终究会过去，奋斗的脚步还要继续。同时，希望各位同学能在这个校园放飞自己的理想，创造出更美好的未来。

师长点评

王松林同学学习积极主动、勤奋刻苦，在班级表现良好；生活上积极乐观、尊重师长，为人诚恳热情，与班级同学相处融洽；能积极参加学校、班级的活动，有良好的人际关系，乐于助人，是一个能够全面发展的学生。希望该学生能够继续努力，绽放光彩。

动物医学院副教授　南雨辰

励志座右铭

大漠荒草生息不绝，反教春花盛放凋零。

为自己代言

——创新实验学院张鑫璐

张鑫璐，女，汉族，1998年5月生，中共预备党员，创新实验学院生物技术专业2016级学生。大学期间曾获得国家奖学金(3次)和专业奖学金，获2017年全国大学生英语竞赛(NECCS)C类三等奖，2017年生物学实习数字标本采集、制作与识别技能竞赛个人奖等奖项；参与校级重点项目，主持省级重点全国大学生创新创业项目并顺利结题，获得2017年度校级“十佳团员”、2016—2018学年校级“三好学生”，2017—2018学年校级“优秀学生干部”及第十七期校级团课优秀学员等重要荣誉。

学习+工作

作为学生，学习是一项必不可少的任务，凭着对个人目标实现和对知识的强烈追求，我刻苦钻研，勤奋好学，在学习上取得了一定的成绩。

除此之外，我还注意拓展各方面知识，利用图书馆丰富的藏书资源，我广泛涉猎多学科知识，以提高自身的文化素质。课余时间，我积极参加各类学科竞赛，曾荣获2017年全国大学生英语竞赛初赛三等奖。有幸能在校有机化学实验技能竞赛中获得进入决赛，在院生物知识竞赛中获得个人奖项，在院英语口语演讲比赛中获得三等奖，以优异成绩通过大学生英语四、六级考试，获得普通话二级甲等证书等。

在大学一年的学习、生活当中，我先后担任过院组织部部委进行学生工作，帮助组织举办活动，丰富同学们的课余生活，并为同学们进行与组织部相关的服务；经同学们投票支持和老师们的信任选拔，大一下学期担任班级团支部书记、院组织部部长，大二期间担任院分团委副书记。

虽然忙碌，但不论是工作还是学习，我都得到了同学们的大力支持。从大

一、大二时在组织部学长、学姐的指导下完成工作到作为学姐带小朋友干活，我一直挺开心能做这份工作的。机会来得巧，那就好好地享受吧。抱着这样的想法，我有幸为同学们服务了 3 年，尽自己所能让大家拥有更为丰富的大学生活。

虽然担任学生干部工作占用了我大量的时间，但我仍能够较好地处理好工作和学习的关系，从而保证了自己学习成绩的优秀，成为同学们学习的榜样。总结这一段人生经历，我觉得自己最大的收获，就是能在每个时间段都能制定出切实可行的计划，合理、周密地安排自己的时间，保证自己能够平衡好各方面的工作，做到学习、工作两不误，都取得良好的效果。

科研 + 创新

利用学校给予的科研平台和优质资源，从大一起我就参与了一些课题的研究工作，从而培养了良好的科学素养：在欧阳五庆教授的实验室进行"兽用抗体表真菌及杀螨虫纳米乳的研制与开发"自主实验项目，学习了 Zeta 电位及粒度分析仪、紫外分光光度计等实验仪器操作。2017 年 4 月参与到"国家大学生创新创业训练计划"校级项目"胆盐抑制乳杆菌生长的构效关系及机制"中，进行了无菌操作及细胞实验。2018 年 4 月又申请到"国家大学生创新创业训练计划"省级项目，作为主持人负责"新颖角蛋白酶基因的异源表达与工程菌株的构建"课题，在贾良辉副教授的指导下顺利结题。

过去一年，在食品分子营养与健康创新团队刘夫国老师指导下，研究超声对蛋白与多糖接枝反应的作用及纳米复合物的生物学意义，参与实验室国家基金项目，发表了自己第一篇论文，学习掌握了红外光谱仪器（FTIR）、旋转蒸发仪、磁力搅拌器 、高压均质机、Western Blot、动物饲养及动物解剖以及海马体摘取等实验技能，极大地提升了科研素质及能力。

综合素质 +

闲暇时间里，我还积极参与学校及院系举办的各种文体活动，充实自己的生活，提升自己各方面的能力。

校级舞蹈大赛、校食品安全知识竞赛、三院运动会、校级运动会、团工委学生会元旦晚会等，都有我的身影。还有日常的社会实践、交通协管、导医、下乡帮扶等工作，我也都积极地参与。在院团委学生会工作期间作为主要负责人策划并组织了众多活动，如五四爱国游行换装、三院运动会、毕业生晚会、新老生经验交流会、女生节……

作为爱玩爱闹的学生参与校园之春食品安全知识竞赛、校级活动福尔摩斯推理大赛，作为开场舞演员与院参赛完成训练人员参与校运会等，曾获得健美操三级证书，大二学年获得英语四级、六级证书……真是一刻都没有闲下来。

最后……

确实，要想把握好生活、学习、工作、实验、个人爱好等多方面的平衡，真的需要自己不断摸索，最重要的一点就是量力而行——明白自己最想要的是什么，是这四年默默无闻、专注学业，还是投身社团工作、风生水起？无论哪一种，都要让这四年过得充实、多彩。课外时间，要想充分的利用，就得做好规划。

我认为，大学生活，学习固然是第一位，在做好专业学习的基础上，要创造一切机会去充实自己、提升自己，通过积极参加文体活动和社会实践等，进一步拓宽自己的视野，磨炼和提升自己，真正做到全方位、多元化发展，这样才无愧于精彩的大学生活。

师长点评

入校时，我请同学们思考如何度过四年，是高考过后放松的四年，还是开拓进取、奋力前行的四年？张鑫璐同学认真地度过了忙碌的四年，从专业知识与技能到多姿多彩的校园生活，她用自己的虚心、诚心、恒心努力拼搏，在即将结束本科生活时硕果满满！

生命科学学院副教授　李绍军

励志座右铭

每一分微不足道的努力背后都有不为人知的付出。

脚踏实地　无悔青春

——水利与建筑工程学院李浩欣

李浩欣，男，汉族，1998年4月生，中共党员，水利与建筑工程学院水利水电工程专业2016级学生，现已保送至清华大学水利水电工程系直读博士学位。在校期间，连续三年获得国家奖学金，多次获得专业一等奖学金，曾获“外研社杯”全国英语阅读大赛陕西赛区一等奖、全国大学生数学竞赛陕西赛区一等奖、全国大学生英语竞赛C类一等奖、西北农林科技大学第一届英语阅读大赛特等奖、西北农林科技大学大学生乒乓球团体赛第一名等，获得校级“优秀团员”“三好学生”“优秀学生干部”等荣誉称号。

学无止境，勇攀高峰

庄子云，“吾生也有涯，而知也无涯”。趁着青春年少，精力充沛，我们都应努力学习专业知识，提高自身素养。在已经过去的三年里，我始终将学习作为第一要务，上课认真听讲，下课积极按时完成作业，并在课余时间做好课程的复习与预习，3年课程加权平均分91.59分，位列专业第二；在大一的时候通过了英语四、六级考试，并取得了计算机二级证书。在大学的前三年中，我连续三年获得国家奖学金，并多次获得专业一等奖学金。

在课余时间，我积极拓展自己的知识面，积极参加各类学科竞赛。我曾参加全国大学生数学竞赛（非数学类）并获陕西赛区一等奖；连续两年参加全国大学生英语竞赛，并于第二年代表学校参加陕西省复赛并获一等奖；大二时我参加了西北农林科技大学第一届大学生英语阅读大赛获得了特等奖，并代表学校参加陕西赛区的复赛，获得陕西赛区一等奖。在大二寒假，我参加了美国大学生建模比赛，虽然成绩并不理想，但通过4天的建模过程，我学到了很多新知识，磨炼了自己的意志，并且第一次写了一篇全英文的论文，等等。当然，与收获相比,成绩倒显得不那么重要。

带动集体,互助共进

在宝贵的大学时光中,除了努力学习之外,也应积极为同学服务,为集体作贡献。在大一时,我担任班级的体育委员,在班级、学院组织的各项体育竞赛中,除自己报名之外,还组织同学积极参加,为班级、学院争光。曾组织同学参加学院组织的篮球赛、足球赛、运动会等,在与同学们的团结协作下,取得了不错的成绩。

大二担任班级的学习委员,积极组织开展班级帮扶活动,在班级中组建多个帮扶小组,鼓励学习较好的同学利用自己的所学积极帮助学习有困难的同学,在答疑解惑的过程中也能巩固知识点,查漏补缺,在帮扶的过程中双方可以共同进步。在组织开展帮扶活动的同时,我也积极参加班级和学院的帮扶活动,尽我所能帮助学习有困难的同学,和我的帮扶对象共同进步。在文明学风建设中,我荣获水利与建筑工程学院"优秀小帮"和水利与建筑工程学院"文明之星"。

丰富自我,追求卓越

青春如花般绚烂,正处芳华的我们,生活也应多彩如花。在过去的三年里,我不断充实着自己的课余生活,让自己的生活变得丰富多彩。文艺活动方面,我积极参加学院、学校组织的各类文艺活动和比赛,并在第十八届校园文化艺术节之润心实训中获得校级三等奖;体育活动方面,作为一名大学生,我注重劳逸结合,积极锻炼身体;作为班级的一分子,我代表班级积极参加学院、学校组织的各类体育比赛,如院系组织的班级篮球赛、班级足球赛、运动会等,都取得了不错的名次,为班级赢得了荣誉;作为水建学院乒乓球队的一员,我曾代表学院参加西北农林科技大学大学生乒乓球团体赛并获得了团体第一名;思想方面,自 2018 年 6 月 15 日成为预备党员以来,我严格按照党员的标准要求自己,不断学习党的理论知识,锻炼自身本领。在 2019 年 6 月 15 日成为一名光荣的中共党员。

大学生活只有四年,一眨眼就过去了;青春也只有一次,失去就不会再来。与其在碌碌无为、浑浑噩噩中虚度,还不如努力奋斗,把握住这稍纵即逝的芳华。正处青春年华的我们,应脚踏实地,充实自我,让青春无悔!

师长点评

李浩欣同学自入学以来,综合表现优异,学习勤奋努力,成绩突出,积极参加文体活动与竞赛并取得一定成绩;作为班级的学习委员,认真负责,较好地履行了学习委员的职责;生活中尊敬师长,团结同学,有较强的责任心,时刻严格要求自己,追求上进。

水利与建筑工程学院教授　李宗利

励志座右铭

志不立,天下无可成之事。

积跬步执着千里　逐梦想化蛹成蝶

——园艺学院姚文慧

姚文慧，女，汉族，2001年4月生，中共预备党员，园艺学院设施农业科学与工程专业2019级学生。曾获专业一等奖学金(3次)、2020—2021学年国家奖学金、西北农林科技大学第四届花卉栽培能手大赛三等奖、2019—2020学年校“优秀大学生”。参加2021年暑期“三下乡”西北农林科技大学赴陕红色革命地非遗推广队，其所在团队获评“陕西省标兵队伍”。

不积跬步，无以至千里

荀子《劝学》里讲道：“故不积跬步，无以至千里；不积小流，无以成江海。骐骥一跃，不能十步；驽马十驾，功在不舍。”我也深深地明白，一个人的优秀与成功都不是偶然、不是一蹴而就的，都是一滴滴汗水与一次次坚持、努力所铸造的结果。

刚进入大学，受到西农优良学风的感染，我开始努力学习专业知识，备战英语四、六级考试。大学的课程与以往不同，不论是简单知识的传授，还是理论的应用，都更偏于原理的理解与应用的灵活。公式复杂的高数、内容繁多的植物学都令我倍感压力。日常的琐碎事与大量的作业，英语四级刚刚考完又迎来期末周，期末周时间短而且科目又多，整个学期都感觉自己像陀螺一样在忙。但是我并没有在忙碌中迷失——虽忙但不乱，每天想好第二天自己的空闲时间和要完成的目标任务，自习时便全身心地投入，一点点地攻克难题，牢记一个个知识点。还记得当时英语四级考试，对听力不好的我来说真的很难，很多次想放弃，想凭借自己较好的阅读和写作来通过考试，可是转念一想，这样怎么能取得优异的成绩呢？在无数次的内心挣扎后，我还是沉下心来，按照老师和网络上传授的技巧，对四级的听力原文进行精听，从一开始的听不懂到后来能把握关键词再到能听懂关键的句子，终于我的英语听力在一点一滴地积累后有了质的提升。

刚进入大学，我便认真地撰写了入党申请书。我从小便听父母讲述他们小时候物质资料匮乏，与几十年来在党的带领下国家与人民生活发生的翻天覆地的变化，这些都令我对党组织充满了无限的向往。在日常生活中我一直严格要求自己，注意自身的言行举止，团结同学，热心帮助同学。在大二上学期，我非常荣幸地被党组织接纳为发展对象，进而成为一名预备党员，从此我更是以一名党员的标准严格要求自己，不仅在学习上也在思想政治上，不断努力成为大家学习的榜样。

我们的专业是一门理论知识与实验技能并重的学科，因此在大一我便参加了一项省级科创项目，进入实验室学习各项仪器的使用方法，了解师兄师姐们设计试验的思路等。在大二我自己主持了一项省级科创项目，继续在实验室认真地学习。在实验室一年多的时间里，我不仅掌握了许多实验操作技能，更锻炼了自己的耐心和细心。

平时一点一滴地积累，为我获得国家奖学金打下了良好的基础，也让我遇见了更加优秀的自己。

走出去，风光无限好

在经历了大学第一学期的适应期后，我曾想在接下来的大学生活中减少一些参加活动时间，把大部分的时间放在学习与实验上，让自己不那么忙碌。但一想到自己是一名预备党员，大学里培养的又都是全面发展的人，只重视专业发展，少了更多的人生乐趣，又怎么对得起自己的青春呢?

于是在接下来的大学生活中，我积极参加了许多社会实践活动和志愿活动，并担任了学院阳光团工委的负责人。我先后参加了两次寒假回访母校活动，为高中母校的学弟学妹们宣传我们西农，其中，我担任队长的 2021 年寒假回访母校，我们的队伍还获评了校“优秀队伍”。我还参加了两次暑期“三下乡”活动:2020 年“三下乡”依托学科背景，赴渭南调研葡萄产业，获评学院二等奖;2021 年“三下乡”正值建党百年，我参加了西北农林科技大学赴陕红色基地非遗推广队，推广文化非遗，献礼建党百年，获评陕西省标兵队伍。参加这些大型社会实践活动，开阔了我的视野，结识了许多来自其他学院优秀的朋友，也提升了自己的能力。同时我积极参加学院、学校的志愿活动，如迎新生志愿者、夏季学期返校志愿者等，热心为同学们服务，无愧于自己中共预备党员的身份。

在大二学年，我担任学院阳光团工委的负责人，组织了爱心支教、“善行100”等一系列活动。为同学们服务，为学院的阳光团员们服务，是我担任部门负责人，同时身为一名预备党员不变的工作宗旨。在这一学年的部门工作中，我所举办的活动使学院的阳光团员圆满完成了爱心学时任务，丰富了大学生活，同时也让我在其中提高了自己各方面的能力，收获了为大家服务的快乐。

走出舒适区，我发现，大学生活如此丰富多彩！

步履不停，一路向前

奥斯特洛夫斯基说过：“生活赋予我们一种巨大的和无限高贵的礼品，这就是青春：充满着力量，充满着期待、志愿，充满着求知和斗争的志向，充满着希望、信心的青春。”正值青春的我深深明白，未来还有无限的可能等待着我们去探索。未来唯有步履不停，攀登不退，才能获得一个又一个的成功。今后，我仍将继续努力，期待不断遇见更加优秀的自己。

师长点评

姚文慧同学学习成绩优异，团结同学，热爱班集体，遵守纪律，同时积极参加社会实践和志愿活动，热心为同学们服务，是一位品学兼优的好学生。

园艺学院设施1902班班主任　丁明

励志座右铭

越努力，越幸运；多付出，多收获。

淡泊明志　宁静致远

——农学院张晓雨

张晓雨，女，汉族，1999年2月生，共青团员，农学院农学专业2017级学生。在校期间曾获得国家奖学金、专业一等奖学金、农一网助学金等；大一期间陆续通过大学英语四级、六级和计算机二级考试；曾参与第三届全国大学生生命科学创新创业大赛并获得国家级创业组三等奖；曾获校级“优秀团员”及“三好学生”荣誉称号。

思想：对榜样多一份尊重

刚刚进入大学，我就积极地向党组织递交了入党申请书，并顺利成为入党积极分子，认真接受党组织的教育和指导。其中，对我有深刻影响的是一位优秀的共产党员榜样——杨善洲同志，我在了解到他的事迹之后，坚定了加入中国共产党的信念。我一直积极向党组织靠拢，而且在我的日常学习、生活当中，时刻注意自己的言行举止，争取自己在学习、生活中真正起到榜样的作用，把我从党组织学到的榜样事迹和榜样精神通过我的言行举止传播开来。

学习：对自己多一份责任

刚进入大学，激动兴奋，高中生眼中的大学都有很长很幽静的小径，永远走不完；很漂亮的树，永远看不完；很宽敞的图书馆，里面的书永远读不完；还有很多有趣的社团……进入大学一一体验后，很快这种生活就变得乏味了。这个时候我认真地思考了自己的目标：我选择专业的原因是什么？我打算从事一生的事业是什么？为什么过着单纯而轻松的生活自己反而这么快就感到了劳累？这是因为缺少了生活的目标！想到了自己当初选择这个专业的原因，这时我突然清醒地意识到了自己的目标，而大一刚开始时的乏味正是由于自己缺少了目标，导致学习缺少了动力,只是单纯地享受生活而缺少目标。缺少奋斗,就是缺少了对自己负责的态度,人生必然枯燥乏味。

再次明确了目标之后,为了使自己能够走上正轨,接下来应该怎么做呢?现在我们能做的就是搞好自己的学习,尤其是专业课、专业基础课的学习。对于那段时间的迷茫,我进行了反思:成为大学生,意味着我已然是一名有独立精神的人,我应该开始承担起对自己负责的责任。学习对于我来说,代表的是未来,一生的事业,对学习负责就是对自己的未来负责。在对自己的未来做了一些思考之后,我知道了自己应该怎么做了。当然,论学习,我是有自己一套学习方法的。学习重在态度,学习最大的敌人是自己,是自己的态度不够端正,而我也已经实现了自己思想上的拨乱反正,学习起来得心应手。我庆幸自己在大一的时候就有了这种思想上对学习的觉悟,而最开始的迷茫反而促进了我学习上的收获。

对我学习起到重要作用的就是我的周围有良好的学习氛围,尤其是舍友间建立起来的小集体学习氛围,我很庆幸遇到了这样一群人:一群对未来有明确的方向、对自己懂得负责的人,一群认真而可爱的人。对于学习我们有一样的态度:在课堂上,我们总是一起学习。大学的学习生活,不可否认,谁都有懈怠的时候,我们有时候也会放松,这个时候大家互相提醒,有时候会讨论老师课堂讲述内容的难点,有时候会谈论由课堂内容联想到的生活点滴,这样的行为带来的直接结果就是每个人都从困倦中清醒过来。课下我们也是互相激励着学习的,彼此你追我赶,相互解决彼此的疑难问题,每一次考试前我们都有一次集体的大讨论、大提问,每一次作业我们都要做到每个人都明白、都理解,不甘落后的心理、对自己负责的态度使我们每个人都取得了骄人的成绩。

生活:对自己多一份期待

刚进入大学,我对未来有很多憧憬,但是后来见识到了其他同学各色各样的特长和爱好,此时的我显得平凡普通,尤其是刚刚申请上特困生,感觉自己与别人的差距又加大了很多。跟学习上的迷茫期一样,我在生活上的迷茫也正是出现在这个时候。经过一次审慎的思考之后,我开始对自己的未来有了一份别样的期待。随着学习方法的不断改进,我逐渐走出了这段阴霾,但也因此失去了很多机遇,因为当初的自己不自信,没有及时加入学院或者学校的学生会,没有参与班级开展的任何活动，这对我来说一直都是一件憾事。对自己多了一份期待之后，我开始端正自己的态度，在老师、在同学、舍友的鼓励、激励、支持下，我参加了学院、学校或全国高校之间的很多比赛或活动。2017 年，我参加了学院的“九一八”朗诵比赛，获得了三等奖。奖项小，却是对自己的一种肯定。2018 年，我参加了“三农”协会的“我爱我乡”地方特色文化展示大赛，并获得特等奖；参加了农学院农业知识竞赛并取得二等奖；参与第三届全国大学生生命科学创新创业大赛并获得创业组三等奖；参与学校的“三下乡”活动，并最终以我们的队伍被评为校级优秀队伍而完美收官。我在课余时间还参与了无数次的支教活动。支教一直是我期待做的大事，而这一年的实践更是让我对未来充满了期待。

除了这些活动经历，在生活中我是一个比较安静的人，喜欢在学校的小树林中独坐读书，这样的经历弥足珍贵。我到现在还是很喜欢享受这样的时光。生活的美满重在个体的满足感，因为对生活重在满足，所以我的大学生活是一段平淡、美好而充实的时光。

我的大学生活虽然只进行了一段，却令我欣慰而憧憬。对自己多一份期待，对未来多一份责任，大学生活就会变得不一样。

师长点评

张晓雨，一个品学兼优、善于思考的同学，在丰富的第二课堂中迅速成长，在各类竞赛活动中取得了骄人的成绩。她谦虚好学、脚踏实地的精神值得大家学习。希望她继续努力，在未来取得更好的成绩。

农学院党委副书记　吴清华

励志座右铭

自强不息怀壮志以长行，厚德载物携梦想而前行。

国家励志奖学金获得者代表

光荣榜

张金霞	林历星	兰惠晶	陈　聪
茹珂楠	马景华	廖杨子杰	高　琪
李治文	许春红	张东杰	苏芷民
潘祖彬	李信东	季冰洁	朱兆容
刘格辛	徐毕力格	陈琳榕	曹逸寒
刘悦荣	马晓萱	韦梦怡	田　烨
贾聪慧	韩昊月	贾亦雄	韩瑞瑞
管金融	曹怡菲	罗俊萌	郝洪剑

国家励志奖学金

为激励家庭经济困难学生勤奋学习、努力进取，在德智体美劳等方面得到全面发展，中央和地方政府共同出资设立国家励志奖学金，用于奖励资助品学兼优、家庭经济困难的二年级以上（含二年级）的全日制普通高校本专科（含高职、第二学士学位）在校生。

国家励志奖学金自 2007 年设立以来，每学年评选一次，实行等额评定，坚持公开、公平、公正、择优的原则，奖励标准为每人每年 5 000 元，并记入学生的学籍档案。

一路奔跑　成就青春

——林学院张金霞

张金霞，女，汉族，1998 年 12 月生，共青团员，林学院林学专业 2016 级学生。曾获 2017—2018 年度国家励志奖学金，第三届“互联网 +”创新创业大赛校赛金奖、省赛银奖，2017 年度校“优秀团干”、校“社会实践先进个人”等荣誉称号。通过全国大学生英语四级、计算机二级考试。在校期间积极参加学校、学院组织的各种竞赛及社会实践活动，如运动会志愿者、爱心支教等活动。

勤俭节约，乐观向上

我出生在青海省的一个普通农村家庭，家中收入低微，是被学校认定的贫困生。因此，在生活上，我遵循勤俭节约理念，不乱花一分钱。平时我严于律己，宽以待人，尊敬师长，能够用心和同学交流、沟通，融洽和睦地相处，在寝室和室友和睦相处、互帮互助。大学的学习生活，是我人生中极为重要的阶段，在这期间，我学到了很多，各个方面都取得了巨大的进步，综合素质得到了很大的提升。课余时间、节假日里通过兼职，减轻家中经济负担，在校内我曾做过发单员、在学校周边辅导机构里担任过任课教师，还利用课余时间在学校图书馆勤工俭学，等等。这些经历对提高我与人交往、为人处世的能力有很大的帮助。

求知若渴，踏实努力

在来大学前我就对自己定下了目标——在大学做一个和以前不一样的自己，有所收获，完成中学很多没办法完成的目标。作为学生，学习是天职，所以我求知若渴、勤奋好学，让自己变得更有才华、有智慧、有知识，刚踏入大学，对大学生活我一无所知，但在随后的一年多的时光里，我学会了规划，懂得了我要实现的目标,甚至作息时间也得到了合理的调整。晚上,利用睡前时间反思昨日、总结今天,在收获中体会不足。我会经常去图书馆借阅图书,并且能够带着问题去阅读,有不懂的问题就去请教别人,我觉得才华、智慧、知识就是这样慢慢积累起来的。学习中,在学校正能量的氛围下,我充分支配时间,讲究效率和方法,学习、工作、娱乐三不误;对于老师布置的作业,我都能保质保量完成,尽自己所能做到最好,向老师、同学展现最好的一面;对于专业外的知识,我不断拓展兴趣面,以此来扩大自己的知识面。两年来,除了学习专业知识之外我还根据自己的兴趣学习健美操,并获得健美操三级证书;学习计算机办公并且通过了全国计算机二级考试;同时也不忘记提高英语水平,目前已经通过了英语四级考试,现在正在备考六级;积极参加了各类创新创业比赛,并在第三届“互联网 +”创新创业大赛里荣获校赛金奖、省赛银奖。为这些比赛准备的那些日夜,虽然有点忙,但是也将会是我大学里美好回忆的一部分。

思想认识,与时俱进

在中学时期,世界观、人生观、价值观在复杂的生活环境下都面临着各种挑战,大学期间正是我们构建“三观”的重要时期。为此,我紧跟时代的步伐,积极向党组织靠拢,大二时,被班级推为入党积极分子,从而更加坚定了我入党的信念。当然,入党绝不是为自己谋求政治资本和政治利益。我认为,只有在中国共产党这样有组织、有纪律的团体中才能更好地让自己得到历练,成为一个综合的、全面的复合型人才,在今后更好地为人民服务,为实现中华民族伟大复兴尽自己一点绵薄之力。在大二时,我参加了一学期的入党积极分子培训,并顺利地通过了考试,获得了结业证书。在班团支部组织的学习中,我勇于发表自己的观点,和同学们用心交流,达到共同学习、相互促进的效果。

学生工作,磨形炼性

大学生活里,我刚入学时就积极参加了学生会工作,先后进入林学院团工委学生会社会实践部、秦岭青年使者协会、大学生艺术团团工委评估部等社团。大一时期与部门社团一起参加了很多活动,如爱心支教、运动会志愿者、高校巡展等活动,受益良多。大二一学年我担任林学院团工委学生会社会实践部副部长,从志愿者到部员再到副部长的蜕变,见证了我从学生工作小白到熟悉学生工作的转变，同时自己肩上的责任也越来越大。工作中我充分发挥学生干部的模范带头作用，与大家共同努力，按照学校、学院和老师的要求，为社会实践部尽心尽力。一年尽心尽职地工作得到了大多数部委的认可，我也因此荣获了学校“优秀团干部”的称号。另外，我还担任了多次运动会志愿者、农高会志愿者等，锻炼了自己的协调组织能力，接触了很多无私奉献的志愿者，自己的心灵得到了很大的触动，思想得到了熏陶和提升。在社会实践方面，我用心参加志愿者服务。作为学院社会实践部的一员，我曾跟随部门去养老院看望孤寡老人，为老人们送上暖心的祝福；也曾作为一名支教者，去附近村里的小学支教，还积极参加学校组织的“三下乡”社会实践活动。因为参与了这些活动，我很荣幸地被授予校“社会实践先进个人”的称号。这些实践活动充实了我的大学生活，锻炼了我的能力，拓宽了我的视野，使我受益匪浅。

一个人不管以前取得怎样的成绩，都只代表着过去，过去一切的成绩终究都会成为浮云，我不会因为一时取得好的成绩而骄傲，也不能因为成绩一时不理想而气馁。

回顾过去，辛苦与收获同在；展望未来，机遇与挑战并存。我会一贯坚持自我、无畏挑战，不惧未来道路中的艰难险阻。我坚信，在自我人生的舞台上，每个人都是唯一的主角。只要够努力，每个人都能把这出舞台剧表演得精妙绝伦，获得台下如潮水般的喝彩与掌声。

大学是人生最宝贵的几年，与其在消磨中扼腕叹息，何不从此刻开始为之奋斗呢？作为一名“90后”——一个颇受争议的群体，我相信我们会用自己的双手规划属于自己的人生，创造属于自己的未来！我会不断地提高，不停地挑战，争取在各个方面得到全面发展。日渐地成熟，不停地锻炼，勤奋地学习，相信我的明天会更加完美和绚烂。

“临渊羡鱼，不如退而结网。”有梦便去追，我终将一路奔跑逐梦，成就我的青春。

师长点评

张金霞同学品行端正，敏而好学，在校期间积极进取，曾获第三届“互联网+”创新创业大赛省赛银奖，热心社会实践和志愿服务，是一名立志做德智体美劳全面发展的优秀大学生，综合表现优秀。

林学院党委副书记　侯华伟

励志座右铭

天行健，君子以自强不息。

勤学是忠于本职　助人是快乐之本

——水利与建筑工程学院林历星

林历星，女，土家族，1995年8月生，中共党员，水利与建筑工程学院水文与水资源工程专业2015级学生。曾获2015—2016年度、2016—2017年度国家励志奖学金，获校级“三好学生”及“优秀共青团员”等荣誉称号，参与了省级大学生创新项目，参加了阳光家教团活动、志愿支教活动及杨凌示范区农业局志愿者团活动。

学习，塑造大学生活

最初写这篇个人事迹简介时，我想以奋斗为中心，并写得轰轰烈烈。然而，真正动手写时，却是写了又改、改了又写，总是不能令人满意。一直以来，我的大学生活都是“虽有起伏，但无大起大伏”，所以谈不上轰轰烈烈。同时，我认为奋斗这个词包含了艰难前进之意，包含了时时刻刻不放松之意，所以非常适合用来描述我高中时的学习生活，而用来讲述我的大学生活似不甚贴切。后来，我想到了“本职”一词。

我曾在志愿活动中承担某任务，一开始，我劝自己“差不多即可”，然而当我真正上手时，即使最初我的想法是差不多即可，但最后我还会不由自主地努力做好它，我把这种状态叫作本职精神，亦是一种对自己工作的责任感。

在学习方面取得的良好成绩，归根到底，离不开这种本职精神。大学，我没有像高中那样课上、课下只为学习，亦没有像高中那样埋头苦干，所以谈不上多么的奋斗，更多的是一种做好本职工作的态度。上大学以来，我基本没有逃过课；大多数课堂会一心一意听课，让大脑跟着老师的节奏转动，有时候自己不想听课，但是坐在教室，慢慢就会被老师的讲述所吸引；有疑问，我一定会和同学讨论，或查询资料，或咨询老师，力求解除疑问；课堂上布置的作业，我一定会踏踏实实地完成;考前复习的黄金周绝不敢懈怠,一定会认认真真复习笔记、书本、PPT。其实,只要做好这几点,考试的成绩肯定不错。

我的大学专业成绩就是这样获得的,做不到最突出,也差不到哪里。在课余,我爱上了阅读,尤其是对历史、游记类图书爱不释手,阅读着他人对古迹的描述,我仿佛也能触到古迹的脉动;我特别热爱我的专业,所以亦喜欢看专业相关读物,以拓宽专业视野;我亦有着历史人物偶像,故而常常被他们的人格魅力、雄才伟略所折服,品读着他们的事迹,渴望从他们身上学到什么。除了阅读,我也会和朋友们共享快乐时光以及做一些其他事情。

这样的大学生活很平淡,像湖面,即使有风,也不会如火如荼。这样的学习虽注入了热情,但本职精神在其中扮演的角色不可缺少。其实能够坚持做好本职,本身就很不容易。很多新生初到大学,基本上都会立志努力做好学习这个本职工作,然而,学习那么枯燥,诱惑那么多,渐渐便让当初的决心随风而逝。

助人,精彩大学生活

如果大学只是学习,总显得有些平淡,缺乏了激情与精彩,不符合青春的色彩,帮助他人则精彩了我们的大学生活。助人,当你给别人帮助的时候,自己也会被满足,因为个人在被需要,能感受到自己的价值;当你给别人希望的时候,亦点亮了自己的生活,让自己的生活充满了微笑与美好。

上大学后,我参加了很多志愿活动,比如阳光家教团活动、义务植树活动、福利院活动。参加这些志愿活动,虽然会占用我一定的时间,但是在他人的微笑中,我不再把自己的所有时间都定格在学习上,而是有机会与更多的人有了交流,有了感受他们酸甜苦辣的机会。当然,在这样的交往中,也培养了我个人的能力。

在我参加的所有活动中,阳光家教团的活动令我印象最深刻。与孩子们相处的时光总是那么愉快,透过他们蹦蹦跳跳的身影,我仿佛看见了曾经儿时的自己。与他们在一起我是知心大姐姐,我会教他们课业,与他们一起做游戏;他们会将自己养的小动物给我看,分享在学校的比赛情况,亦会偷偷告诉我他们的小秘密……与他们相处时,总是我最放松的时刻:只需与他们一起拥抱童年。正是这样的志愿活动,给我的大学生活插入了一幅绚丽多彩的画,让我的大学生活大放光芒,精彩绝伦。

除了参加各种志愿活动外，帮助他人更多的是从身边做起，从小事做起。我很乐意帮助他人学习，给他人答疑，还曾因此获得“帮扶之星”的称号；我亦会经常主动地承担宿舍清洁事宜，让宿舍这个小家整洁干净。当然，生活中帮助他人的小事件还有很多，如帮他人带个快递、借给他人物品等。凌光曾言：“人们赞美流星，是因为它燃烧着走完自己的全部路程”。燃烧自己，像蜡烛为人照明那样，有一分热，发一分光，在帮助他人中点亮生活，让青春在助人中流光溢彩。

师长点评

林历星同学思想上追求进步，积极向党组织靠拢；学习中尊敬师长，学习踏实刻苦，学风端正，积极努力学好专业知识，成绩优异；生活中乐于助人，团结同学，严格要求自己，是一名品学兼优的大学生。

水利与建筑工程学院副院长　张鑫

励志座右铭

失败并不意味你浪费了时间和生命，只表明你有理由重新开始。

不负韶华　砥砺前行

——葡萄酒学院兰惠晶

兰惠晶，女，汉族，中共预备党员，1998年3月生，葡萄酒学院葡萄与葡萄酒工程专业2016级学生。曾荣获2016—2017学年度国家励志奖学金、2017年暑期大学生社会实践活动校级二等奖，被授予2016—2017学年校级“三好学生”、2017年度“大学生社会实践标兵”、2017年度“优秀团干部”等荣誉称号。在2018杨凌农科城国际马拉松赛中参与志愿服务工作，表现优异。曾担任葡萄1604班学习委员、葡萄酒爱好者协会副会长。

学习：享受过程，执着追求

我来自高考大省山东，从初生牛犊不怕虎的高一，到四处碰壁、挫败不安的高二，再到没有什么胜利可言、挺住就是一切的高三，这三年被学习填满的生活给我最大的收获就是学会了如何调整自己的心态。我很喜欢肯德基的创始人哈兰·山德士说过的一句话：“人们经常抱怨天气不好，实际上并不是天气不好。只要自己有乐观自信的心态，天天都是好天气。”进入大学以来，我正是抱着这样的心态对待学习，学会享受学习过程而非抱怨，久而久之便会发现，学习其实是很有趣的，因为学习，我们得以感受奇妙的有规律的让人愉悦的数学之美，能够欣赏曾经轰轰烈烈的英雄与美人，能够更加准确认识到人与自然之间千丝万缕的联系……

如果说享受学习是取得成绩的第一步，那么第二步则是褪去执念，因为执念太强，会侵蚀身心。我自知自己的学习能力和知识水平并不突出，褪去了争强好胜的锋芒，只是抱着不甘落后的心态，把目标定在自己潜能范围的最高处，学习时全情投入、提高效率，看待结果时全身而退，我相信，在努力过后，即使没有触碰到最高的目标，也能有一个令人满意的结果。两年下来，抱着这种乐观且向上的心态，我的成绩保持在班级第一、年级前十。

在专业知识学习的同时，思想上也必须追求进步。从大一开始，我便递交了入党申请书，报名参加了党课培训，并于学期末顺利通过党课考核，如今已成为一名中共预备党员。在学校组织的“青春我的梦，不忘初心跟党走”主题演讲中，获得了第三名的成绩；加入了青年马克思主义研习社，积极学习马克思主义，以提升自己的思想水平，更好地为同学服务。作为一名预备党员，在未来的学习生活中，我将更加严格要求自己，为周围同学树立良好的榜样，带领大家共同进步，同时虚心向大家学习，接受同学们的监督、批评。

生活：诚朴勇毅，脚踏实地

我的家乡坐落在山脚下，从小我便养成了爽朗而不羁的性格，进入了大学，除了专业学习，再也没有那刷不完的题、考不完的试了。呼吸着这自由的空气，我设想要把自己这四年的大学生活过得丰富多彩、有滋有味。

于是，为了锻炼我的各项能力，大一时我加入了葡萄酒爱好者协会，并在大二学年担任了协会后勤部部长（现担任协会副会长一职）。在协会的两年时间里，通过组织并参加各种酒会，培养了我的专业兴趣，磨炼了我的耐心、细心和条理性；在葡萄酒学院帕图斯辩论队里，我尽情地享受着那种思想与思想的碰撞，我敢于在众人面前表达自己的观点，和队友间的默契配合，使我们取得了新生辩论赛第三名的成绩。现在，我已不再是原来那个在人面前一说话就紧张得浑身颤抖的小女孩了，而是成为自信、说话又有条理的人。

在周末及假期里，我还参加了多项社会实践活动，其中，新集村支教活动，让我感受到孩子的稚嫩和纯洁；“回访母校”活动，提醒我不忘初心，心怀感激，砥砺前行；“三下乡”活动，从选题，实地调研到总结汇报，整个过程培养了我的创新意识及社会沟通能力，并且为未来职业生涯规划的制定与发展打下良好的基础；还有各项志愿者活动，教我奉献、友爱、互助、进步……

除了社团活动及社会实践活动之外，我也积极参加了各项文体活动，曾代表学院参加校运会以及院系间乒乓球赛，取得了不错的成绩；在西北农林科技大学2018年女子篮球联赛担任裁判员，荣获“优秀裁判员”荣誉称号。除此之外，我还涉足自己并不擅长的宣传领域，所写的新闻稿多次在校网、西农团委以及葡萄酒学院网站上发布，所编辑的微信推送阅读量破千。

“我有旺盛的精力，灵光满溢的脑瓜，还有不出走就发痒的双脚，世界这么大，而我最不想做的就是万事求稳。”抱着这样的心态，我一点一点地填充着自己的大学生活，不断地探索新的领域。当然，这些活动都是以不影响自己的学习为前提的，因为学生的本分终究还是学习。总的来说，我享受大学生活的充实感，希望未来，不论冰川还是烈焰，险山还是深海，身后的脚印里盛满的是自踏此途的心甘情愿，而不是被生活所迫的无奈。

师长点评

兰惠晶同学自入学以来，学习态度端正，学业成绩稳定，多次获得国家励志奖学金、专业奖学金、三好学生等荣誉及奖励；注重全面发展，积极参加团学组织活动，在担任社团及班级干部期间，组织多次活动，获得校院两级的多次表彰、肯定。

马克思主义学院副教授　殷旭辉

励志座右铭

若真的热爱，便有冲破一切的力量。

大学里的日子

——生命科学学院陈聪

陈聪，男，汉族，1998 年 5 月生，共青团员，生命科学学院生物科学专业 2016 级学生。曾获 2016—2017 学年度国家励志奖学金、2016—2017 年“三好学生”、2016—2017 学年度“学业先进个人”、2017 年全国大学生英语竞赛 C 类三等奖、2016 年生命科学学院冬季运动会男子组 1 000 米项目第二名、2017 年寒假优秀学子回访母校“社会实践先进个人”等。

初来乍到

刚到杨凌这个地方，这座略显边远的小城并没有给我带来多少震撼，只有门口那宽大的石阶让我有了几分肃穆的感觉。我不知道自己的大学生活会是怎样的，但我知道这是我自己选择的道路，当时，也不知是哪里来的一股犟劲，我报考的所有专业都是生命科学，其中西农是其中之一。

那时的我还有几分天真与无邪。虽然为了求学早早离开了父母的怀抱，但是之前的学校生活更有点像被程序员安排好的代码，每一步都有自己的轨迹，当所有的生活突然掌握在了自己的手中，我竟一时不知道该去做些什么。当然，以往的自己也不会去过分纠结自己今生到底所欲何求，桎梏了太久的思想，忽然间似乎有了几分灵动，于是背起行囊，我来到西农。

带着少年的青涩，我不善言谈。开学时的各种招新铺天盖地，面试、交际、表现最好的自己——站在众人面前让我有些窘迫。从本质上讲，我觉得这些不适合我。仍旧不断有各种招新的信息，其中有 3 个打动了我——长跑队、羽毛球、大学生交响乐团。说到长跑，我只是觉得自己跑得快，大家也一直都这样认为；而羽毛球，对于我来说，也只是一种直觉，自己在高中唯一随便打过的球便是羽毛球；一直以来我都很喜欢钢琴，但没有机会去学习，这次至少是一个契机。最后的结果，对于羽毛球，只是聊了几句，觉得面试要求过于严格，自认为不符合要求，连去的勇气都没有。长跑队的要求倒不高，所以就顺利地加入了长跑队，想着大家一起跑跑步，最少能锻炼身体。交响乐团也是进了，并在其中付出最多，但没能如愿学习钢琴，却加入了圆号这个有爱的大集体。

这个时候的自己并没有多么明确的目标，所有的选择都是从心而为，依靠的都是对生活朦胧的感觉。

少年初长成

大学第一年，凭着感觉，忙忙碌碌地做了许多的事情。和高中相比，大学就像个万花筒，五彩缤纷，不乏各种美好的旋律。

每天晚上我都会参加圆号训练，虽然自己从来没有接触过这门乐器，但是在圆号老师的引领下，我走向了音乐的大门。每当晚上训练完，看到宿舍的灯一排排熄灭，内心里总有着满满的充实感。每次训练完，看着北绣空旷的大厅，总想踮起脚跳一曲华尔兹。我吹出来的第一首曲子是《我心永恒》，当时自己陶醉其中。学了圆号后，参加了两次快闪活动及“9·18”升旗仪式，还在校运动会的开幕式上演奏了《运动员进行曲》。圆号带给了我美好的感觉，这是我对艺术的第一份真切的认知。

我是一个对世界充满了好奇的人。刚开始我满校园里跑，欣赏它的风景，领略它的大气，特别是图书馆，古朴典雅，香气氤氲，让人不由得肃然起敬。踏进图书馆，当搞清图书馆书目编号顺序时我激动得不得了，从每排书架走过，目光在一排排的书脊上移动，拿起这本书，翻开那本书，都爱不释手。我突然发现这里的书怎么都是我想读的书，也许我读一辈子都读不完，但看到这么多的书，我还是感到震撼、喜悦和激动。我多么想化身一只蝴蝶，天天在图书馆里翩翩起舞。自从参观了图书馆，我觉得生活中有很多有意思的事，我对生活的热情，便是在这里被点燃的。后来我又走出校门，去看这个纷繁的世界，体会世故的人情。这其中，我觉得自己总是能够体会到世间最细微的变动，哪怕只是一片落叶悄然而落。

这时我想，自己到底喜欢什么，要做什么。于是我尝试了很多新鲜的事物，如到过老师的实验室，做过兼职，还想尝试创业，尝试学习一技之长，但是很多事情跟自己想象的不一样。广泛的学习虽然让我乐此不疲，兴趣盎然，但我不知道自己做的这些事情有什么意义。虽然在学业上取得了一些成就，生活也依旧很忙碌，但是总有一种迷茫笼罩在心头。

更加热爱生活

对于人生，我们都有很多思考，但是找到一个令人满意的答案却并不简单。许多人竭尽一生，都无法找到这个答案。但请相信，这无法成为阻挡一个人向前向上、不断追求美好的理由。至少，我们要抱有对于这个世界美好的期望。

我找到了许多自己喜欢的东西。我最喜欢的运动是羽毛球，在提高自己球技的同时，我收获的不只有健康，还有一群可以打球的朋友，以及他们带给我的积极心态。我喜欢音乐，音乐一直都有一种撼动人心的力量，我不会弹也不会唱，但是透过音乐的视角，我感受到艺术对一个人心灵的塑造，真正撼动人心的作品是有灵魂的。对于专业，我在慢慢塑造属于自己的风格，如果想在科研的道路上走得远，就要有自己感兴趣的真正值得关注的问题，然后朝着这个方向坚定地走下去，一定会有所收获。

师长点评

该生在校能遵守学校各项规章制度，尊敬师长，团结同学，在学习上刻苦认真，成绩优异，生活上勤俭节约，工作上积极主动、认真负责，追求上进。

生命科学学院辅导员　陈悦

励志座右铭

努力奋斗才能梦想成真。

将责任永挑在肩

——人文社会发展学院茹珂楠

茹珂楠，女，蒙古族，1995 年 10 月生，中共党员，人文社会发展学院法学专业 2015 级学生。曾获 2015—2016 年度国家奖学金、2016—2018 年国家励志奖学金（2 次）和专业一等奖学金（4 次）。获 2016 年思想政治理论课社会实践“我身边的互联网 +”调查报告评比校级一等奖、寒假社会实践“千村万户”脱贫攻坚调研论文评比校级三等奖。连续 3 年被授予校级“三好学生”称号，2015 年被授予校级“优秀团员”称号，2016 年、2017 年被授予校级“优秀团干部”“优秀学生干部”“十佳村主任助理”“优秀共产党员”“大学生社会实践标兵”“口才之星”等荣誉称号。

学生之责

进入大学的第一天我就告诉自己，要按自身的能力选择课余生活方式，把握好节奏，任何事都不能挤占学习的时间。首先，对于专业课的学习，我格外注重课堂上的学习效率，跟着老师的思路走，勤做笔记，主动思考；课下认真完成老师布置的各项作业，不断总结，反复记忆。在严格的自我要求下，我的学习成绩始终保持前列，大学前三年学积分成绩为专业第一名，曾获国家奖学金、国家励志奖学金，多次获得专业一等奖学金、校级“三好学生”等。其次，对于学习能力的提升，我是通过多阅读、多积累的途径进行的。从高中开始，我就养成了定期阅读的习惯，做作业前的 15 分钟，完成作业后的 15 分钟，以及睡觉前的半个小时，充分利用好碎片化时间，化整为零，提升自己的阅读学习能力。除此之外，我还主动学习了计算机、驾驶等技能，并考取了计算机二级证书以及机动车驾驶证。

学习过程中我也曾遭遇过挫折，大一第一学期通过了英语四级考试后，由于没有意识到持续学习英语的重要性，我的六级通过得比较艰难，好在我能保持清醒的头脑，终于在大三阶段顺利通过。所以任何时候只有保持清醒，不放弃，才能有所收获。

努力学习后，我们或许得到过成绩，得到过奖金，也得到过机会，不过，这些都是努力本身的附属品。我始终觉得，完成基本的学习任务是在完成基本的责任之后，认真拓展自己的学习能力，才能将学习的责任进行到底。

党员之责

大一第一学期，为了锻炼自身的能力，也为了能更好地融入大学生活，我竞选了法学151班的班长。在班级工作中，我深知班长的带头作用对于班级凝聚力建设的重要性，因此，我时刻秉持着为全班同学服务的信念，主动探索班级文化的提升之道，从班委处着手，牵头全面开展并支持学校及学院的工作。三年多的班长体验，让我有了更多的宝贵经验想要分享给大家。第一，心态要平和。最近有很多文章在抨击大学学生会中的官僚现象，这也是我最想强调的一点，作为学生干部，我们的职责是为班级服务，而不是助长自己高人一等的气焰，位置摆不对，就谈不到尽责。第二，行动要利索。做学校或者学院分配下来的学生工作时一定要明确自己代表的是班级整体的精神面貌，工作不能按时且保质完成，损害的是班级的整体利益。通过这样的方式，不断提醒、鞭策自己，把工作做得又快又好。第三，内部要团结。班委之间的配合关系着班级整体运作能否顺利，要多听取其他班委的意见，有则改之，无则加勉。在此要记住的一点是，班级的每一份荣誉都是大家共同努力的结果。

班长的责任也让我对于“服务”这两个字有了深刻的认识，于是我向组织递交了入党申请书。2016年10月27日成为一名光荣的中共党员，2017年10月27日成为一名光荣的中共党员。自加入法学本科生党支部后，我结识了很多优秀的同志，“见贤思齐焉”，我坚持学习党的理论知识，坚持不断探索与实践，也坚持批评与自我批评。在支部中，我先后担任过支部的宣传委员与支部副书记，认真贯彻支部的各项活动，做好党员发展、转正工作，推进支部“党旗领航工程”进程，争做支部带头人，不断提出并调整支部各项工作与活动的方案，让每一位同志都能在支部尽情展示己之所长。

2018年3月份，在学院老师的支持下，作为负责人，我成立了思想政治类社团“赤子学社”。社团定期组织开展特色活动，致力于为党员与团员搭建广阔的交流学习平台。截至目前，社团成员共有百人，已累计开展各种形式的活动8～10次。我也相信，经过一届又一届社员的共同努力，赤子之梦，终能薪火相传。

习近平总书记在谈到“为民”时，曾引用诗人郑板桥的诗句“些小吾曹州县吏，一枝一叶总关情”。感谢学生工作，使我意识到学生党员的第一身份就是党员，而党员的第一要务就是为党工作，将党员的责任进行到底，就是要为人民服务到底。

团队之责

大一下半学期，我联系了四位志同道合的伙伴和信赖的指导老师，准备通过大学生创新训练项目来提升一下自身研究问题的能力。大二上半学期我们成功申请到一项院级科创项目，大二下半学期我们又成功立项了一项省级科创项目。2018年4月份，历时一年半的项目“农村已婚女性双重角色下的养老行为和问题研究——基于女儿与儿媳身份的比较”顺利结题，评价结果为优秀。

作为项目的主持人，我主要负责统筹大局、安排工作，调动成员的积极性并与其密切配合。我们数次下乡调研，扎实开展访问调查工作，其中的一次调查成果还被评为暑期大学生社会实践校级二等奖。可以说，收获的成果固然令人兴奋，但更宝贵的是团队每一位成员在项目进行中的稳扎稳打、从容淡定以及面对困难从未放弃的勇气。

在实践方面，我也曾带队进行马拉松志愿者服务，并获得优秀志愿者的称号；担任东卜村村委会主任助理期间，协助举办大型文艺汇演，促成学院实践基地签约，并获得“十佳村主任助理”称号；作为队员多次参与回访母校、青春驿站等实践活动，并获得校级“社会实践先进个人”称号。

多次的团队合作经验使我意识到，队长也好，队员也罢，事情的本质是要让队伍多些磨合、少些摩擦，这是一种责任，而让这种责任进行到底的方式就是不断地换位思考。当队长时要多考虑队员之需，当队员时则要多考虑队长之难。

师长点评

茹柯楠同学无论是个人学业规划，还是参加各类校园活动，都能时刻以最高标准要求自己，发挥了学生党员的先锋模范作用。做好一件事很容易，坚持4年将每件事做到最好并不简单。

人文社会发展学院党委副书记　侯东丽

励志座右铭

有好结果就会有坏结果，努力了不一定有结果，但不努力就没有信心等到结果。

不忘初心　方得始终

——动物医学院马景华

马景华，女，汉族，1998 年 10 月生，中共预备党员，动物医学院动物医学专业 2016 级学生。在校期间，曾获国家励志奖学金，通过国家英语六级和计算机二级考试。在“三下乡”社会实践活动中荣获校级一等奖、二等奖，寒假社会实践论文评比校级一等奖，被授予校级“优秀学生干部”“三好学生”“社会实践标兵”“优秀团干”等荣誉称号。

红色，青春的底色

进入大学后，我开始系统地学习党的理论知识，掌握了以前未曾接触的知识。从课堂上，我学到了历届领导人的理论思想，也学到了他们奉献的精神。通过观看红色影片，参加组织生活等各种形式了解中国共产党。最终如愿以偿地加入了党组织，成为一名中共预备党员。

在这里，我想和大家分享自己的一些经历。在入党之前，我也曾犹豫过，一时间看不清自己的内心，我想入党，但又怕自己不够优秀，拖组织后腿。就这样犹豫了半年，思考了半年，直到在毛泽东思想和中国特色社会主义理论体系概论课上，看到邓小平爷爷说过的话：我是中国人民的儿子，我深情地爱着我的祖国和人民。那一刻我不知不觉地红了眼眶，我顿时明白，加入中国共产党将是我毕生的追求。分享这个经历是想告诉大家，对于党组织的感情是藏不住的，热爱祖国的心也是藏不住的，这个有着五千年历史的大国就是有这么一种魅力，她让我们毕生向往。希望大家可以怀着一颗热忱的心，积极向党组织靠拢，实现自己的人生价值。

志不立，天下无可成之事

志即目标，有一个明确的目标对于我们做任何事都是必不可少的。有时一个甚至不够，要完成一件大事，仅靠一个目标显然是不行的，往往我们要有多个目标，就像是远行的路上，我们总需要多个路牌。就像我，之所以能取得现在这些小小的成就，就是因为我有一些不太成熟的目标。

所谓目标，不一定是考试的名次和分数，也不一定是获得奖学金的数量和保研去到的名校，更重要的是成为一个什么样的人。我曾经遇到过一些人，让我的心灵受到了莫大的震撼，于是我决定要成为像他们一样的人。我刚进入大学时，心中就只有这个目标。后来我开始观察怎样才能成为像他们一样的人，于是目标一点点变小，实施办法一点点细化，渐渐地像是一棵大树伸展在我面前，这个时候我们的一举一动就不会那么盲目，心中也有了努力下去的动力。在这里我之所以将志置于学前面，就是因为我觉得，有些时候，一个正确有效的目标比埋头努力更重要。

片言之赐，皆吾师也

进入大学以后，我参加了许多实践活动和学生工作。有的人可能会说，这些职务在你找工作时不会有任何用处，我看不然。可能这个头衔没有用，但是经历绝对十分宝贵，在这些经历中，我遇到了很多人，看到了很多事，学会了很多书本不会教给我的道理。

片言之赐，皆吾师也。很多人都是我的老师，有教给我一些道理的社区保安、村庄的干部、路旁的村民，还有教我工作方法的学长学姐、同行的同学，当然更重要的是我的老师们。他们教给我们的东西都是无价的财富。一路走来，我接受过很多人的帮助，我深知我的每一步都蕴含着温度和满满的善意。所以，我认为在课余时间还是要多参加各种各样的活动，在这些活动中获得什么荣誉不重要，重要的是你和别人的交流学习，还有那些真正让你的青春饱满起来的经历。

最后，我希望每一个人在回首往事时都不会觉得自己辜负了这段岁月，同时希望大家能收获一个饱满的青春。

师长点评

马景华同学学习认真努力，勤奋严谨，专业知识掌握扎实，学习成绩优异；作为中共党员和班干部，工作积极主动、认真负责，能创新性地开展各项工作，成绩突出；团结同学，尊敬师长，群众威信高，起到了模范带头作用。特推荐马景华同学获得国家励志奖学金。

动物医学院副教授　刘晓强

励志座右铭

不忘初心，方得始终。

厚德笃学　筑梦前行

——草业与草原学院廖杨子杰

廖杨子杰，男，汉族，1999年7月生，共青团员，草业与草原学院草业科学专业2018级学生。曾获国家励志奖学金、专业一等奖学金(2次)，校级“三好学生”“优秀学生干部”获得者，参加寒假回访母校，在暑期“三下乡”活动中获得校级三等奖。

博学笃志，明辨慎思

在这短暂的一年里，我曾一度彷徨过，选一个未曾听说过的专业学习，在一个陌生的环境里追寻前进的方向，这些对我来说都是一种极大的考验。随着时间的推移，我逐渐认识到草业科学这一充满前景和无限潜力的学科，也明白了无论自己以后的发展方向是什么，我都必须义无反顾地走好当下的每一步路。大一刚入学，繁多的课程和初入大学还在适应期的我，极低的学习效率以及多部门的各种任务，让我很难有效、合理地安排自己的作息时间。

我犹豫，我彷徨，我焦虑，我忐忑，整晚整晚地睡不着觉，接下来我该怎么办？于是我摸索，我探究，寻找最适合我的道路，力争稳扎稳打地走好每一步。终于，在一次次的反思后，我找到了适合自己的方法。经历过初、高中6年的洗礼，我觉得自己的心智已经成熟，思维也较为敏捷。在一次次外界的“诱惑”中，我努力不让自己深陷其中，加之积极向上的乐观心态和遇到困难时的豁达放松，最终让我在大一学年的学习中取得较好的成绩。

当然，除了平平常常的学习生活外，我还加入了学生会，大一担任实践部部委，大二担任学院实践部和体育部负责人。在学习的同时我努力为同学们做好服务。在学生会工作期间，在不耽误学习的情况下，按质按量地完成了学生会分配给自己的工作任务。在这个过程中，为了处理好学习和工作之间的冲突，我只能牺牲休息时间,不断提升自己的综合能力,让我从一个懵懂少年成长为如今成熟稳重、能说会干的一代学子,也算是大有收获。

为了做到德智体美劳全面发展,我坚持每天锻炼身体,为紧张的学习和繁忙的生活提供良好的身体素质。当然,我也向党组织递交了入党申请书,并在入党积极分子的培训中顺利结业,经班级推荐、群团组织推优后成为一名中共党员发展对象。今后我将以一名党员的标准严格要求自己,刻苦学习,努力工作,为大家做好服务,争取早日成为一名真正的中共党员。

长路漫漫,唯梦作伴

一年的时间很短,大一时除了日常的专业课学习和在学生会工作,我联系老师提前在大一下学期就进入了实验室,在老师和研究生学姐的帮助、带领下,开始了我的科研之旅。通过在实验室中的学习,我进一步了解了草业这一学科,对科研工作也有了更深层次的了解。通过做实验,我也寻找到了搞科研的乐趣。虽然我接触到的只是科研工作的一点皮毛,但我发现,我对这样的工作有着浓厚的兴趣,对于生命科学这一学科还有许多未知领域需要我去探索。因此,可以说,提早进入实验室参与工作是我在曾经的犹豫、徬徨中做出的最佳选择。

进入实验室后,虽然时间不长,但我很快就掌握了许多实验仪器的使用方法和实验原理,熟悉了实验过程中处理问题的技巧。另外,我还学会了查阅简单中文文献和尝试翻译一些简单的英文文献,这为自己以后的科创以及科研工作打下了良好的基础。

进入大二,一切都步入了正轨,我也开始考虑大学后两年自己的安排。现在接触的专业学科还很少,对于专业的了解也很有限,但是这并不影响我对草业学科相关研究的兴趣。我热爱自己所学的农业学科,深知它存在的价值以及它巨大的潜力。

从习近平总书记对全体涉农高校师生的回信也可看出,国家对于现如今农业的发展也有着足够的重视,并寄语我们"以立德树人为根本,以强农兴农为己任"。作为一名农业高校的学生,我将牢记这句话,在国家现代化建设中做出自己的专业贡献。

作为一名中国共产党党员发展对象,我认真地学习了党的十九大报告,特别是有关生态文明建设部分的论述。报告指出:生态文明建设功在当代、利在千秋;牢固树立和践行绿水青山就是金山银山的理念;统筹推进山水林田湖草系统治理。这里,在原来的“山水林田湖”后加了一个“草”字,变成了“山水林田湖草”,这更加符合生态系统的实际:小草在生态循环中发挥着重大的作用。作为一名草业科学专业的学生,我对于小草存在的巨大价值充满了无限的期待,也对自己学习草业充满了信心。

我深刻地体会到党和国家对生态文明建设的重视和对相关领域创新型人才的需求。我也努力地朝那个方向发展,希望将自己的梦和伟大的中国梦相结合,为实现中华民族伟大复兴,建设中国特色社会主义现代化强国贡献一份属于自己的力量。我会努力学好自己的专业知识,提升自己的科研素养,创造自己的辉煌。

师长点评

廖杨子杰同学思想态度端正,勤勉好学,善于思考,团结同学,尊敬师长;学习成绩优异,并积极参加各项活动,各方面能力突出;望能继续发扬优秀品质,做一个德智体美劳全面发展的人。

草业与草原学院副教授　许岳飞

励志座右铭

积跬步以至千里,积怠惰以至深渊。

青春未央　逐梦西农

——林学院高琪

高琪，女，汉族，2000年5月生，共青团员，林学院木材科学与工程专业2017级学生。大学期间曾获国家励志奖学金、专业一等奖学金；获校级"优秀团员""优秀学生干部""三好学生""口才之星"等荣誉称号；参加多项社会实践及公益活动，在中国人民大学脱贫调研、中国农民丰收节活动中获"优秀志愿者"称号，在思想政治实践课中获演讲一等奖、论文二等奖。

征程起航

启程的那一刻，樱花雨落，那可是青春最后的挽歌；启程的那一刻，路如冰镜，那可是茫茫艰难的旅途；启程的那一刻，你故作坚强地笑着挥了挥手，其实，那一刻你的心里比谁都茫然，前面的路还很漫长：而你，真的准备好了吗？身后，是被泪水湮没的祝福；远方，是美丽而又遥远的梦想：你梦想的船儿已经起航，扬起的帆上多了一条劝勉。

自收到西北农林科技大学录取通知书的那刻，我的大学征程已然起航。卸去了高三的紧张，大学给我的第一感觉就是轻松。但是，作为学生，我们不能丢了自己的本业，踏踏实实地走好脚下的每一步，"人生没有彩排，也不能重来，把握好每一次演出的机会就是最好的珍惜！"刚进入大学我就被学院里几位大神级"学霸"的风采所倾倒，对他们羡慕不已。

然而，他们在学校所取得的成绩不是偶然的，那是他们在进校时就有明确的目标，并且坚持不懈地为之努力。现在的大学，不仅仅是一座神圣的知识殿堂，更是一架坐落在象牙塔和现实社会之间的桥梁。它会成为我们实现日后抱负的完美跳板，还是会让我们因为缺乏约束而导致堕落的地方？这就取决于我们自己了。人的一生是短暂的，而青春则是短暂中的惊鸿一瞥。正如奥斯特洛夫斯基所说，青春应该是积极向上的，谁若游戏青春，虚度年华，谁就会一事无成，被社会所淘汰。反之，谁如果能把握身边的一切机会，像纤夫一样拉紧生命的纤绳，谁就能奋发有为。谁能自强不息，勇往直前，自力更生，不依赖别人，在我看来，他就是生命的强者，才能在汹涌波涛中勇立潮头。

理想扬帆

大一时我们开设过一门课叫“大学生职业生涯规划”：我希望自己能够通过努力成为一名优秀的设计师。有了理想自然就要去奋斗，任何华丽的外表下都有着人们看不到的辛酸。别人欣赏你那一分的光鲜高丽，只有自己才能品到那九分的辛酸苦辣。

这是一个漫长而又艰辛的过程，但有理想有目标追求的人生才能让人过得更加有滋有味，我愿意不懈地去奋斗、去努力！作为一名农村的孩子，我的家庭并不富裕，因此我并没有引以为傲的起点和家底殷实的背景，所有的一切都需要依靠我自己去打拼，但我觉得这样并没有什么不好，奋斗才是人生最美好的事业，毕竟自己亲身取得的成就才是最令人欣慰的。作为一名国家励志奖学金的获得者，不了解我的人可能会认为我也是挑灯夜读的莘莘学子中的一个，可我相信，舍友们除了觉得我比她们早起外，未必会觉得我比他们更用功多少。

是的，我不是那些纯粹靠时间出成绩的学生，我更注重提高效率，对每个知识点的掌握、每次应考前的准备我都是极其认真、全身心投入的，并能做到胸有成竹。我喜欢做宿舍里早起的那个人，因为我要做个自律的人。即使早起之后我可能没有立马收拾一下就去找间教室奋战，但我会在适当的时候给自己以适当的压力和危机感，告诉自己什么时候该做什么事情，绝不会让自己做无用功，甚至走错路。

一路花香

在进入大学两年多的时间里，除了学习，丰富多彩的课外活动也给我带来了很多喜悦。我参加了很多的公益活动，成为一名乐于奉献的志愿者，为身边的人带去温暖。入学之初感受到的志愿者的友好，让我对大学生活充满了期望，从而也希望自己可以将这份美好继续传递给其他人。人生是短暂的，在短暂的日子里快乐自己、愉悦他人，相信所有美好的事情，珍惜身边的每一个人，自信自强地去面对一切困难,这样的人生就足以让人艳羡。

我坚信,参加青年志愿者活动是我们每一个人的责任与使命。通过参与活动和培养兴趣,更加坚定了我走自强自信道路的意志,这些活动见证了我的成长,也成为不断鞭策我进步的动力,为我以后的学习和工作奠定了坚实的基础。当然,除了做公益活动,我也乐于参加各种竞赛活动。从大一的“正大杯”到大二的“互联网+”、从思政演讲到如今的林业双创大赛,每一次竞赛我都会十分努力,从策划到PPT的制作以及演讲稿的撰写,我都会尽自己最大的努力,用饱满的热情去迎接每一次答辩,在一次次的竞赛答辩中,我发觉自己再也没有最初的紧张胆怯,蜕变而成的是更加镇定自若、淡然如水的我。我注重的再也不是一次次的结果,而是在准备过程中学习到的知识和能力。

风雨彩虹

人生的道路不可能一帆风顺,只要我们时刻保持积极向上的态度,在困难面前不退缩,那我们再努力一把就成功了!虽然有的时候我对自己的学习感到不满意,认为社团活动占据了自己太多时间,但是这些抱怨都是暂时的,只要咬牙坚持下去后,你会发现原来曾经觉得无比困难的事情也不过如此,它们并不会成为压垮你的最后一根稻草。从刚进大学时的懵懂,对大学生活的向往,对象牙塔怀着翱翔九天的壮志和无限的期待以及刚进学生会的迷茫,到后面熟悉里面的大部分事物并逐步成为越来越优秀的人,在学生会工作让我对大学生活有了更深刻的认识,收获一段人生不可或缺的经历,我看到了更广阔的世界,我的心智也一步步地迈向成熟,我的个人能力也得到不断提升和完善。

在每次的活动、工作结束后,我总是回忆那时的点点滴滴。很多时候我们不要老想着享乐,而是要对自己苦一点,“人会苦一阵子,但不会苦一辈子”。你不努力谁也给不了你想要的生活,在需要努力、需要拼搏的大学阶段,过分享乐,害怕失败,害怕困难,那最终吃亏的只有我们自己。大学阶段,正值青春年华,让我们勇敢地去编织自己的梦,做自己想做的事才是最好的。“真正的强者,不是流泪的人,而是含泪奔跑的人!”困难绝不是获得怜悯的借口,更不会成为自卑的原因。面对困境,挺直腰杆,一切便迎刃而解。坚定地迈出脚步,前面的路才可能更宽,敢于做梦,梦想才有实现的可能。无论前方如何,愿我们一路走下去!青春未央,逐梦远航!

师长点评

正如高琪同学所说，敢于做梦，梦想才有实现的可能。她自入学以来一直朝着自己的梦想在不懈努力，经历了风雨彩虹，收获着一路花香。

林学院党委副书记　侯华伟

励志座右铭

天行健，君子以自强不息。

做自己的英雄

——机械与电子工程学院李治文

李治文，男，汉族，1999 年 4 月生，中共党员，机械与电子工程学院机械设计制造及自动化专业 2017 级学生。大学期间曾获得感恩中国近现代科学家奖学金、国家励志奖学金、专业一等奖学金、中国服务机器人大赛国家一等奖、全国大学生工程训练综合能力竞赛陕西赛区二等奖、校级先进成图大赛三维组二等奖、手绘组三等奖、思想政治理论课暑期社会实践二等奖，获得校级“三好学生”“优秀学生干部”“优秀团干部”“社会实践标兵”等荣誉称号。

坚定信念，走出大山

在我们当地，有这样一副对联：“一等人忠臣孝子，两件事读书耕田”，就是说，会宁的男人，指点江山的工具只有两个，不是笔杆子，就是犁耙子。这副对联家喻户晓、老幼皆知，挂在农村好多人家家里的高堂上，足见当地人对教育的重视。“再穷不能穷教育，再苦不能苦孩子”这句话，也是我们会宁教育的真实写照。陪读，借贷，苦乐相伴。在会宁，千万个不同家庭演绎着千辛万苦供子女上学的相同故事，求学是他们共同的精神支撑，孩子维系着他们全部的希望，为此无论付出多大的物质和精神牺牲，都在所不惜。

身为一名会宁人，我也深刻理解这一点，也深知学习的重要性。从小学、初中再到高中，我周围的人拼的不是金钱、地位，而是比谁家的孩子更优秀。这么比也许不正确，但我能真真切切地感受到每家人对教育的重视。每每想到这些，我就特别感激父母对我的大力支持和无私付出。

如愿以偿，我终于考上了重点大学，在此我想对我的父母说：谢谢你们，正因为有了你们的付出，才有了如今的我！

顶住压力,做自己的英雄

2016年11月,我的父亲突发脑梗入院治疗,而半年后正好是我参加高考的日子。2017年对我而言是特别的一年,不管是突如其来的事,还是高考的不如意,对我的成长意义非凡。本来特别调皮的我也正是从那时开始,心里有了家的观念,以前因为有父亲在,我的一切都特别顺心,可现在父亲得病了,作为儿子的我就必须承担起家庭的责任,因为这一年我18岁了。

高考的发挥和平时相比差了很多,好多老师都劝我应该补习一年,虽然父亲没说,但我知道他的内心肯定会自责,而当时的家庭情况也的确不适合去补习,于是这一年,我做出了自己的第一次选择。那时候的我从来没有意识到,一个选择可以改变很多。我从来都不相信高考就是一切,我觉得:只要自己不放弃,什么时候都可以撑起一片天!我特别喜欢电影《中国合伙人》中的一句话:掉在水里你不会被淹死,待在水里你才会被淹死!是的,努力永远不会过时,就这样我来到了我以前从来都没想过会来的大学——西北农林科技大学。

脚踏实地,走出自己的路

来到西农,生活了一段时间之后,才真正地感受到了她的美。杨凌远离大城市的繁华,这反倒让西农有一种静谧之美,在这里可以特别安心地去学习和做自己喜欢的事。我大一的目标很明确,就是好好学习,做一个有用的人!一年来,我认真学习,热心学生工作。我总觉得我和城里来的学生有很大的差距,所以我总是告诫自己:成长就是长跑,不是一路上可以超过多少人,而在于一直在奔,只要努力,我们会拥有和他们一样的蓝天。

刚进入大学的我并不是很适应大学生活,很多时候都没有勇气去发言,记得第一次竞选军训负责人,就因为我胆小、不敢说话而失败了。竞选班长,一开始也没有勇气,不敢去;后来在学长的鼓励下,我才鼓足了勇气,但当时说了些什么,怎么也想不起来了。可让谁也没有想到的是,这一次我居然成功了!后来的我,不断地寻找一次次的机会来锻炼自己,终于让自己的能力在各方面都有了很大的提升。

只学习从来都不是大学,不学习也更不是大学。在日常学习中,我一丝不苟,课前预习,课中仔细听讲,课后认真复习;与此同时也努力探求新的知识,这对我后来从事科创活动有很大的帮助。大一时成绩名列班级第一、专业第三，大二时全程学积分专业排名又上升到年级第二。

我积极参加社会实践活动。社会实践不仅仅对自己是一种锻炼，还能够为社会做一些自己能做的事，很有意义。作为队长，我参与了回访母校、暑期“三下乡”、西北调研等社会实践活动，还担任了杨凌农科城国际马拉松赛志愿者、“华裕杯”全国农建大赛志愿者，圆满地完成了志愿者工作，获得了学校“社会实践标兵”荣誉称号。

科研方面，大二时我加入创客空间，从事大学生科创的相关活动，带队参加全国大学生工程训练综合能力竞赛，荣获省级二等奖；大三时带队参加中国服务机器人大赛，荣获节水灌溉项目组亚军（国家一等奖）。目前参与国家级大学生创新创业训练项目一项，并申请了多项专利。正是由于有这样一次又一次的锻炼机会，所以才让我的实际能力不断增长。

我还参与学生会工作，先后担任过班长、学院创新创业部副部长、院学生会主席等职务，积极地为同学们服务，为学院贡献自己的力量。另外还参与了支教活动，为公益事业贡献了自己的力量。在以后的生活中，我将做出更大的成绩，更多地回报社会。

师长点评

李治文同学思想上追求上进，向党组织积极靠拢；学习上勤奋刻苦，成绩名列前茅；作为学生干部，能够认真完成老师交代的任务，是老师的得力助手；团结同学，热心为同学服务，是一名品学兼优的大学生。

机械与电子工程学院副教授　李敏通

励志座右铭

星不为长夜闪，海蓝给自己看！

不忘初心　砥砺前行

——农学院许春红

许春红，女，汉族，2001 年 2 月生，共青团员，农学院农学类专业 2019 级学生。曾获专业一等奖学金、国家励志奖学金，获得校级"优秀共青团员""优秀共青团干部"和"优秀大学生"等荣誉称号，获第八届创意农业设计大赛三等奖，担任博览园志愿者，多次参加"三下乡"活动和社会实践活动。

迷茫中前进

相比起竞争激烈的高中，感觉大学学习真轻松。开始上课后，新奇的方式刺激着我的神经，没有作业的课后无人约束，在轻松之余我又陷入了迷茫：没有习题巩固，我该怎样掌握知识点？迷茫，真的好迷茫。玩手机很爽，放空自己很舒适，可之后是无尽的空虚感撕咬着我、吞噬着我。

我去和同学交流，我去找班助寻求帮助，我去听优秀学长学姐的经验分享。后来有幸遇到一位学长，他说，大学期间，不管你跟室友的关系好或不好，尽可能不要待在宿舍，去自习室，去图书馆。这句话给了我思路和灵感。是的，去自习室，去图书馆。与其深陷迷茫，不如开始行动！静谧庄严的氛围自然会约束自己，去预习、复习，去写作业、读书，去静静地思考。坚持着，坚持着，我逐渐找到了适合自己的学习方式。知识记心里了，我整个人也感觉轻松了。迷茫是必经之路，所幸我坚守了自己的初心。

大一如此，大二我仍旧走在学习的路上。我坚定地认为，底气来源于自己的脚踏实地和认认真真。

与自己和解

大二的成长包括我对自己的悦纳和接受。比较内向的性格让我的大学生活没有像其他同学那么如鱼得水，我在梦想和未来的考量中感受到了自己的渺小，蜷缩在自己的世界里，我将外向和内向的不同表现在心里反复比较，并且不断否定自己，后来的我逐渐发现了自己的珍贵，逐渐明白了所谓外向、内向只不过是不同的性格而已，无优劣之分，做一个普通的人也是一种追求。大学为我们提供了丰富的资源，我们可以根据自己的实际各取所需。所以，我有我的初心，我有我的坚持和追求。

守住初心，让我在思想上更加成熟。刚入学时班主任便教导说："同学们，你们有幸生长在这个盛世年代。请你们从现在做起，从小事做起！"质朴的语言中满是对我们的殷切希望。在之后的学习、生活中，班主任杨老师更是言传身教，让我看到了农学人的初心与坚守。与同学们的相处，让我看到了大家的闪光点，向他们学习技能和处理问题的方法。班级举办的党团活动也加深了我对党的认识、了解，并萌生了向党靠拢的念头。学到的、看到的一切都在改变着我的价值观，我也因此变得更加成熟和理性，更有信心坚守自己的初心。

在实践中成长

"忧劳可以兴国，逸豫可以亡身。"大学是舒适的，充满着爱和温暖，即使像我这样家庭条件不那么好的也有奖助学金的资助。但是这不代表整个社会、整个国人的生活都是安逸的。寒假和暑假的社会实践活动让我看到了广大农村的真实面貌和人们的真实生活。

疫情在家阶段，我参加了"抗击疫情，助力春耕"的社会实践活动。我走进田间地头，跟大家一起耕种，向他们请教种地的方法和技巧，一边感慨农民经验的丰富，一边惭愧于自己专业知识的欠缺。看到他们劳累的身影，我更加坚定了自己学好农学的初心。就"疫情对 2020 年全面脱贫的影响"，我采访了驻村第一书记，从他的话语里了解到了更多，也因此更加坚定了信心。

随着专业知识的积累，我对农业、农村、农民有了更多的了解和更深的体会，也因此更加热爱自己的专业。

大一暑假期间，我和同学们分别去吴堡县和韩城市开展了社会实践活动，我看到了脱贫攻坚收官在即、成效卓越，我看到乡村振兴初具雏形、任重道远。之后参加的三原县调研、乡村振兴个人调研、思政调研、大荔县实习，都让我更加坚定了走自己选择的道路的决心。

学习的动力和热情来自对改变现状的渴望。实践活动刷新了我的认知，给我充满了电。

丰富大学生活

慢慢形成的舒适地带，让我不禁沉溺其中。熟悉的小圈子，熟悉的事物，没有挑战性的事。参加竞赛是我迈出的第一步。总觉得自己能力不足、水平不够，可鼓足勇气参加之后才发现，自己是可以的！之后再做科创，虽然依旧吃力，却也多了许多的信心和勇气，十分感谢张晓科老师的指导以及418全体师兄师姐的帮助。

跟班里同学一起做公益活动，和社团的小伙伴们一起工作，跟排球队的朋友们一起训练，周末还能出去支教，丰富的生活也让我更加自信和阳光。尤其是班里同学和排球队小伙伴们给予我的温暖，常常让我感慨自己的幸运。

大学未完，人生正当青春。拿到2020—2021学年的国家励志奖学金我感到很荣幸，也很开心。这是对我一年来努力的肯定，往后的日子还很长，我希望自己能够不忘初心，传递善意与温暖，不忘来时路，砥砺向前。

师长点评

开学以来，许春红同学始终保持认真踏实的学习态度，团结同学，遇到困难积极解决，班级活动积极参与。个人总结中对于自己的评述十分中肯。

农学院教授　杨改河

励志座右铭

有所坚持，有所热爱。不忘初心，砥砺前行。

一路高歌一路行

——动物科技学院张东杰

张东杰，男，汉族，2000 年 9 月出生，中共党员，动物科技学院动物科学专业 2018 级学生。曾获国家励志奖学金、专业一等奖学金，获第五届、第六届全国大学生创新创业大赛国家级一等奖，第六届“互联网 +”创新创业大赛校级铜奖，第八届生化技能大赛团体三等奖，被授予校级“三好学生”“优秀学生干部”“优秀共青团员”“优秀战疫志愿者”等荣誉称号，现已保送至浙江大学生命科学研究院。

从迷茫困惑到坚定方向

每到新学期，在和新同学交流的时候，他们都想要了解一个问题，那就是在动物科技学院好不好转专业。其实这可以理解，我刚上大一的时候也想过这个问题，如果要我现在来回答他们，我会告诉他们我留在动物科技学院绝不后悔。动物科学是生命科学领域的一个重要分支学科，我们的科学研究可以很前沿，去探索生命的奥秘，也可以很实用，为人民提供高质量的肉蛋奶制品。

动物科技学院保研率和升学率都位于学校各学院前列，每年都会有保送到顶尖学府的同学，只要刻苦努力，就可以去往自己心中梦想的地方深造。当然，动物科技学院实力也十分雄厚，如果想在畜牧领域做出一些成就，留在学院也是很棒的一个选择。基于以上理由，我选择留在了动物科技学院，选择了动物科技学院的动物科学专业，并给自己定下了目标，希望未来自己可以前往高中时梦想的学校去深造。那一刻，我想，我也注定会走上一条荆棘丛生的路。

从蹒跚学步到独当一面

如果想通过保研进入顶尖高校学习，就需要从大一开始努力，一步一个脚印稳扎稳打。保研和考研不同，保研人需要打一场持久战，各方面都要做到最好。保研最看重的是科研潜质，我在大一时联系了我的学业导师褚老师，希望可以尽早接触科研，老师让我们加入了学长学姐的科创队伍。在科创项目中，我了解了科研的流程：从设计实验到开展实验再到发表论文，环环相扣，每一个环节都要做到认真严谨。

在每一次的进展汇报中，学长学姐对于实验的把握和思考都让我备受启发，老师的点拨和鼓励也让我备受鼓舞。回想起那段日子，特别感激褚老师以及两位学长学姐，是他们让我心里燃起了想要做科研的烈火。在大二下学期，因为有了先前的经验，我成功申请到了一个科创项目，潘老师成为我的指导老师。

从失落无助到自信前行

作为负责人，在这次项目中，我更加深刻地感受到了科研的不易。大三下学期，在项目无成果、实验不顺利的那段时间，我一度怀疑自己到底适不适合搞科研，还能不能实现自己的梦想，去自己想去的地方。在面对不理想的结果时，感谢实验室师兄的劝说、队员的鼓励以及潘老师的开导，他们说失败是成功之母，想要成功就不能怕失败，这也许就是科研的魅力所在！

即便是科研无果，但是保研更注重潜质的考察，这个项目是我自己做的，我应该有信心将自己的经历和收获勇敢地展现给别人。大三暑假，我报名了自己心仪学校的夏令营，和其他学校同学一起角逐拟录取资格。幸赖各位老师的指导和同学的鼓励，我成功获得了那几所学校的拟录取名额。

从破釜沉舟到彼岸花开

大四一开学，保研工作便提上了日程。和本学院的同学一起竞争最后的普通推免资格，这是我要过的最后一关了。保研面试前几天，班主任蓝老师多次鼓励我最后时刻一定要有自信。我调整好心态，努力把自己最好的一面展现给评委老师，我相信，只要努力就一定会有回报。

保研结果出来的那一刻，看着自己的名字和分数，仿佛时间定格在了那一刻，无数的画面和情绪在我脑海萦绕，但并没有想象中那么激动，因为我知道命运总会眷顾时刻准备着的人，这是我奋斗后应得的结果！生命的意义在于拼搏,因为世界本身就是一个竞技场,正是无数次被礁石击碎而又无数次地扑向礁石,生命的绿荫才会越长越茂盛。别忘了答应自己要做的事,别忘了答应自己要去的地方,无论有多难、多远。希望今后的我,趁年少,以梦为马,不负韶华!

师长点评

张东杰同学在学习上勤奋努力,对班级工作认真负责,为人正直,作风踏实,做事有很好的计划性,尊敬师长,关心同学,人际关系融洽,遵守学校各项规章制度,积极参加实践活动,希望以后越来越好!

动物科技学院教授　蓝贤勇

励志座右铭

细节决定成败,习惯决定命运。

仰望星空　脚踏实地

——资源环境学院苏芷民

苏芷民，男，汉族，2001年9月生，中共预备党员，资源环境学院资源环境科学专业2019级学生。曾获专业一等奖学金、国家励志奖学金，获得全国大学生数学建模竞赛省级一等奖及校级“优秀大学生”“优秀共青团干部”“百名校园之星”等荣誉称号。曾多次参与回访母校、暑期“三下乡”等社会实践活动，主持一项省级大学生创新训练项目。

不忘初心，一心向党

上大学伊始，我便递交了入党申请书，积极地向党组织靠拢，通过党课学习、班级推荐、组织考察，现已光荣地成了一名中共预备党员。在这个过程中，我一直要求自己必须加强对政治理论的学习、理解和掌握，特别是有关我们党的知识，我经常通过“学习强国”、微博等各类平台了解国内外大事，并经常进行思考。我一直坚信一名合格的中国共产党党员首先要做到的就是加强自身思想政治学习，树立为国家、为人民奋斗一生的信念和决心，这样才能不断地进步与发展，成为更好的自己，从而实现自己的人生价值。

当然，对于一个大学生而言，最重要的任务还是学习。在过去的一年里，我一直将学习作为自己的首要任务，积极学习专业知识，在课堂上做到认真听讲，积极思考老师所讲知识的要点和学习中的问题所在，努力提高课堂学习效率；课后按时完成作业，且及时地对课堂知识予以反思，做到温故而知新。由于艰辛的付出，我取得了各门功课较为优异的成绩，学积分成绩排名专业前10%，也获得了专业一等奖学金。

除了课堂知识的学习外，我也积极参与大学生创新训练项目，成功申请到一项省级科创项目。在项目完成过程中认真钻研，积极向指导老师及实验室里的学长学习,从而极大地提高了自己的实验技能与科研素质,为今后的毕业设计以及研究生涯打下了一定的基础。在今后的学习生活中,我一定会以严格的标准来要求自己,争取不断地进步。

全心全意,兢兢业业

在去年的一学年里,学生工作也是我生活中非常重要的一项内容。在这个过程中,我认识到了很多朋友,提高了工作能力,也体会到了全心全意为同学服务的乐趣。2020—2021 学年,我担任资源环境学院 1902 班团支书,协助班长进行班级管理。为此,我积极组织本班同学开展青年大学习活动,总完成率超 99.7%,同时协助组织委员认真进行政治理论学习,学习国家法律制度、校规校纪以及各项文件精神等,学习成效良好,支部也因此被评为“政治理论学习先进团支部”。

同时我也担任资源环境学院学生会生活权益部负责人。从 2021 年根据学校通知精神开展文明教室、文明宿舍、文明食堂等五项文明工程,尤其是文明教室,由于一些同学的占座行为导致公共资源被极大地浪费,很多同学想学习却找不到地方,权益受到侵害却不知道如何去维护。在这一学年里,我作为学院的文明教室包干区域的负责人之一,积极组织院里的志愿者以及信息员每天对北校区八号教学楼九楼进行定时的占座书籍以及杂物的清理。在工作启动前,九楼的情况非常严重,到处都堆满了各种各样无人认领的书籍,教室里零食、被褥、拖鞋甚至洗漱用品随处可见,加上很多同学要准备考研,对我们的工作不是很配合,因此工作难度巨大,但是在我们一天天的努力下,九楼的情况逐渐得到了改善,现在的九楼秩序井然,再也没有那么多的杂物,同学们都可以找到合适的区域进行自习。另一方面,我还担任学校的文明教室信息员,与其他的信息员一起积极地检查督促其他区域的清理情况,为了更好更整洁的教室环境贡献了一份自己的力量。

强健体魄,文明精神

身体是革命的本钱,因此在日常生活中我特别注重体育运动,也积极参与到各种文体活动中,如院系间的排球赛、春训以及校运会等。在运动中,我挥洒汗水,让身体动起来,强健的体魄就这样一天天练成。运动对我而言既放松了身心，让我暂时忘记不开心的事情，又可以为我长时间的生活学习打下坚实的身体基础。基础不牢，地动山摇。只有身体健康了，我们才有气力高质量地去完成学习、科研以及其他事情。

知行合一，积极实践

上课之余，大学与中学最大的不同就在于大学有更多的时间可以去参与各种实践活动。参加实践活动，不仅能将理论与实践相结合，通过实践来验证理论，而且能提升我们的动手操作能力。因此在过去的一年中，我积极参与到了回访母校、暑期“三下乡”等社会实践活动中，尤其是暑期“三下乡”实践活动，在渭南市合阳县西同韃村调研过程中，我了解到乡村振兴给很多贫困村带来的巨大改变，还有基层党组织在乡村振兴中发挥的重要作用。西同韃村之前是一个贫困村，在近几年得到了快速发展，现在的西同韃村环境良好，村民生活幸福，其乐融融。通过一次次的社会实践活动，开阔了我的眼界，让我见到了很多从未见过的东西，对现代化中国的未来有了更大的信心。

总的来说，过去一年我的进步无疑是巨大的，努力也有了一定的成效，但仍有许多亟须改进的地方。在未来，我会按照既定目标，制定切实可行的计划，并为之努力奋斗！一边仰望星空，一边脚踏实地，争取实现自己的梦想，做一个对社会、对国家有用的人。

师长点评

苏芷民同学学习认真踏实，成绩优异，在本专业名列前茅；作为班级团支书，工作积极进取，与其他团支委团结合作，本班获得政治理论学习先进团支部；生活方面待人热情，与同学们关系融洽，各方面能力都得到很好的锻炼和提高。

资源环境学院讲师　黄冬琳

励志座右铭

没有比脚更长的路，没有比人更高的山。

感恩奉献　励志图强

——葡萄酒学院潘祖彬

潘祖彬，男，汉族，2000年11月生，中共预备党员，葡萄酒学院葡萄与葡萄酒工程专业2019级学生。在校期间曾获2019—2020学年国家励志奖学金、专业一等奖学金，为2020年度校级"优秀共青团员"、2019—2020年度"百名校园之星"——志愿之星、2019—2020学年校级"优秀大学生"、2021杨凌农科城国际马拉松赛优秀志愿者、2019年度校级青年战"疫"优秀志愿者、2019年"善行100·温暖行动"校级优秀志愿者荣誉称号获得者。

端正思想，勤学善思

在校期间，我认真学习，积极进取，加强党性锻炼，不断提高自己的政治觉悟和政治能力，自觉地把讲政治贯穿于党性锻炼全过程，切实增强一心向党、以身许党、在党为党的自觉性和主动性。2021年6月7日，经过西北农林科技大学大学生骨干培训学校"青马工程"等培训，我被确定为中共预备党员。作为一名中共预备党员，我将以一名共产党员的标准严格要求自己，切实践行入党初心，用自己的行动践行社会主义核心价值观，坚定理想信念，提高思想觉悟，不断提升自己的政治站位和政治觉悟，利用自己所学的知识去造福人民、服务社会，为国家繁荣昌盛、实现民族伟大复兴贡献自己的一份力量。

专业课上，我始终把"求真尚美、励志笃行"奉为自己的学习理念，在学习、生活中一以贯之，努力实现"知行合一"。平时学习中，我注重知识框架的构建与优化，力求学习的高效，自觉培养良好的学科素养，加强科学知识的储备。在2020—2021学年，学业成绩专业排名2.33%，综合测评成绩专业排名2.33%。同时，我积极参与科创项目以及"挑战杯"创业大赛、农高会创业大赛、酿酒技能大赛、酒标设计大赛等多项竞赛，力求在各个方面获得发展与提升。

志愿服务，感恩奉献

“吃水不忘挖井人”。不忘党和国家的关心、照顾，秉持“乐观生活，常怀感恩，无私奉献”的宗旨，我积极参加校园志愿服务与社会公益活动，用奉献精神回馈社会，用志愿服务感恩国家。

疫情期间，我牢记党的教诲，响应共青团中央的号召，我向村委会主任主动请缨，协助当地干部进行疫情防控，为乡村防疫工作贡献青春力量（累计时长120个小时）。

参与2021杨凌农科城国际马拉松赛志愿服务，获评“优秀志愿者”。在2021年8—9月参与我校核酸检测志愿服务活动，2021年9月6日至8日参与迎接2021级新生志愿服务活动。同时，参加“2021年全国高校青年抗疫志愿”“中国脱贫攻坚青年志愿”“全国大学生青年文化宣传志愿”等活动。积极参加新集村爱心支教、渭河环保行志愿活动，充分体现奉献、友爱、互助、进步的志愿精神。

多次参加寒暑假社会实践活动，走出校门，接触社会，了解国情，理论与实践相结合，在增强社会责任感和使命感的同时提升个人能力。

尽职工作，认真负责

在学生工作中，我以“全心全意为同学服务”为宗旨，团结同学，认真工作。现任学院团委学生副书记，协调团委部门工作，督促学生干部落实各项制度，准确传达学校各项决定并督促落实，与学生会共同管理，统筹协调好学院的学生日常工作，并努力做好各项活动的策划。

大二学年，作为校学生会文体部工作人员，参与组织了新生合唱比赛、校园十佳歌手等大型校园文体活动，同时配合完成主席团分配的工作任务。发挥自身能力，协助其他部门完成工作。在服务他人中实现自我发展。

作为2020级助理班主任，在新生入学之际，积极引导新生以最短时间适应大学环境。利用自己亲身体验向新生介绍专业，促进新生间相互交流、融入集体。倾听新生心声，帮助新生走出迷茫，并解决入学遇到的困难。

古希腊作家伊索曾说，人不可因人生的名声与荣誉而成为盲目，因为所有得来的东西都是外物。一切的一切都要以从零开始的精神去开拓，树立更紧迫更高远的目标，而非满足于停滞和安于现状。

国家励志奖学金对我而言，不仅仅是一种荣誉，从某种意义上来说更是一种责任，它促使我学会高效学习，给予我继续前进的动力，更重要的是，它教我学会感恩、回报社会。作为新一代大学生，享受着党和国家的关心、照顾，我们更应拥护中国共产党的领导，在提高学习成绩的同时，加强思想道德建设，培养自己的社会实践能力、创新能力。站在新的起点上不断努力，全面提高综合素质，扎实学好专业知识，团结同学，乐于助人，虚心向他人学习，发挥学生干部的模范带头作用。

师长点评

潘祖彬同学勤奋刻苦，勤学善思，品学兼优，学习成绩名列前茅；性格温和坚毅，乐于助人，尊重师长，团结同学；积极参加志愿活动，在抗疫中表现突出。

葡萄酒学院副教授　孙翔宇

励志座右铭

我走得很慢，但我从不后退。

苔花如米小　也学牡丹开

——人文社会发展学院李信东

李信东，女，汉族，2003 年 3 月生，共青团员，人文社会发展学院社会学 2020 级学生。在校期间，曾获得国家励志奖学金、专业奖学金（2 次）、恒大奖学金，获校级“优秀大学生”“优秀共青团员”等荣誉称号。

求学之路

收到录取通知书的那天，我半是喜悦半是忧愁，喜的是家里十几年如一日的付出，和我没日没夜地努力学习终于收到了回报；忧的是学校离家远，一去一来便是一整天，不便宜的车费和长久的离家让我心中忧愁暗生。

我来自一个不同寻常的“三口之家”，家里只有我、外公和外婆，自我记事起，两位长辈便年近花甲，本该安享晚年的他们，却因为我的存在而不得不像年轻人一样早出晚归。18 年的光阴，足以让两位健步如飞的老人变得步履蹒跚。录取通知书的出现像一个征兆，象征着他们的衰落与苍老。外公的身体每况愈下，刚入秋，他就穿上了厚厚的棉外套，平时也只能坐在家里休息，严重的肺气肿让他喘不过气来，每走一步都像在爬坡，气喘吁吁，他撑着供我读书的身体还是垮了。临出发前，他用那干枯成树枝一样的手握着我的一双手，嘱咐我出门要照顾好自己，要好好学习，有什么需要花钱的只管给家里说。看着他那干瘦的脸庞和佝偻的身躯，我泪眼婆娑，不知道说什么好，只能强忍住悲伤，郑重地向他点头表示答应。

出发去学校的前一段时间，我不断地对比着各种交通工具的价格，终于在东方航空找到了最便宜的一张早晨 8 点的机票。它比一般的高铁票便宜 100 多元，尽管这意味着我凌晨 4 点就要起床，坐车赶往武汉的天河机场。

那天天还没亮，我便背起沉重的背包，怀揣满心的喜悦和期待，在夹杂着淡淡的不舍中，坐上了前来送我的亲戚的小汽车。一路上星光闪烁，跑了很长一段路，天边才缓缓露出了鱼肚白。看到这一抹霞光，我的内心瞬间喜悦起来，欢快起来，它似乎预示着我从此将走向更加宽广的道路。

走进飞机场，第一次取票，第一次过安检，第一次进候机场，第一次坐飞机……人生的许多第一次都给了西农，我像一只刚出巢的小燕子，跌跌撞撞地走进西农的大门，展望未来四年在这里绘一幅最美最亮丽的画卷。

走进大学，我知道今后自己的路该怎么走，所以每一天我都是坚定地沿着自己规划好的道路勇往直前地走着。大一第一学期，为了鞭策自己，我参加了学校组织的“早读班”，从早上6:50持续到7:30，而当时我们的课多是早上8:00才开始，这样我每天早起床，参加完早读班再去上课，一点儿都不耽误。

当同宿舍的同学还在沉睡的时候，我关掉闹钟，悄悄地下床，从安静的走廊里蹑手蹑脚地走出去，只怕影响大家的睡眠。入冬那段时间，早晨的西农寂静而寒冷，细小的雪花在空中飘荡，呼啸的寒风从四面八方向我袭来，裸露在外面的双手被冻得通红，全身上下只有口袋里刚买的包子是热的，但为了避免包子变凉，我只能边爬楼边吞咽，只怕在进教室前没吃完。

整整一学期，看着凌晨6:30校园里零星几个和我一样行色匆匆的人，我的内心时常涌上一股悲壮的情绪，有着伤感，有着失落，还夹杂淡淡的惆怅，但更多的是出征前的亢奋。看着他们和我一同前往教学楼，我瞬间感到一股暖流流遍全身，这是对我无形的鼓励，他们的存在像是在对我说，成长路上你并不孤单。

习惯早起之后，周末的我也会早早起床去图书馆，有时候图书馆还没开门，我就蹲在门外的小阶梯上，边背单词边默默等待。中午时我会将书包留在图书馆的储物柜，自己前往食堂点一份最普通的大锅饭，吃完后回宿舍休息一下，下午再接着去图书馆自习。如此这般，一来一往，既锻炼了身体，又调节了自己的作息，一张一弛，不至于像有些人一坐就是一整天。自习、上课，说枯燥也很枯燥，每天面对的只有书本和纸笔，没有逛街，没有游戏，没有电视剧。但有趣也是真有趣，大学的图书馆称得上是“海纳百川”，众多专业的书籍被陈列在古朴的书架上，往往一靠近就能嗅到时间沉淀下来的书香。大一时我最爱在自己专业之外的书柜旁浏览，时而走进经济的计算，时而沉溺历史的厚重，有时也会尝试农业科技的精妙……都说书籍是人类进步的阶梯，实际上它也是人类最好的伙伴。阅读书籍,就像是进入了不同的世界,我们可以透过文字,看到这个世界上更多的可能性和多样性。

以上就是我大学生活中最重要的一部分。进入大学之前,我也曾幻想自己会参加各种各样的活动和兴趣社团,课余时间自由自在四处游览。真正进入大学之后,却发现一个人生命中最重要的其实一直都是学习。离家前亲人不舍的眼光和期盼的话语一直萦绕在我脑海,每每感到身体疲惫、大脑懈怠之时,便会想起它们,想起自己一路走来的不容易,如此这般,便也不敢轻易去放松了。

志愿之行

虽然将主要的精力投入了学习,但我仍然抑制不住尝试课外活动的"诱惑",经过多方了解和询问后,我加入了校阳光团工委的项目部,在那里,我度过了一年的快乐时光。第一次进部门的我什么都不知道,什么都不会做,是部门的学长学姐尽心尽力地帮助我、指导我,手把手教我,在他们的关照下,我渐渐地熟悉了活动的举办流程,项目如何策划和展开,节目如何审核和安排……如果说课程学习让我丰富了知识、增长了见识,那么在阳光团工委的志愿者生活则让我有机会去帮助那些需要帮助的人,有机会奉献自己小小的爱心,尽可能地去温暖别人,就像一路走来,无数人温暖我那样。

让我记忆最深刻的是"善行100"的爱心义卖活动,那次活动是阳光团工委举办的最大的活动之一。周末的正午,阳光团工委工作人员和各学院支部的阳光团员,一同将捐给贫困山区儿童的各种物品收集到西雕广场上售卖,售卖所得将全部通过正规渠道捐给山区儿童。原本分配给我的任务是在场地上维持秩序,通俗点说就是四处转悠。这份任务并不累,甚至很轻松。尽管如此,当一个支部的团员向我求助时,我还是选择去承担一份更累更麻烦的任务——记账。整整两个小时,我站在摊位前积极地叫卖并收款,同时记录售卖所得。整个过程中我不敢懈怠,随着前来购买和询问价格的同学越来越多,我渐渐力不从心,恨不得长出三头六臂。恰逢最忙时刻,一位总部的同学看我这边人手不够,就很贴心地将他手里的工作暂托给另一位志愿者,自己赶过来帮我记录。当他接过我手里的账本,示意我口述他记录的时候,我的心里涌起一股暖流,那一天虽然身体疲惫,但我的内心却充满了力量。

在阳光团工委的那段时光是我最忙的日子,也是我收获最大、感觉最充实的日子，我将在那里学到的互帮互助、相互扶持的美德传播到我的班级、我的日常生活中。作为大家信任的组织委员，我及时将学校、学院的各项通知传达给大家，平日里会和团支书一起组织各项政治理论学习，营造班级浓厚的学习氛围，同学们学习意愿强烈，积极追求上进，从而打造一个团结、和谐的班集体。

诚朴勇毅

西农的校训只有简简单单的四个字，那就是“诚朴勇毅”，但简单的校训背后却有着丰富的内涵，诚者，信也，为人处世，须以诚为本；朴者，质也，博学经世，需以朴修身；勇者，气也，创新创业，需以勇求成；毅者，力也，任重道远，需以毅建功。对照这简单的四个字，我时常反省自己：在日常生活中有没有严格按照校训去指导自己；在学习上是否保持了朴实的求学心态；在为人上有没有保持诚实的助人思想；在科学创新上是否保持敢想敢做的风格，并且能以超强的毅力做完做好。我坚信，这简单的四个字将指导我顺利地度过大学生涯，也必将成为我今后人生的座右铭，指引着我勇往直前。

师长点评

“古之立大事者，不惟有超世之才，亦必有坚忍不拔之志”。李信东同学学习认真刻苦，成绩优异，同时乐于助人，有着良好的品德。在此，我衷心地祝福她，希望她能继续克己勤奋，努力实现不凡之梦。并送上她一句话：若想成功就一刻都不能停止，进取，改变，方能创造未来。

人文社会发展学院讲师　张贯磊

励志座右铭

日日行，不怕千万里；常常做，不怕千万事。

心怀感恩　砥砺前行

——语言文化学院季冰洁

季冰洁，女，汉族，2000 年 6 月生，共青团员，语言文化学院英语专业 2018 级学生。曾连续两年获得国家励志奖学金，获得 2020 年“外研社杯”英语写作大赛校级三等奖，2019 年暑期“三下乡”所在团队获得校级二等奖，并被评为校级“社会实践先进个人”和“优秀共青团员”。

穷且益坚，用坚毅开拓前进之路

生活不只是眼前的苟且，还有诗和远方。但是跨不过眼前的苟且，就没有诗和远方。贫穷是亲近的阻力，它如影随形，从日常的点点滴滴，从爸爸一年回一次家的艰辛，从妈妈不舍却坚定地踏上务工大巴的眼神，从自小不得不穿的灰扑扑的二手衣服，从做不完的庄稼活，即使从未有人给我说起贫穷，我却深刻知道，这种难以摆脱的自卑就是贫穷。但是我也深知，贫穷更是前进的动力。

我深知贫穷带来的苦痛，所以我比别人更早地体会到了生活的艰辛，更容易增强应对生活中的挑战的信心和坚忍。我深知钱的来之不易，那是父母在火热的夏天、在寒冷的冬天，吃着最粗劣的饭菜，住着最简陋的工棚，用自己的辛劳和汗水一毛一分攒出来的，所以我特别珍惜他们宁愿自己受苦受累也要送我上大学的这份荣幸。我知道贫瘠的家庭背景已使我输在了人生的起跑线上，所以未来的路必须付出千倍万倍的辛苦，才能创造出属于自己、属于家庭的荣耀和辉煌。作为家中的长女，我没有其他选择，唯有好好学习，通过自己的努力在将来找到一份好工作，才能为父母减轻负担，摆脱这贫苦的生活，让全家过上幸福美满的生活。

所以，进入大学以后，我就时刻告诫自己：“能否改变自己的命运，不在于他人，全在于自身的努力。”所以当大一因不适应大学教育模式，完全听不懂课程内容时，我没有放弃，更没有自暴自弃，而是从基础入手，一点一点地抓，课前认真预习，课上仔细听讲，课后不忘复习；听懂的内容记下来，听不懂的就请教同学、老师。所幸的是我的努力没有白费，随着逐渐融入课堂讲解内容，我的成绩也得到了很大的提升。大学三年多时间里，我先后获得了 3 次专业奖学金，并获得了校“优秀共青团员”、系“三好学生”等荣誉称号。从大一上学期学积分 82 分到如今学积分 89 分，每一分的增加都凝聚着我的刻苦、努力。

当然，这只是我人生的一小部分，我仍有很多需要改善的地方，既然选择了远方，便只顾风雨兼程。我相信在未来的日子里，我将会继续努力，用更昂扬的姿态、坚毅的态度和坚定的信念迎接各种各样的挑战。

不忘初心，用奉献回报各方关爱

做事先做人，人不立，事不成，而懂得感恩就是为人必须有的品质之一。进入大学后，我先后两次获得国家励志奖学金，每年 2500 元的补助金额虽然不多，却能真真切切地减轻家庭的负担，同时也减轻了我的心理负担，让我能够更加专注地投入大学生活，更加轻松地去书写我的青春华章。同时国家的助学政策也可以让我申请到国家及社会各类奖学金（比如今年我申请了国家励志奖学金），这些钱对我的帮助之大远高于其本身的价值。

莎士比亚说过：“我们在接受帮助的时候，要记得传递善意、传递温暖。”因此，为了感谢国家、社会及学校对我们的支持，为了回报社会，我经常参与到各种志愿服务活动中，希望有更多的人能感受到这种爱和温暖。

在大一时，我加入了学院素质提升中心的社会实践部门，参与了农高会交通协管活动、九九重阳节福利院看望老人活动、雷锋月志愿活动等。另外，我也加入到西农青年志愿者协会，参与了支教活动等，同时作为宣传部的一名成员，我致力于志愿精神的宣传与传播。在大二时，我虽然已离开社会实践部，但仍积极参与到各类志愿活动中，像“九五志愿周”活动宣传、美化校园活动、公益助力跑、爱心助梦跑等志愿活动。下半学期因疫情在家中学习时，我还积极参与了各种线上活动，如“有爱就行”公益活动、“隔离病毒不隔绝爱”征文活动、“拒绝野味”征文活动等。大三时，我参与了环保宣传活动、福利院元旦会演等活动，大四刚开学，我参与到农高会的志愿服务活动中，并获得了参与方的夸赞。在参与这些活动的过程中，我不仅体会到了为社会做贡献、帮助别人的快乐，也收获了很多社会经验。比如在做宣传工作时，需要和很多人交流，促使我的人际交往能力得到提升。

除了这些公益活动，我还在日常生活中发挥志愿精神，用我的热情来帮助身边每一个需要帮助的同学。宿舍内,我与室友相亲相爱、互相帮助。当室友遇到麻烦心情不好时,我会开导她们,帮助她们克服困难。在班上,我与同学们相处愉快,一起学习,相互解答。当有人需要帮助时,我会尽我所能地提供帮助。在学校里,我会留意周边的环境,会将垃圾桶旁边的垃圾捡起来扔入垃圾桶内,为迷路的学弟学妹们指路等。

没有学校和国家的资助和关爱,我不可能成为现在的自己,不可能这么轻松地学习、生活,而现在,我想让更多的人感受到关爱,感受到生活的美好和善意。因为我相信,心怀感恩,才能不忘最初的自己。不忘初心,才能有始有终,迎来美好的明天。

整装待发,以更美好的自己迎接未来

大学,是人生中一个极为重要的阶段。在大学期间,我们正值青春年少、精力充沛、斗志昂扬,也恰逢一段高容错率的时期。能有这样一个锻炼自我的机会,我觉得是我的荣幸。西农是一个很好的平台,在这 3 年多的时光里,我认识了很多拥有不同思想的人,学到了不同专业的知识,得到了和以前完全不一样的见解,我的综合素质得到了大幅度的提高。这是我值得庆贺并骄傲的,但这并不是终点。

“路漫漫其修远兮,吾将上下而求索。”未来的道路还很长,在就业与继续教育的交叉路口,不论选择走向哪一条路,我都会在未来的日子里更加努力,以更加严格的标准来激励自己、鞭策自己,珍惜每一次完善自己的机会,将自己打磨成一个更好的人,为学校、社会和国家作出更大的贡献。

师长点评

季冰洁同学聪明好学,思想端正,尊敬师长,团结同学,乐于助人,性格乐观开朗,能吃苦耐劳,学习刻苦认真,一丝不苟,学习目标明确,积极参加各项集体活动,集体荣誉感极强,是一个德智体美劳全面发展的好学生。

语言文化学院副教授　侯雅丽

励志座右铭

胆欲大而心欲小,智欲圆而行欲方。

知行合一　奋勇向前

——资源环境学院朱兆容

朱兆容，女，汉族，2002 年 1 月生，共青团员，资源环境学院地理信息科学专业 2020 级学生。曾获国家励志奖学金、专业二等奖学金和“中行杯”啦啦操比赛二等奖。

热心奉献，追求进步

刚入大学，我便主动递交入党申请书，认真参与、完成入党领航和入党积极分子培训，参与线上线下的团课、党团活动，从思想和行动上向党组织靠拢。通过培养、引导，我对中国共产党无私奉献的精神有了更进一步的了解。入党是一个从思想上、行动上向党组织靠拢的过程，为了实现这一目标，大一学年我便加入了资源环境学院阳光团工委，成为其中一员之后，便想着如何能通过自己的劳动来帮助到他人，凭借于阳光团工委的爱心活动，我到杨凌周边的小村子去支教。虽说每次只有半天时间，但是每次去都会有不同的收获和感受。

另外，我还参与为爷爷奶奶们讲解糖尿病有关知识的社区爱心志愿活动。在和爷爷奶奶们交流时，他们非常热情，对于我们的讲解也非常认可，之后我们对他们的生活起居、饮食习惯做深入的了解。其中，他们中有不少是独自居住，子女在外，老人们嘴上虽说着不给孩子添乱，但眼神中满是难过，看到我们时是很开心的。或许那一刻他们就把我们当成了自己的孙子、孙女，又有谁不想老年时儿孙绕膝、日日欢声笑语呢？这次活动让我深思，家里的人时时想着在外的人，常回家看看，不应该只是一句话，而是要有实际行动。多和家里人聊天，打打视频，让爸妈看看自己的变化，切莫到“子欲养而亲不待”时才痛心疾首。

努力学习，完善自我

在大一期间我获得了国家励志奖学金、专业二等奖学金，并且通过了英语

四、六级考试。学习或许很乏味，但是在坚持之后，就会收获不一样的感觉。大一时，初入大学校门的我们都是在不断适应，学习方式的转变，独立的生活方式都是一大挑战，但是经过不断地摸索、试错，通过长期的认真学习、积累，查漏补缺，我成功地克服了学习上的很多困难，还顺利地通过了英语四级考试，收获了对我学习的第一份肯定——专业二等奖学金。经过了“千军万马过独木桥”的高考激烈竞争，进入大学后，很多人抱着“六十分万岁”的态度，放松了自己的学习，我却仍旧保持着认真学习的状态，努力做好每一件事情，并且也有了自己对未来的大致规划。我认为，朝着既定目标奋斗，会让自己更有动力，更有冲劲。

有了大一学年的铺垫，大二学年的学习可以说游刃有余，并且能够有侧重地选修一些自己感兴趣的课程。当然，我在兼顾学业的同时也积极参与了科创项目以及各种竞赛，在掌握了一定的专业知识和数理统计、线性代数等模型理论的基础上进行科创项目的开展，能够在发现问题和解决问题中提升自己的能力，拓宽视野，发散思维，增长专业知识，提升专业技能。在不断尝试中发现不足，从而完善自己。

认真踏实，乐观上进

到了大二，我主动竞选了班级组织委员。组委的主要任务就是负责组织班级政治理论的学习以及辅助班长、支书开展班级工作。在全班同学的努力下，我们班团支部获得了优秀政治理论学习团支部，这是对我工作的肯定，也是我不断为大家做好服务工作的动力。班委工作是一个使人的思想、能力多方面得到提升的重要途径，只有经得住考验，树立起踏踏实实做事的信念，才能将工作完成得漂亮。

另外，大二学年我还担任了学院啦啦操负责人，有了大一的活动经验以及学姐的帮助，我们的各项活动开展得都很顺利，虽说也有过困难、有过委屈，但是经过坚持、努力，最终我们收获了成功和喜悦。总结经验，我感到，人际关系、解决事情的能力以及认真踏实的态度是顺利完成这项工作非常重要的因素。通过这一职务的锻炼，使我各方面的能力得到了有效的提升。

未来的路还很长，也会很艰难，但我会仍旧保持乐观向上的态度，去努力学习，认真工作，快乐生活，将自己所掌握的专业知识应用到丰富多彩的生活实践中，为祖国繁荣、实现百年中国梦作出自己的贡献。

师长点评

朱兆容同学志存高远，锐意进取，自入学以来，即积极向党组织靠拢，学习不骄不躁，刻苦向上，生活热情主动，乐于助人；已获国家励志奖学金、通过英语四级考试，并积极参与各种社会实践活动，表现优异，是新时代优秀大学生的榜样。望今后再接再厉、再创佳绩！

资源环境学院教授　齐雁冰

励志座右铭

积土而为山，积水而为海。

脚踏实地　不忘初心

——葡萄酒学院刘格辛

刘格辛，女，汉族，2002年11月生，中共预备党员，葡萄酒学院葡萄与葡萄酒工程专业2020级学生。大学期间曾获国家励志奖学金、专业一等奖学金以及恒大奖助学金；获校数学建模竞赛一等奖、全国大学生数学建模竞赛省级一等奖；荣获"大学生军事训练标兵""大学生艺术团优秀队员""优秀共青团员""优秀大学生"与"优秀学生干部"荣誉称号；参与国家级科创项目1项，主持寒假回访母校实践活动1项。

信念坚定，追求上进

作为一名共青团员，我始终拥护中国共产党的领导，积极参加政治理论学习，思想上要求进步，有着正确的人生观和价值观。在符合入党条件后第一时间递交了入党申请书，向党组织表明了自己入党的强烈愿望。平时，认真学习马克思列宁主义、毛泽东思想、邓小平理论、"三个代表"重要思想、科学发展观、习近平新时代中国特色社会主义思想的相关资料。通过与老师、同学交流、学习，我进一步端正了入党动机，通过了葡萄酒学院入党相关培训，积极为在思想上、理论上、行动上符合入党条件做准备。我现在已被发展为一名预备党员，我将永远牢记我的政治生日，不忘初心，坚信共产主义，坚定理想信念，将"全心全意为人民服务"铭记于心。

"单丝不成线，独木不成林。"我们从来不推崇个人主义，一个人优秀并不能代表什么，但一个人优秀并且能带领着整个集体共同进步才是真的有价值、有意义。作为班级的学习委员，我带领班级搞好学风建设，在学习方面起到模范带头作用，最终为我们班级取得"先进班集体"的荣誉称号贡献一份力量。我注重朋辈帮扶，积极响应学院"一对一帮扶"政策，对学业困难的同学进行辅导和帮助,如将复习笔记分享给他们,和同学们线上或线下一起探讨问题等。在帮助他人的过程中提升自己,实现合作共赢。

扎实学业,潜心科研

勤学苦练,方是根本。想要在学习上取得优异的成绩,需稳扎稳打、持之以恒。在大学生活里,我保持着高中的学习劲头,始终坚持将学习摆在第一位的原则,努力做到“今日事今日毕”。我积极投入到各门基础课和专业课的学习中,明确学习目标,端正学习态度,夯实基础。课前认真做准备,课上紧跟老师节奏,专心听讲,课后按时完成作业,积极与老师沟通交流。在学习成果方面,我取得了优异的成绩。大学四学期累计学分成绩 91.16 分,专业排名第二,获得专业一等奖学金,并且在大一期间就通过了英语四、六级考试,成绩均在 550 分以上。

大学的学习生活不应该仅限于学校开设的专业课程和基础课程,还应多注重课外知识拓展。课外我不仅阅读自己感兴趣的书籍,也会阅读与专业相关的文献,帮助自己更加了解所学专业,为以后科创和毕业论文做好准备。我也积极参加学科竞赛,努力提高个人素养。在 2022 年西北农林科技大学数学建模竞赛上获得一等奖,在 2022 全国大学生数学建模竞赛上获得省级一等奖。我相信,成功都是留给有准备的人,“一分耕耘,一分收获”。

新青年需要创新精神,如此才能在未来的发展中不断开天辟地。当初选择就读葡萄与葡萄酒工程专业时,我就已经想好将来走科研这一条路。在创新创业方面,我善于钻研,有着很大的潜力。我在大一期间已经参与国家级科创项目,研究课题为“酚类物质在模拟胃肠环境下的降解产物及途径”,目前已处于结题阶段。在科研实验中我已经认识了解质谱,并且能够处理其实验结果,基本实验仪器掌握得也越来越熟练,为今后的科研打下坚实的基础。

积极实践,提升自我

我曾带领团队回访母校,展示西农风采,讲述“西农故事”,效果显著。对我来说,此次活动提高了我的社会实践能力和表达能力,培养了我的合作意识,增强了自身归属感,增进了师生感情交流。此次活动让母校的师弟师妹们对自己有一个清晰的认识,明确自己的目标,激发他们的学习动力。我还传授给他们学习经验,缓解他们的学习压力。通过此次实践活动,我向我的母校宣传了西农,展示了西农风采。通过讲好“西农故事”,扩大了学校影响力和知名度,让母校学子感受到西农的魅力,了解西农精神,从而为西农吸引到优质生源作出自己的贡献。

作为阳光团工委的一员,我还参加了各种志愿活动,将爱心传递给他人。其中让我印象最为深刻的是中国扶贫基金会举办的“2020 善行 100 · 聚爱云端”劝募活动,我通过微信、QQ 等社交软件发布相关内容进行劝募,募集到一笔资金,成功资助了西吉县一名小朋友,让他在那个寒冬感受到陌生人传递的温暖。此项活动延续至今,走向国际,今年又有一名埃塞俄比亚小学的一名学生成功被捐助。也正是通过此次活动,我获得了由中国扶贫基金会颁发的“善行 100 优秀志愿者”称号。

大学生应德智体美劳全面发展,形成基本的美育素养,陶冶高尚的审美情操。我从小就喜欢唱歌,因为家庭经济原因,我没有受过专业的训练,只是出于平时的爱好。到了大学,我要感谢学校提供的资源,让我加入了大学生艺术团合唱团,受到专业老师指导,学习乐理知识与合唱技巧。在加入合唱团两年中,我积极参加训练,被评为“优秀队员”。合唱团代表学校参加陕西省“永远跟党走”青少年合唱展演活动,获省一等奖。在建团百年之际,我还参与了西农老师原创作品的录制。在合唱团的这两年,我毫不畏惧,勇敢地站在舞台上,全面展示了自己的才能,受到师生好评和观众喜爱。面对这样的成绩,我想,我完成了属于自己的一次蜕变。

一路走来,我从来不是一个人在战斗。父母、老师、同学都是支撑我前进的力量,让我不孤单,尽情追逐我的梦想。我是幸运的,享受着国家助学政策的红利,在求学路上无后顾之忧。我会一直怀着感恩的心,秉承华夏民族自强不息的宝贵精神,以顽强斗志、务实行动努力向社会、向国家做出回报。“脚踏实地,不忘初心”,我会牢牢记住这句话,在今后的人生中稳扎稳打,继续书写我绚丽多彩的人生!

师长点评

刘格辛同学追求上进，热心集体，乐于奉献，勤勉刻苦，目标明确，具有较强的学习能力和较高的科研潜质，是老师的好助手，是同学们的好榜样，是一名全面发展的优秀学生。

葡萄酒学院 2001 班班主任　王雅楠

励志座右铭

脚踏实地，不忘初心。

心在远方　行在脚下

——理学院徐毕力格

徐毕力格，男，蒙古族，2000 年 12 月生，共青团员，理学院光电信息科学与工程专业 2019 级学生。曾获得国家励志奖学金、大恒光电专业奖学金，获全国大学生物理实验竞赛优秀奖、陕西省优秀科普作品征集赛优秀奖，获得校级“优秀大学生”“优秀学生干部”“优秀共青团员”“社会实践先进个人”等荣誉称号，曾担任校团委组织部副部长、全国十四运网球赛事志愿者、杨凌农科城国际马拉松赛志愿者等。

志存高远，天道酬勤

“人生就像一盒巧克力，你永远不会知道你将会得到什么，要靠自己的心细细品味”。我出生于漠北的普通职员家庭，带着改变命运的梦想和家人的期待来到大学。虽然大学是一个开放的学习环境，但并不代表着可以放松。初入大学，我知道首要的任务是汲取知识、提升自我。当然，不论是采取什么样的学习方式，都需要以一丝不苟的态度来对待。作为一名理工科学生，善于总结规律是必备技能。所以对于每一门功课，我都坚持勤做笔记、反思方法、时常总结的习惯，逐渐养成勤于思考、善于思考、独立思考的习惯，进而找到适合自己、适合课程的学习方法，以提高学习效率。

受教育是一个辛苦的过程，是将知识整合，从无序到有序的“熵减”过程，而只有经历这样的蜕变，自己才会拥有更多的能量，走出温暖的舒适区，去看到更为真实的、立体的世界，而不是“洞穴中的影子”。此外，学习途径也不仅仅局限于一种，课外文献、网课等途径都可以拓展自己的知识面，丰富自身文化素养，建立完善的知识结构体系。“书山有路勤为径，学海无涯苦作舟”，虽然没有过人的天资，也没有富裕的背景，但是我笃信天道酬勤，只有这样才会让自己的大学生活不留遗憾，为自己的圆梦铺垫道路。

一滴水只有放进大海中才不会干涸，一个人只有将自己和集体的事业融合在一起的时候才会感觉到更有力量。心怀热情，自大一开始，我就一直担任学生干部，无论是班级内的科创委员还是校团委组织部的副部长，我都始终坚持以勤恳踏实的态度来对待工作，以微笑迎接挑战，以能力获得认同。

在近三年的学生干部工作中，我取得过成绩，也有过失误。从简单的文稿整理到团员档案制册，从举办日常升旗仪式到策划“五四”“九一八”主题团日活动，从组织团课活动到成立“四史”宣讲团，虽然很累，甚至会占用学习的时间，但是每次在老师和同学的信任与支持下，我总能重新获得坚持下去的信心和勇气。团委组织部团籍办公事务和丰富的团学教育活动让我在服务同学的同时，锻炼了自己统筹安排和组织管理的能力，自身的社交能力和交流技巧也得到了极大的提高。这些工作和实践经验，都将成为我终身受用的宝贵财富，也将成为我一生难忘的回忆。

仰望星空，脚踏实地

在《尼克·胡哲给自己的信》中有一段经典的话：“每一个优秀的人，都有一段沉默的时光。那一段时光，是付出了很多努力，忍受了很多孤独和寂寞，不抱怨，不诉苦，只有自己知道。而当日后说起时，连自己都能被感动的日子。”从大二始到大三结束，这段时间我经历了整个大学最忙碌的日子。专业课难度提升，大创项目开题，各类学科竞赛接踵而至，大三下学期时，还有考研准备、保研夏令营等各项事宜。

尤其是在大二的暑期，受疫情影响，许多活动未能按时进行，堆积在了同一时期。课程学习、大学生物理实验竞赛、第十四届运动会志愿者、暑期实习竟然被迫推迟到了同一时期。那半个月，我上午在网球中心担任球童，服务赛场；下午在机电工房实习，完成项目作业；夜晚在实验室做实验，搭建竞赛仪器，有时会忙到半夜甚至凌晨。物理实验竞赛中实验项目的多次失败更让自己和队友几度有了放弃的想法。每晚我都会仰望星空，看着无尽苍穹，便会感到自己经历的挫折和困难微不足道。“人生难得几回搏”，每当想到这里，心中总会油然而生一种脚踏实地、大不了从头再来的劲头。胸中那颗坚持的心，一直激励着自己不断地向前。虽然疲惫，但是只要心怀梦想、脚不停息，总会迎来美好的结局。

路修远兮，迈步而越

“路漫漫其修远兮”，在未来的生活中，还有更大的挑战，距离实现当年的梦想还有着遥远的距离。我深知，与其他优秀的同学相比，我所取得的成绩实在是微不足道。“雄关漫道真如铁，而今迈步从头越”，不论曾经取得怎样的荣誉和成绩，那只能说明过去，不能代表将来。掌声终究会消失，奋斗的脚步还要继续。古希腊作家伊索曾说过：“人不可因人生的名声与荣誉而成为盲目，因为所有得来的东西都是外物。”这些成绩的取得就好比圆形的跑道，既是终点，又是起点，胜利永远属于坚持不懈者。

站在新的起点上，我将会一如既往地努力，不断提高自己各方面的能力。以饱满的热情、积极的心态，以高度的责任心去对待每一件事。扎实学好专业知识，广泛涉猎，团结同学，乐于助人，虚心向同学学习，与老师多交流。百尺竿头，更进一步。

“非淡泊无以明志，非宁静无以致远……非学无以广才，非志无以成学。”未来我会带着“国家励志奖学金”这份沉甸甸的荣誉更加严格要求自己，因为我相信：只有不忘却当年的初心，坚定前行的脚步，才可以像圆规一样，圆满实现自己的青春梦想。

师长点评

徐毕力格同学，在学习上认真刻苦，勤奋努力；思想与时俱进、勇于争先，工作踏实尽责、甘于奉献；积极组织参与学校、学院的各类活动，认真负责，表现突出；做到了学习、工作两不误，综合素质全面发展。

理学院副教授　任文艺

励志座右铭

脚在走，心不变，梦可圆。

步履不停　安然前行

——经济管理学院陈琳榕

陈琳榕，女，汉族，2003 年 7 月生，共青团员，经济管理学院土地资源管理专业 2021 级学生。曾获得国家励志奖学金、专业二等奖学金、专业三等奖学金，2022 年获感恩中国近代科学家短视频大赛校内选拔赛一等奖、校建团百年声动梁尘配音活动二等奖、校田径运动会趣味组女子跳大绳项目第三名。

立场坚定　积极进取

在家人的影响下，中学时我就坚定了入党的信念，渴望能向党组织靠拢。进入大学后，我希望着自己能够进一步提高思想觉悟，积极进取，提高个人修养。我深知，思想是行动的先导，崇高的理想信念能够引领我们朝着光明和真理前行。

于是在入学后不久，我就向党组织递交了入党申请书，并按照党员标准严格要求自己的一言一行。为坚定自己报效祖国的理想信念，我认真参加积极分子培训班、团课培训班等，自觉遵守学院规章制度。学习文化知识之余关心时事政治，努力提升个人修养。现在，我已是一名光荣的入党积极分子，得到了组织的认可和接纳。

勤学求知　积极实践

我希望自己在大学期间能够像高三时那样继续努力学习，在此基础上利用机会积极参与各类实践活动，全面提高自己各方面的能力。基于此信念，入校以来我抓紧一分一秒的时间，努力学好各门专业课，即使是周末也不敢浪费时间，教室与图书馆是我常去的地方。除了抓紧时间外，我还不断总结学习经验，摸索出一套适合自己的学习方法。不管做什么事我都喜欢做好规划，并且严格按照时间节点落实到实际行动中。另外，在每天晚上我都要对当天进行复盘，以便时刻审视自己、督促自己。

每个月我都会对自己提一个要求，即这个月应该在哪方面有进步，下个月又应该在哪方面有进步，总是带着学习的目的进教室，从而使我的学习效率大大提高。我一直坚信，作为学生，首要任务就是学习，学习如逆水行舟，不进则退。只有不断学习、不断进步，才能走向明亮的远方。前路漫漫，慢慢来；把握当下，步履坚定，努力前行。这会是一个缓慢的过程，也许还会遇到艰难险阻，但在这个过程中一定会有不期而遇的温暖和生生不息的希望。一分耕耘，一分收获，经过大一这一年坚持不懈的努力，我有幸获得国家励志奖学金，专业成绩名列前茅，其间也参加了各种知识竞赛，成绩突出。

此外，我还参加了一项国家级创新创业训练项目，对我的科研能力方面提供了很大帮助。作为农林类高校学子，我深知不能脱离农村实际空学理论。利用暑期时间参加"三下乡"活动，深入农村与农户交流，切身体会、观察实际生产，利用所学专业知识解决生产实际问题，受到乡村群众欢迎。

乐观生活　热心服务

我希望自己成为一个有着乐观的心态，乐于助人，对生活充满爱心的人。父母的言传身教使我懂得"取之有度，用之有节，则常足"的道理，生活上我勤俭节约，绝不铺张浪费。我深知，万物生长，每一分倾注时光与汗水的劳动都不容辜负，而节俭正是尊重劳动的应有姿态。在过去的一年里我也养成了良好的生活习惯，生活充实而有条理。

身体是革命的本钱，所以在认真搞好学习的同时我坚持体育锻炼，保持每周 3 ~ 4 次的运动频率，并积极参加学院组织的春训、冬训以及新生越野赛、校运会等活动。在汗水中历练，书写别样青春。刚入学时偶然参加的一次爱心支教活动，点燃了我的志愿热情。穿上红马甲，我成为一名志愿者为学校核酸检测服务，为建设文明食堂服务，为山区孩子们捐书捐物，录制科普视频，参加"善行 100"爱心义卖……在帮助他人的过程中，我感悟到了互帮互助、助人自助的志愿精神，感受到了体现自己社会价值的快乐，这份快乐使我更愿意帮助他人、奉献爱心。

我向往自己能够更好地承担责任，学会为人处世的道理，结识志同道合的伙伴。在工作上认真负责，把握细节。作为学生处老师的助管，我积极配合老师工作，认真对待老师交予的每一项任务，学会思考如何更好地履行职责。同时作为院主持队的一名成员，我虚心学习，提高主持水平以及随机应变能力，以热心诚恳、乐观向上的工作态度认真完成每一项任务，完成学校及学院多场活动的主持。过去一年里，我工作、学习相兼顾，合理分配时间，恰当地处理了学习和工作的关系，不仅使我得到了锻炼和成长，也让我离自己设定的目标更近了一步。

师长点评

该生遵守学校各项制度，尊敬师长，学习上认真刻苦，生活上勤俭节约，思想上追求上进，工作上认真负责、积极主动，是老师的好帮手、同学的好榜样。

经济管理学院辅导员　常小文

励志座右铭

功不唐捐，玉汝于成。

脚踏实地　仰望星空

——创新实验学院曹逸寒

曹逸寒，男，汉族，2003年1月生，共青团员，创新实验学院农林经济管理专业2021级学生。曾获2022年国家励志奖学金、专业二等奖学金(2次)、西北农林科技大学第三届“诚朴杯”公共危机管理案例分析大赛优秀奖及西北农林科技大学2022年大学生暑期社会实践三等奖。

追求思想进步

自升入大学，我便以一名共产党员的标准严格要求自己，旗帜鲜明，立场坚定，坚决拥护中国共产党的领导。在思想上积极要求进步，树立了正确的人生观和价值观，入校后第一个学期我就向党组织递交了入党申请书。我平时认真学习马克思列宁主义、毛泽东思想、邓小平理论和“三个代表”重要思想、科学发展观及习近平新时代中国特色社会主义思想等相关资料，通过听党课、红色主题参观等方式，使我的思想有了理性上的上升，从而进一步端正了入党动机。通过学习，我进一步认识到，在新的历史时期，作为一名共产党员，无论是在思想上还是在行动上，都要做好为了党的事业奉献自己一切的准备。幸运的是，在大一下学期我被接纳成为一名入党积极分子，由此我感觉肩上的担子更重了，我积极认真地学习、践行习近平新时代中国特色社会主义思想，同时积极关注时政，紧密关注党的方针、政策，时刻牢记要保持自身先进性，在各方面都严格要求自己，在思想行动上为同学们树立一个良好的榜样，虚心求教，接受同学们的监督。

在这期间，我担任了班上的心理联络员。我始终恪尽职守，以积极的态度从自身的责任做起，努力为同学做好服务。首先是接受同学们的建议，完善自己的不足，端正自己的工作态度，改正自己的工作方式；其次是培养自己的组织能力和执行能力,协同班委和辅导员带领全班共同建设良好的学风班风,营造良好的学习氛围。对待自己分内的每一件事情、每一项班级工作都认真负责,积极落实自己的任务,热心为同学们服务,维护全班同学的利益。

学好专业知识

从进入大学起,我便一直把学习放在首位,始终坚持"今日事,今日毕"的原则,发挥学习的主体作用,积极投入到各门基础课和专业课的学习中,并为各门课程的学习设定了明确的学习目标:课前,认真预习;课上,认真听讲,积极与老师配合;课下,勤于思考,及时高质量地完成老师布置的各项作业。遇到难以解答的问题,便认真向老师和同学请教,或者直接在网络上查阅相关资料。在学好课本知识的同时,参加科技、人文、社科等方面的讲座,以提高自己的综合素质。同时,为了不影响学业成绩,我努力平衡好参加活动与专业学习之间的关系,不断磨炼自己的性格,努力提升自己的综合素质。由于各方面的突出表现,在大一学年我 2 次获得专业奖学金以及国家励志奖学金。

课外之余,我还先后参与了多项竞赛,如全国大学生英语竞赛、"神农杯"营销策划大赛、"诚朴杯"公共危机管理案例大赛、2022 年全国大学生数学建模大赛等,不仅享受了比赛的过程,接受了新的知识,还提升了自己的能力。

热心公益实践

作为一名大学生,要做到全面发展,社会实践必不可少,大一学年我参与了多个社会实践项目。

首先是大一学年寒假期间参加了寒假实践活动,深入家乡调研,在调研中了解当前中国农村的现状。这次实践活动,给我最大的收获就是自己对所学专业有了更进一步的认知和了解,这对今后专业课的学习起到了良好的示范效应和导向作用。

其次是在暑假期间参加了"三下乡"大学生暑期实践活动。在两个月的实践活动中,我们从搜集资料到成员间讨论,从初步结果整理到调研取得相应的数据和材料再到最后的成果形成,团队精诚合作,圆满地完成了各项任务,获得了"三下乡"暑期实践活动三等奖。通过参加实践活动,对这类项目的研究步骤和研究要点有了一定的认识,这为今后的实践打下了良好的基础。这次活动既对我的能力提升有所帮助，也让我对专业调研有了一个懵懂的印象。同时在实践活动中，我们组内成员间的合作也让我看到了团队的力量，成员之间的合作与互帮互助是实践任务圆满完成不可或缺的因素。

在参加实践活动之外，我还积极参与了一些志愿服务，在大一学年参与学校疫情防控活动，担任志愿者。此外，我还参与阳光团工委的爱心支教活动，去周边乡村辅导小朋友学习。

我性格开朗，为人随和。身为寝室一员，又是班干部，我带头做好宿舍的卫生工作，杜绝一切不良的生活作风，同时主动关心同学，帮助同学解决问题，是我应尽的责任。平时我善于和同学沟通，也乐于帮助同学，在生活中建立了很好的人际关系，获得了大家的尊重和支持。我有着积极向上的生活态度和广泛的兴趣爱好，经常参与一些社会活动，为学院和班级争得荣誉，同时在社会实践和团体协作方面积累了许多经验，形成了较好的组织管理理念。

师长点评

曹逸寒同学学习态度端正，大一学年专业成绩排名第三，获第三届“诚朴杯”公共危机管理案例分析大赛优秀奖、2022年大学生暑期社会实践三等奖等；为人谦虚随和、作风踏实，乐观向上、积极进取，获国家励志奖学金乃是对其最大的肯定。

经济管理学院副教授　马红玉

励志座右铭

每个优秀的人，都有一段沉默的时光。那段时光，是付出了很多努力，却得不到结果的日子，我们把它叫作扎根。

未来可期　静等花开

——园艺学院刘悦荣

刘悦荣，女，汉族，1999年8月生，共青团员，园艺学院园艺专业2017级学生。大学期间曾获国家励志奖学金、专业二等奖学金、“农一网”励志奖学金；获得西北农林科技大学第20期入党积极分子“优秀团员”、校级“优秀团员”、校级“三好学生”和校级“优秀团学干部”等荣誉称号；曾担任过杨凌农科城国际马拉松赛、中国农民丰收节等大型活动志愿者；参加过英语竞赛、“互联网+”、园艺加工品、第六届工业设计大赛等。

相　遇

说起我与西农的相遇，真像是上天赐予的缘分。2017年6月，我完成了人生中最盛大的一场考试——高考，那个时候，我觉得高考将主宰我的命运、决定我的未来，所以我为之努力了很久很久。然而，6月底的成绩公布像是一把铁锤，重重地砸在我的头上，美梦惊醒了！回想高中三年，学医一直是我坚定的目标，而成绩公布的那一刻，我瞬间石化了，难道我的努力全都白费了吗？难道我要与梦想失之交臂了吗？

591分，对于一个想进入名校学医的山东考生来说非常困难。但是性格倔强的我，不甘心去一些普通的医科大学，加上家长也不希望我出省读大学，所以我的学医梦被扼杀在了摇篮里。那段时间，我很迷茫，经常把自己锁在屋子里反省，甚至还想过复读。爸妈看到我这个样子也非常着急，后来他们找到了我的高三班主任和一个担任高三英语老师的亲戚，请他们帮我分析一下未来的方向。

我的班主任很了解我，那个英语老师也教过我一年，他们都不赞成我复读，因为谁也不能保证复读后就能得到自己想要的结果，而且“高四”的路并不好走，很多人都因为承受不住心理压力而中途放弃。慢慢地我接受了这个现实，重新振作起来并开始寻找适合自己的学校。一开始填报志愿时我根本没考虑过省外的大学，但是老师说省内的考生去省外说不定还能上个更好的大学，加上之前我颓废的时间爸妈也是看在眼里、疼在心里，所以在学校地域选择上他们也尊重我的意愿。

于是我用了很多天的时间，翻阅志愿书，用之前订购的志愿卡……无意间在网站上翻到了西农，那个时候山东省的提前批还没开始，而西农面向山东的提前批只有一个专业，抱着试一试的心态，我填报了提前批。但是，很不幸，我因6分之差错失了提前批的名额。这个时候，我又开始犹豫了，如果本科批首选西农的话，极有可能落榜，可是我又觉得既然都试过一次了为啥不坚持到底呢？这不是我的性格！最后我还是填报了西农，而园艺专业真的是我看着名字选的，当时只是以为这是个种种花草的简单专业，但是一年多的接触让我对园艺专业彻底改变了看法。

相　识

在进入园艺的大门之后，我依然很迷茫，但幸运的是我遇到了一群和蔼可亲的老师和热心的学长学姐。刚开学时马锋旺院长给我解答的问题，新生研讨课上程智慧老师对我们的教导，班主任和辅导员对我们的关注，以及日常生活中学长学姐的悉心引导，都给我以莫大的鼓励。于是，我开始尝试去认真了解这个地方、这个专业。

军训结束后，我成功当选了我们班的团支部书记，并一直担任到现在，其间我积极地与他人交往，参与各种有意义的活动。为了磨炼自己的意志、增强自己的责任心，我还参加了西北农林科技大学国旗护卫队，每天早上、晚上都接受着严苛的训练。通过不断努力，我通过了普通话、英语四级等等级考试，获得了校级“优秀团员”、校级“优秀团学干部”、校级“三好学生”以及西北农林科技大学第20期入党积极分子培训“优秀学员”等荣誉称号，先后荣获国家助学金、专业二等奖学金、“农一网”励志奖学金等奖助学金，在近期结束的园艺加工品学科竞赛中我所在的团队还有幸获得了一等奖。

相　爱

一年半的时间，说长不长，说短不短，我对这里已经不再是不解，而是深爱了。对这个专业的爱，让我对以后有了更坚定的想法。

我的本科生涯还有两年半的时间，我还要做更多我热爱的并且很有意义的事。在新生研讨课上我曾经介绍过我的人生规划，我这个人比较喜欢安逸的生活，可能会考虑读完研后读博，也可能就业，做一名教师，或者一名研究员，就像现在我们学院的公众号里推出了优秀学长学姐的专栏，里面的每一位学长学姐都是国家奖学金的获得者，而且每个人都有着骄人的成绩，出国留学的、保送名校的，他们都是值得我奋斗的榜样。我会在以后的日子里凭借对这里的爱，继续好好努力、好好生活。

恍然间在这里度过了一个春夏秋冬的我，欣赏了开学时的热闹，感受了考试周的紧张；嗅过了樱花路的芳香，看过了银杏路的落叶；得到了老师们的关爱，收获了同学们的友情。感受相遇，感恩相识，有幸相爱，未来的路还很长，我会好好地走，慢慢地走，诗意地感受那一路的芬芳。

未来可期，静等花开！

师长点评

刘悦荣同学以自己的亲身体会，讲述了她从高考选择志愿的迷茫，到相遇西农、相知西农，再到相爱园艺专业的过程。语言朴实无华，感情真切，是一篇传播正能量的励志短文。祝愿刘悦荣同学在这个温馨的园艺大家庭中快乐地成长，并早日实现自己的梦想！

园艺学院院长、教授　马锋旺

励志座右铭

既然选择了远方，便只顾风雨兼程！

千里之行　始于足下

——风景园林艺术学院马晓萱

马晓萱，女，汉族，1998年9月生，共青团员，风景园林艺术学院环境设计专业2017级学生。在校期间曾获得专业奖学金、国家励志奖学金、王同川励志奖学金，2019年获“互联网+”校级银奖和“梨归来”瓶标设计大赛金奖，2020年获“互联网+”校级银奖和“互联网+”省级金奖，获得第三届“憧憬美丽中国”艺术设计大赛暨第六届“金埔杯”国际城市景观设计大赛学生组金奖。积极参加暑期实践活动、回访母校活动、杨凌农科城国际马拉松赛志愿者、徐西湾支教活动。

坚定信念，勇往直前

记得之前看过的一档律政职场观察类真人秀，里面的人不论是导师还是实习生，个个都优秀，尤其是我拿他当偶像般的人——李浩源，他曾经在节目中说过，天赋是基础。天花板一样的东西，如果你不努力，那一辈子都将够不到天顶。这句话在我心中就像种子一样给暗暗地种下了，这是一直以来我为之奋斗的动力，我已经暗下决心，一定要好好提升自己的专业能力，不论在日常作业中，团队合作中，与老师的交流中，还是课后的学习中……虽然刚开始比较枯燥，也遇到不少困难，但是通过不断地寻找合适的方法，努力地去克服它，加之对“有志者事竟成”信念的坚信，相信足够的付出，一定会有回报，终于在期末的专业考试上收获了对自己艰辛付出的回报，获得了专业奖学金和国家励志奖学金，这让我兴奋不已，同时也更坚定了我进一步学好专业的信心和决心。

回想起刚刚过去大三的一整年，确实是既痛苦又兴奋。接连不断的课程和实训作业将人压得喘不过气，但那段高压状态下的日子，却也是自己进步最快的日子，当时只觉得时间太快、进度太慢，但现在回想起来，那一年过得充实且意义重大。在课程学习上一直以积极认真的态度对待，课余时间，积极拓宽自己的专业视野，事实证明，这对我做方案、构思设计、出效果图等非常有帮助。这让我进一步明白了享受努力的过程就是最大的收获，把一切献给现在，就是对未来最大的慷慨。

英语学习，我同样也没有松懈，课余时间抽出时间背单词、练口语等，为英语六级考试做充分的准备。我知道：学习必须持之以恒，成功永远不会降临到懒惰者身上。一个人如果没有实力，那就只能靠着别人的良善来苟活了，而这样的人能为社会做出什么样的贡献？所以，作为新时代一名有理想、有信念、有抱负、有意志的年轻人，我们只有不断努力、不断追求、不断奋进，才能在人生路上走出坚定的步子，才能为社会、为国家做出更大的贡献。所以我希望通过自己的努力，做这样的一个人。

戒骄戒躁，追求进步

思想上，我保持努力向上的态度，积极向党组织靠拢，一入学便递交了入党申请书。通过党校培训、政治学习，我了解了党发展、壮大的光辉历程，理解了中国共产党的伟大、光荣、正确，加深了对党的认识……从而让我明白了要想加入党，首先要从思想上入党，加强政治理论的知识积累，努力提高自己的思想道德修养。

尽管短暂的学习不能让我领悟到更深刻更有高度的理论知识，但是这一时间段的学习，让我的思想受到一次洗礼并得到升华，让我更加坚定了要早日加入党组织的信心和决心。我保证，在今后的岁月中，我必将坚持全面发展，不断完善自己，提高自己的思想，严格要求自己，认真清醒地审视自己，发现自己的不足，并且加以改进；提高自己的学习能力和思想道德修养，树立正确的观念，从点滴小事做起，不断完善自己，积极接受党的教育，争取早日成为一名真正的中国共产党党员。

丰富自己，提高素质

除了专业学习，综合素质对一个人未来的发展同样具有十分重要的作用，为此，在去年我积极参加了实践活动和技能项目。在“互联网＋”大赛中，与队友们积极讨论，头脑风暴，认真准备，团结协作以及与老师积极沟通，最终我们的项目“国际领先的彩色马铃薯——未来粮食之星”取得了省级金奖的成绩，

“瑞果——乡村振兴领跑者”项目也获得了校级银奖。

这是对我们所有人努力的一次肯定。初次参加就能取得这种成绩，这更加坚定了我今后从事科研工作的信心。2020 年我们还申请了国家级创新项目“植物要素在寺庙园林空间意境营造中的重要作用——以白水县仓颉庙为例”，目前该项目正在进行中。回顾这一年来的所作所为，可以说是有得也有失，但是每次的经历都为我在成长路上走得更坚实提供了丰富的经验，胜不骄、败不馁，不管结果如何，只要我们以平常心去对待，积极作为，大胆突破，相信未来我们一定能取得辉煌的成就。

热爱生活，充满希望

校园生活丰富而充实，作为大学生中的一员，我从来不把自己总关在寝室和教室里，因为我知道，只有一个全面发展的人才能适应这个社会，才能为人民、为国家做出应有的贡献。所以我不会把自己变成一个只知书本知识而不接触社会的人，于是我积极参加各方面的活动，如参加西安城墙马拉松跑步活动，迈出了自己的舒适圈，挑战自己；偶尔还会在周末和同学一起出去骑行至周至、太白山、宝鸡等地。在学院组织的支教活动中我也去徐西湾参加了支教活动，和小朋友们打成一片，帮助小朋友们学习。

“大鹏一日同风起，扶摇直上九万里。假令风歇时下来，犹能簸却沧溟水。”只有努力过，才有资格谈输赢，不论怎样，努力干下去，迷茫的未来会有惊喜在等着我们。愿大家以梦为马，所行皆坦途。

师长点评

马晓萱同学学习刻苦认真，追求上进，积极参与学校、院组织的各类活动，在思想和行动上能严格要求自己，积极向党组织靠拢。在生活中为人善良、乐于助人、团结同学。希在今后的学习、工作中能继续保持戒骄戒躁、虚心学习的态度，争取在未来的发展中有更加广阔的舞台。

风景园林艺术学院副教授　史承勇

励志座右铭

心有所向，终有所得。

以梦为马　不负韶华

——化学与药学院韦梦怡

韦梦怡，女，汉族，2002 年 2 月生，共青团员，化学与药学院应用化学专业 2019 级学生。曾获国家励志奖学金、专业一等奖学金（多次），校级“优秀共青团员”“优秀大学生”荣誉获得者，获“启航杯”辩论赛团体冠军、“耀武杯”辩论赛团体亚军，曾担任杨凌农科城国际马拉松赛志愿者、农高会交通协管志愿者，参与回访母校和“三下乡”实践活动。

天道酬勤，在未知中探索方向

刚步入大学的时候，相信每个人都会感觉到迷茫，突然从熟悉的家乡到了陌生的城市，从以前坚定地为了一个目标（高考）到现在面对五花八门的专业学习方向，没有了老师和家长日复一日地督促，没有了朋友知己在身边做伴，大学的一切都充满了新奇和未知。还记得最开始我对大学的上课方式特别不适应，老师一节课下来传授的知识抵得上高中一个星期学习的知识，截然不同的教学方式让我手足无措，从一开始就跟不上老师进度的我，在课后时间也不懂得如何去学习。循环往复，学习反而成了我最吃力的事情。未来的路究竟会走向何方，我感到憧憬但又无比迷茫，我究竟该做什么、该如何做、该从何处做起成了我无法回答的问题。

后来在老师的引导下，我对所学专业开始有了初步的认识，慢慢地随着课程的深入，我越来越感受到自然学科所散发出的魅力，在学长学姐的经验传授下，我开始逐渐找到了适合自己的学习方法，逐渐在迷茫中找寻到前进的方向：合理的规划是完成目标的前提。在全方位分析了本学期的课程之后，我制定了一套学习计划，在每日上课前我都会对当天的学习内容进行预习，在课堂上紧跟老师的讲解思路，努力做好学习笔记，课后利用闲暇时间大力拓展自己的思维，不断总结、归纳、整理知识体系，注重拓宽专业知识体系，优化专业知识结构，培养自己全方位思考的能力。在学习、生活稳步向前发展的同时，我的课余生活也丰富多彩，我顺利通过面试，进入了学院的新媒体部门，在这里我和很多优秀的学长学姐共同工作，从他们身上学到了很多技能，再加上新媒体自身的工作特点，使我认识了更多优秀的人，从而拓宽了眼界，提高了能力。通过上面的努力，大学这两年我的学习成绩一直名列前茅，多次获得的专业奖学金便是对我的付出最大的认可。

一心向党，积极向党组织靠拢

一个人最值得人敬重的就是他高尚的思想品德，作为当代大学生，我牢记习近平总书记对青年寄予的厚望："历史和现实都告诉我们，青年一代有理想、有担当，国家就有前途，民族就有希望，实现中华民族伟大复兴就有源源不断的强大力量。"热爱社会主义国家，积极拥护中国共产党的领导，努力向党组织靠拢，热爱国家，热爱人民，是我一直的愿望。

实际上，早在初中成为一名共青团员时，我就一直梦想着何时加入中国共产党，成为一名光荣的中国共产党党员。所以，在刚步入大学没有多久，我就递交了入党申请书，认真学习并且完成了入党领航教育培训，在2020年五四评优中被评为优秀共青团员。平时我认真坚持每周的政治理论学习和青年大学习，同时关注央视新闻和《人民日报》等了解国家政策、方针的指向，通过新闻报道学习国家有关思想道德建设的最新要求和形式，从而实现个人思想道德的不断进步和完善。

大三我成了班上的团支书，每周要组织同学们进行政治理论学习，督促同学们完成青年大学习，并且做好党支部建设和党员发展工作，同时随着毛泽东思想和中国特色社会主义理论体系概论课的开设，让我对党的宗旨、性质、组织有了更进一步的了解，从而更加坚定了我加入党组织的想法。今后，我将一如既往地不断提高自己的思想觉悟，树立良好的人生观和价值观，争取早日加入中国共产党。

志愿服务，将爱心传递给他人

在我求学的道路上，曾接受过社会各界的帮助，正是在他们的热心资助下，我才能一路向前，最终步入大学，所以从小我便怀有一颗感恩的心，热衷于志愿服务，进入大学终于让我有了更多的机会能够服务社会、帮助他人。在此，让我为学校为我们提供这样的平台表示衷心的感谢。

大一时我便注册了“志愿汇”，成为众多志愿者中的一员，在中国杨凌农业高新科技成果博览会召开之际，我踊跃报名并且通过面试，成为交通协管，维持当天的交通秩序。在杨凌农科城国际马拉松赛举办时，秉承为选手提供服务的宗旨，助力比赛顺利进行，我再次报名成为志愿者。在比赛开始前一天，我们在老师的带领下，提前到服务地点准备，当天我因为晕车造成了很大的生理不适，第二天又要凌晨4点起床，为比赛做好提前准备。虽然这个过程很曲折，但是当选手一个个从我身边经过，对我们的服务表示感谢时，我觉得一切都是值得的，我所付出的努力为这些选手提供了比赛的便捷，这在我人生中是一件极其有意义的事情。

当然，志愿服务也体现在生活中的每个细节中，为同学打开教室的门、关上教室的最后一盏灯、保持餐厅桌面整洁等，这些看起来不起眼的细节实际上为大家带来了更多的便捷。近期在陕西举办的第十四届全运会因为和课业冲突，我没能成为志愿者，心中甚是遗憾，但是志愿服务的这条路还在继续，在未来的日子里我会争取更多做志愿者的机会，为社会的发展做出力所能及的贡献。

在大学中，我度过了手忙脚乱的大一以及忙碌奔波的大二时光，现在我正在经历大三时光。回顾之前的点点滴滴，好像一幕幕就发生在昨天，这几年的磨砺加强了我对自身的认知、对社会的认知以及对未来的认知，虽然前方的道路依旧充满艰辛、充满未知，仍然需要探索，但是这两年的积累，给了我足够的信心和希望，也带给了我充足的动力，在未来的日子里，我会一路向前，成为自己想要成为的人。

师长点评

韦梦怡同学学习刻苦，成绩优异，多次获得奖学金和多项荣誉称号；在科研上能够认真、细心，实验操作规范，具有良好的科研发展潜力和追求卓越的创新精神；品行优良，尊敬师长，热爱集体，团结同学，有良好的工作能力和组织能力，富有团队意识和协作精神；热衷于志愿服务，是一名全方面发展的优秀大学生。

化学与药学院教授　帅琪

励志座右铭

既然选择了远方，便只顾风雨兼程。

把最美的年华留给最好的回忆

——信息工程学院田烨

田烨，男，汉族，1998 年 10 月生，中共预备党员，信息工程学院电子商务专业 2017 级学生。大学期间曾获得国家励志奖学金(2 次)及专业一等奖学金，以第二作者发表 SCI 论文一篇。荣获林业双创大赛全国总决赛优秀奖、三创赛省级二等奖、“互联网 +”校级金奖、“挑战杯”校级三等奖。连续两年获得校级“优秀团干部”“优秀学生干部”“三好学生”荣誉称号。参与创新项目国家级 1 项、创业项目校级 1 项，主持创业项目省级 1 项。参加多项社会实践，荣获“社会实践标兵”称号。

热爱学生工作，助人助己

我从小学起便担任班长等学生干部职务，责任心强，领导组织能力突出。团结同学，热心助人。进入大学以来一直追求上进，勤奋努力，不断提高个人的修养和能力。军训期间担任军训负责人，随后担任班长一职，大二期间又担任班主任助理。对于辅导员和学院安排的工作，我都积极配合，尽早尽力完成。平时学习、生活中常和老师、班委交流，一起推动班级各项工作的开展，推进优秀团组织的建设。所在班级先后两次获得过校级团组生优秀组织奖，个人连续两年受到校团委表彰，获得“优秀团干部”“优秀班干部”等称号。作为班助，我常和学弟学妹交流自己的心得，引导他们尽早度过大学的适应期，规划好自己的大学生活。

坚持兴趣爱好，提升综合素质

我曾在校团委科技创新部担任部委，同时又加入了大学生艺术团校主持队和信息工程学院玄威辩论队。

在校团委科创部工作期间，我先后参与策划并主持了 2017 年全校大学生创新创业论坛和创新创业成果展优秀作品汇报、2017 年创业结题答辩、2018 年创业立项答辩及林业双创周等十余项活动。工作认真踏实，与部门同学能够互帮互助，一起为校团委举办的各项科创活动的开展尽心尽力。

作为大学生艺术团校主持队的一名成员，我勤奋努力，积极主动、从未无故缺勤。曾参与多项学校文艺活动，受邀在多场报告会和文艺活动中担任主持人，连续两年主持学院的迎新晚会。在 2017 年校元旦晚会上合诵《梦想西农》，参与校级大型活动“为你读诗”的策划与筹备工作，并进入了 2018 年全校“金话筒”比赛复赛。在信息工程学院玄威辩论队期间，我和其他 3 位队友进入“苏相杯”总决赛并获得了冠军，我个人获得了总决赛全场最佳辩手，随后又被评为全程最佳辩手。当然，一个人的时间、精力有限，同时加入 3 个社团的我总是“东奔西走”，时间显得特别紧，但我总是尽最大的努力协调好时间，积极参加团队讨论与训练。在“含章杯”比赛中，我与辩论队团队代表学院一起进入了全校八强。

积极投身科创，提升专业技能

在校团委科创部工作时，我得到了很多与优秀的学长学姐交流、学习的机会。我积极参加了多项科技创新项目与学科竞赛，以提高自己的创新素养和团队协作能力。其中，在全国林业双创大赛中取得西北片区第 12 名，入围全国总决赛；在第九届全国大学生电子商务“创新、创意及创业”挑战赛中获得陕西省二等奖、校特等奖；在第五届中国“互联网 +”大学生创新创业大赛中获得校金奖；在“挑战杯”全国大学生课外学术科技作品竞赛中获得校三等奖；在学校第七届大学生创新创业论坛中获得三等奖。

大一期间，我和学长学姐一起参与校级创业项目，并顺利结题。大二跟信息工程学院康老师研究信息融合。我刻苦努力，常常主动和老师交流，遇到问题肯深入钻研。作为第二作者，公开发表了一篇题为“Derive knowledge of Z - number from the perspective of Dempster - Shafer evidence theory”的 SCI 论文。所在小组成功申请到了国家级大学生创新创业项目，研究 Z 数的生成算法来处理不确定信息。同时，我还主持了一项省级创业项目，主要方向为新型抗逆品种的楸树苗木一体化推广与服务。

积极参加社会实践，贡献自己的力量

在课业之余，我积极参与了很多社会实践活动，被评为“社会实践标兵”。2018 年 1 月我参加了回访母校社会实践活动并在陕西省凤翔县农业技术推广中心作为志愿者义务工作。作为志愿者我参加了杨凌农科城国际马拉松比赛，不怕辛苦，带领小组同学为运动员做好服务。作为队长，我带领 7 名队员前往陕西省眉县参加“三下乡”社会实践活动，获批经费 1 200 元，活动荣获校级三等奖；同时，作为队长，我还与同学完成了西北乡村振兴调研，获批经费 1 900 元，团队获得校级优秀队伍的表彰。在陕西省凤翔县大槐社村独立完成的“调研改革开放四十年来村容村貌的变化”获得思政课总评优秀。

师长点评

田烨同学追求进步，团结同学，热爱集体；学习努力刻苦，成绩优秀，在同学中能起到带头和模范作用；积极参加社会实践，发展个人兴趣，主动提升专业技能，是德智体美劳全面发展的大学生。

信息工程学院讲师　王淑珍

励志座右铭

但得今日当空尽，不负梧桐叶落情。

回顾我的大学

——植物保护学院贾聪慧

贾聪慧，女，汉族，1995年4月生，共青团员，植物保护学院植物保护专业2015级学生。曾获2次国家励志奖学金、1次大北农励志奖。2016年寒假参与“三下乡”之千村万户活动，所撰论文获三等奖；2016年分别获得“口才之星”、校级“三好学生”及“优秀学生干部”等荣誉称号；2016年还担任元旦晚会礼仪，连续三年参加杨凌农科城国际马拉松赛并顺利完赛。

实践磨炼，破茧成蝶

三年半的时间转瞬即逝，只剩下半年我们就要离开大学，告别本科生的身份了。此刻回忆我的大学生活，虽有曲折但也是收获满满。

回顾我的学习经历，我是高考考了两次才进入西北农林科技大学的，原先报的专业是工科，一心想着学电气自动化或者计算机，可最终我被调剂到了植物保护专业，那时候的我还未入学，还未深入了解，便计划着如何转专业。入了大学，我告诉自己要努力学习，把学习当作第三次高考。于是每天早早起来学习，晚上也是熄灯之后才停止学习，在寝室不怎么说话，课堂上更是认认真真……

回顾那时候的生活真的很充实，他人在享受刚入大学时的美好，赶着参加各种社团活动，参加各种组织比赛，我却一直在学习。第一年顺利通过英语四级、计算机二级考试，专业学习成绩排到班级第二，获得校级“三好学生”荣誉称号，同时第一次获得了国家励志奖学金。大学好好学习，一下子就带来这么可观的回报，这让我不得不重新审视我的专业、我的大学规划。晚上回到宿舍里，静静地躺在床上，像过电影一样把我踏入西农大门一年来的专业情况在大脑里过了一遍，忽然感觉我似乎喜欢上了这个专业，虽然目前我的专业成绩尚可，但隐隐约约感觉我只是学了个皮毛。想到这里，我觉得目前还不是我要放弃它的时候。于是在第二年年初我便彻底放弃了转专业的想法了。我觉得,农业专业在某些方面虽比不得工科专业好就业,但农业是基础,也是现在我国所亟需的,植物保护对于作物病虫害的防治研究关系到国计民生,农业稳,国家才能稳;国家稳,经济才能大发展。这样,我继续留在植物保护领域深入学习,便是自然而然的事情了。

保持初心,继续前行

在学好专业课的同时,我还比较关注校园活动,和院里的几个同学组队参加科创实验,一有空闲便去实验室,参加报告会,和同学参加各种文体活动。当然,由于没有处理好活动和专业课学习之间的时间关系,天真地以为上课溜号,或者经常出去玩耍、看小说不会有什么影响,结果大二这一年我的成绩在不知不觉中落后于他人,到了期末,成绩居然掉到了班级第十五名,这一年英语六级考试连续考了两次也没有过。一连串的打击让我猝不及防,我认识到不做好规划,合理安排时间,最终会一事无成。在入学之初我便定下了读研的决心,这样的成绩显然是达不成这个目标的。于是我逐一分析原因,最后得出结论:不是活动、实验、报告会影响了我,而是自己的态度,我完全可以把两者平衡好、都做好,但是我松懈了,没有始终把学习放在第一位,我没有尽自己最大的努力,所以才有了这样的结果。

大学那一年,我们远离了热闹的北校区,来到了静静的南校区,我回想起自己前两年,学习也好,做其他事也好,都已经过去了,如何规划这最后一年才是重中之重。为此,我重新规划了自己的学习。首先是必须学好专业课,这是我的立命之本。其次就是科创实验,绝对不能放弃,这是将来从事研究工作必不可少的内容,目前在和专业课学习时间有冲突,那就放在课余抽时间完成。因为有了这样的规划,所以也就有了对自我的约束,结果英语六级考试顺利通过,且再一次获得了国家励志奖学金。如今我已获得推免至本校读研资格,我感到自己很幸运,也很感谢自己艰辛的付出,我的座右铭是“越努力,越幸运”,每个人只有努力付出了,才能有获得回报的概率!今后我将会一如既往地努力学习,我相信,幸运将会伴随我的一生!

再接再厉,不负青春

回顾过往,谁不怀念自己的大学生活?谁不希望自己能够在大学中大放异彩？我一直希望自己不能只做一个平凡的人，而是要让自己活出精彩、散步光芒。曾经在大一大二，我在学院礼仪队，几次担任大型晚会礼仪，在学校礼仪风采大赛中获得团体二等奖；曾经去参加支教活动，组队前往周边村落帮助学生学习；曾经参加课前三分钟演讲比赛，认真准备，反复演练，最终获得“口才之星”荣誉称号；曾经参加“四院”运动会1 500米项目，获得第二名的成绩；曾经连续3年参加杨凌农科城国际马拉松赛并顺利完赛；曾经与同学一起申请科创项目，学习之余进入实验室培养自己的实验技能与科研思维，并在今年顺利结题等。自己参加的活动虽不多，但是每一项都认真参与，努力到底，其间收获到的感动、友情以及荣誉让人难以忘怀！大一时我利用自己的寒假时间参加学校组织的“三下乡”之千村万户活动，深入我的家乡调查农村现状，历时一个多月，通过填写调查问卷以及口头问答的形式获得论文素材，后来写的论文获得了三等奖，家乡存在的问题也受到了一定的关注。大二暑假我去往西安兼职，在美国科蒂思维学科英语做宣传员，通过给家长讲解科蒂不一样的英语学习方法让家长带着孩子体验课程并参加后续的课程规划。其间，我锻炼了与人交流的胆量，并跟着科蒂的老师学习了不少的英语知识。大三暑假去杨凌农一网平台做推广人员。农一网是一个独立地在网上销售农药农机的电商平台，在那里我通过与农民的交流，知道了很多病虫害的发生现状，通过向平台前辈学习，知道了针对某种或某类病害如何制定防治措施，这次的实习经历与我所学专业息息相关，因而使我受益良多。

在人才济济的大学校园中，我始终信守着“越努力，越幸运”的箴言。我始终提醒自己学习要刻苦，工作需努力，做人应踏实！而经历过大学里的点点滴滴，我相信我将来会继续努力，活成那个最美好的我。

师长点评

从对专业的不了解不喜欢，到逐步了解并且热爱，因为努力所以拥有，因为坚持所以成功。贾聪慧同学用实际行动展示了应该如何适应大学生活、充实大学生活、过好大学生活最终收获大学生活。

植物保护学院党委副书记　汪振明

励志座右铭

越努力，越幸运！

路要走好　风景也需看

——食品科学与工程学院韩昊月

韩昊月，女，汉族，1998年9月生，中共预备党员，食品科学与工程学院食品质量与安全专业2017级学生。曾3次获得国家励志奖学金。

脚下的路

前几天有大一的学妹找我聊天，诉说她的迷茫，无法平衡好学习、工作和娱乐，临近期末却整天没有目标，甚至不知道要做些什么。这些青涩的问题不也是三年前我所面临的吗？不知不觉我已经成为学姐，但初入大学时的懵懂迷茫现在还记忆犹新，于是我告诉学妹，如果不知道要做什么，那就学习吧。大一时我的学习并不是很好，第一次离开家的悲伤不舍，新环境的陌生无知以及各种课业、人际交往的压力交织在一起，让我很久缓不过劲来，我无法找到自己的平衡点，一度自暴自弃，整晚向父母哭诉。回想起那种悲伤的感觉如同压在心头的一块巨石，让我不自信又敏感。可这就是成长的代价呀！于我而言，大学生活中，学习真的是最简单纯粹的事情了，在一平方米暂时属于你的书桌上，摒弃所有想法，畅游知识的海洋，对知识点的掌握能抚平我心里的不安和焦虑，最终取得专业第一的好成绩，让我重拾了自信。所以，学习是我找到的第一个愉悦自己的方法。

实验室里的忙碌是我找到的另一件让我感到充实的事情。起初我的观念还停留于学生只要学好功课的观念上，然而在认识了众多优秀的学长学姐、从各个渠道了解做实验是促进专业学习和个人能力提升的重要手段之后，我“死心塌地”地迷上了实验。当然，初入实验室的我对着复杂的仪器充满茫然，在学长学姐的帮助下，通过和老师的交流、沟通，我学会了查阅文献、使用仪器，并找到了自己感兴趣的方向。实验使我的生活更加充实，在实验中我渐渐学会取舍：放弃不适合我的部门和社团；分清轻重缓急，按顺序完成计划。

三年多来，西农见证了我的成长，教会我清晰地规划自己的未来，教会我一步一个脚印走好自己的路。

手里的花

大学既是我们学习、成长的平台，也是我们了解社会、实现个人自我价值的平台。大学期间我最庆幸且自豪的事就是能够加入一些公益组织，去支农支教、敬老帮扶、社区劳动等，在将爱心和善意传递给别人的同时，自己收获了手留余香的快乐。

这其中，我印象最深刻的就是去敬老院给爷爷奶奶们包饺子的事。当时忙活一上午，将亲手包的饺子端给爷爷奶奶们的时候我突然间很激动，我想起了陪我长大的奶奶。而那天，正好是奶奶的生日。我躲到门外给奶奶打去电话，接通的那一瞬间，我又突然感到一阵心酸，当年奶奶为了供我上学，每天起早贪黑，偌大年纪，仍劳作在地里，如今我好不容易上了大学，每年奶奶的生日我却无法赶回，尤其是在奶奶生病手术的那一年，奶奶硬是让家里不要告诉我。想到这里，我已泪眼婆娑，可奶奶在电话里却说，敬老院的奶奶也是奶奶，你给他们包饺子，就是给我包饺子，谢谢你啦。放下电话，我转身再去给爷爷奶奶们添饺子，他们拉着我的手说，你也一起吃。我忽然想，我传递的这份爱心，也一定会以别的方式，传到更多的人的手里，包括我的亲人们。

2018 年国庆，我跟着学校野外生存考察协会重装穿越秦岭。第二天恰遇陕西徒步越野团队举办比赛，我没有跟随大多数人去看风景，而是主动当起了补给站的志愿者。选手们虽筋疲力尽但仍在坚持，带伤也不放弃的精神让我感动。医护小姐姐一遍又一遍地跟我说谢谢，这让我下山的路都变得轻快起来。

我不知道自己能为祖国、为社会、为别人做些什么，但是我一直在做着为祖国、为社会、为别人做些什么的准备。也许，上面的点点滴滴就是我能做的吧！

心中的光

大学里，积极向党组织靠拢是包括我在内的每个人的追求。我的姑父是一名光荣的共产党员，他的正直善良、工作认真、信念坚定、一心向党的高尚品德在我的心中留下了深刻的印象。受他的影响，我想要加入到这些人的行列中，全心全意为人民服务。我知道共产党人的心中都有一束光，指引他们成为更好的人，让他们甘愿燃烧自己，奉献给伟大梦想。我也愿在信念的指引下，实现自己的这一愿望。

身边的人

成长路上虽跌跌撞撞,但好在永远都不是一个人在战斗。无论做什么事情,总有亲朋好友、同学、老师全身心地支持我,失败了有人安慰,成功了有人为我骄傲,上大学前不懂事,总是会伤害亲近的人,离开后才觉得后悔,突然间就明白了他们的不易。父母并不是什么都对,但是他们总是把最好的给我。在我迷茫的时候总是反反复复、一遍又一遍地开导我;遇到我有了情绪,总想发泄一下时,他们也永远是耐心地听我哭诉,然后告诉我他们是支持我前行的最坚强的后盾。

上了大学,身边总有倾囊相助、全身心教导教育我们的老师们,他们教给我们的不只是专业知识,还有适应这个社会的生存法则和人生态度。我的老师总是语重心长地对我们说:“我想教好你们,因为我想让你们知道,二十多岁的你们现在还在被很多人认真对待,我怕有一点点敷衍让你们觉得敷衍可以成为一种习惯。我不想你们只是学习知识,我想让你们找到自己努力的意义和人生方向。”

每当想到这里,我的内心就无法平静。在我成长的道路上不知遇到了多少这样的人、听过多少这样的话,现在我对学弟学妹的帮助,也就是把曾经赋予我的爱传递给大家,让大家也像我一样,有个幸福的成长环境。同学情、朋友情、师生情,亲爱的朋友们,让我们在爱的传递中共同谱写我们美好的明天。

让我们共同成长!

师长点评

韩昊月同学品行端正,尊师爱幼,受到师生广泛认可。在校期间,该生学习刻苦努力,取得了优异的成绩;思想端正,积极向党组织靠拢;积极参加各种学生工作、支农支教及志愿服务;是一名全面发展,品学兼优的学生。

食品科学与工程学院辅导员　康鹏

励志座右铭

路漫漫其修远兮,吾将上下而求索。

登峰造极境

——理学院贾亦雄

贾亦雄，男，汉族，1996 年 10 月生，中共预备党员，理学院信息与计算科学专业 2015 级学生。曾在大学期间获得专业一等奖学金和国家励志奖学金。2017 年获“高教社杯”全国大学生数学建模竞赛陕西赛区一等奖，2018 年获美国大学生数学建模竞赛 H 奖。曾获第九届全国大学生数学竞赛三等奖、创新创业论坛一等奖、第四届“互联网 +”大学生创新创业大赛省级铜奖等，校“社会实践标兵”“优秀团干部”等。

科研路上第一步

从进入大学以来我便踏踏实实地走着每一步。课余时间我参加了不少科研项目，不仅锻炼了自己的编写代码能力，还学会了把理论知识应用于实践当中。2017 年 5 月，我与 5 名同学组成小组，对“基于空 - 谱稀疏先验的高光谱图像复原”这一课题展开了研究。初次接触科研的我感到了这条路的艰难，看不懂的代码、理不清的模型，对于我的自信心可以说是一个不小的打击，在经过了一段时间后我开始与组员商量分工完成科创部分的学习。在我负责代码学习的这一段时间，绝对是我最开心最高兴的时候，整天与代码为伴，与组员讨论着需要改进的地方……最终，我们小组基于对现有的 LRTV 模型的改进，找到了更加合理的光谱先验和空间先验信息，从而提高了对高光谱图像的去噪效果。虽然在这其中我们失败过了很多次，但通过深入分析失败原因并及时调整实验代码和参数，最终在有限的时间内以优秀等级完成了课题。

当然，结题不是意味着项目彻底结束，我发现，还有一部分框架仍然可以做下去。因此在 2018 年 4 月，我们 5 人组队再次申请了国家级创新项目，继续研究名为“基于空 - 谱稀疏先验的高光谱图像超分辨重建”的课题。在经过研读相关 MRI 图像超分辨的文章后，我们对其数学模型的具体表示进行了分析，发现现有文章中很少有利用截断核范数进行图像超分辨的文章，因此我们通过利用截断核范数代替核范数的方法在 MATLAB 运行了这一过程，结果很好。对此，下一步我们打算使用小波框架代替空间先验信息部分再行验证。

在这一年多的科研经历中，我收获到了对于我来说最重要的能力——自我学习能力，一篇中文核心论文《基于截断核范数最小化和全变差正则化的高光谱遥感数据复原》发表在《中国图象图形学报》上，另外一篇《基于参考图像的改进窗口图像超分辨算法》在投稿中。

数学建模展风采

在进行课题研究的同时，我还多次参加了数学建模比赛。2017 年 5 月建模校赛开始前，小组对建模涉及的理论知识几乎是空白。作为队长，我进行了详细的进度规划和成员分工安排，组织成员积极自学相关理论，并克服了建模期间遇到的各种困难。最终大家迎难而上、齐心协力，获得了校赛三等奖。这次经历让我爱上了数学建模，在校赛结束后就开始组建 9 月份国赛的队伍，暑假里，我们团队的 3 个成员连家都没回，共同梳理学习建模所需要的知识，终于不负众望，我们拿到了国赛的省第一。

本来被推到国二的论文却因为我自己没有对模型进行灵敏度分析，导致这次我们只拿到了省一，这也使我暗暗下定决心一定要拿到最高的奖。随后我又参加了亚太赛，也取得了二等奖的成绩。在这期间，一次偶然的机会，我从官网上看到了美赛。美赛由于是在春节期间进行的，这给我组队带来了一定困难。经过了好长一段时间的寻觅，团队终于落实了。随着寒假到来，学校放假了，暖气也停放了。在这样的状况下，我们迎来了这次最高等级的比赛。由于美赛论文要求用英文书写，这使得我们在 4 天的比赛时间里整整熬了 2 个晚上将中文论文翻译成英文。最终在我们齐心协力不放弃的情况下拿到了 H 的成绩。通过参加以上这些建模比赛，深化了我对相关理论知识的理解，也使我学会了对自己课程学习时间的统筹安排。可以说，这一切都使我逐步建立起了自主性学习的能力。

当然，建模比赛也让我学习到了认真和刻苦，即使是没有接触过的领域，只要你愿意去做，愿意把自己放到那个位置上去，最终的结果，相信你一定会有所收获。

业余生活添光彩

作为一名优秀的大学生，我深刻地意识到除了专业课学习的高绩点外，还应注重实践能力的培养。2016 年 7 月，我作为队长与 9 名同学组成小队，对政府在黄河水资源保护及治理中的作用进行调研。在整个过程中，我组织并带领小组实施了预先制定的计划，从收集黄河水样品到检测污染程度，从发放问卷到汇总数据，我积极与团队每个成员沟通、协调。最终，我们的调研结果得到了当地政府部门的认可，材料被写成新闻稿后在校网上予以发布。

除此之外，作为一班之长，我经常和同学们一起组织参加一些户外活动，在自娱自乐中让班级有了更强的凝聚力。

生活经历的丰富多彩让我在面对困难的时候往往可以做出更有利的选择，这也是直到现在我被别人称作优秀的原因之一。

浓墨重彩的大学生活即将结束，新的研究生生活即将揭开我人生新的篇章。回望走过的路，一点一滴都是我生命中的宝贵积累和财富。在今后的研究生生活中我将脚踏实地、一步一个脚印地走下去，力争开创出属于我的一片天空！

师长点评

贯亦雄同学在学业上能严格要求自己，体现出新一代青年人“有抱负、敢担当”的朝气和风采！在该同学身上也体现了大学培养高素质创新型人才的工作理念。有理由相信，这样优秀的学子将来一定会成长为国家建设的栋梁之材。

理学院副教授　谢晓振

励志座右铭

翻过那座山，让世界听到我的故事。

心守一抹暖阳　静待一树花开

——水利与建筑工程学院韩瑞瑞

韩瑞瑞，女，汉族，2000 年 5 月生，中共党员，水利与建筑工程学院电气工程及其自动化专业 2018 级学生。现担任班级学习委员兼副班长。连续 3 次获得国家励志奖学金和专业一等奖学金；荣获第二届全国大学生农业水利创新设计大赛特等奖、全国机器人大赛二等奖、全国大学生数学竞赛国家级三等奖、美国大学生数学建模大赛 S 奖以及第六届“互联网 +”大学生创新创业大赛校级铜奖。获得校级“优秀三好学生”“优秀共青团干部”“大学生社会实践标兵”等荣誉称号。

长风破浪会有时，直挂云帆济沧海

从踏入大学大门开始，我从来没有停止过努力奋斗的脚步。上课认真听讲，课下充分利用空余时间到图书馆看书，以充实自己，开阔自己的视野和看问题的角度，让自己变成一个有想法、有内涵、知识渊博的人。三年以来以学分成绩 91.29 分稳居班级第一。我很清楚自己根本不是天赋型选手，一路走来靠的就是坚持不懈和不轻言放弃。经常会有学弟学妹们问我：“学姐，你是怎么在老师不划重点的情况下也能考高分的？”我回答说：“高分的秘诀就在于上课认真听讲，下课及时回顾反思。”的确就是这么简单。但我发现在大学里很少有人做到这简单的一点，所以作为一个大学生，我时时刻刻以高标准严格要求自己，做一个关心集体、关心社会、热爱祖国的新一代青年人，绝不能沉迷手机。

法国作家左拉曾说：“生活的全部意义在于无穷地探索尚未知道的东西，在于不断地增加更多的知识。”在大学三年的学习、生活里，除了努力地学习专业课以外，我还做了许多研究并取得了一些成果，如编写的上位机端程序获得软件著作权 1 项，以第一作者发表了 2 篇论文等。

我始终相信胜利是永远属于坚持不懈者的。雏鸟要搏击长空，就必须有振翅的勇敢；幼马要驰骋天涯，就必须有即使跌倒也要爬起的决心。不是每个人都生来具有这样的优秀品质，就像我一个再普通不过的人，但我总是走在努力的路上，而我之所以这么努力勤奋，就是因为我相信有一天，我可以长风破浪，到更远的地方，挂起那云帆，勇往直前。

雄关漫道真如铁，而今迈步从头越

当然，成功的道路上也许有艰难险阻在等着你。由于我的成绩处于边缘，所以一直在保研和考研中纠结，担心自己保研准备时间太长，万一到时候保不上，再去考研复习时间又太短，害怕自己到最后两者尽失。所以有近一个月的时间一直处在焦虑、担心、害怕之中。尤其是在今年夏天准备参加各大高校的夏令营时，整个暑假我都在学校做着准备，一边给老师发邮件，一边准备着面试材料。那个时候压力非常大，每天睡觉都是突然从梦中惊醒，有幸在网上看到有过同样经历的小伙伴分享了一段话，使我的心情一下子放松了许多。在这里我摘抄下来，与大家共勉：时光不语，静待花开。心平气和，淡泊流年。付出努力之后，顺其自然，不急不躁，要相信自己，然后心平气和、满怀耐心地去等待。

3 天只睡 10 个小时，不断调试机器人，最终在全国机器人大赛竞技类项目中获得全国二等奖；一个星期，每天风雨无阻在水建学院和南校区之间往返，最终获得了第二届全国大学生农业水利创新大赛全国特等奖。3 个月和老师不断地沟通、交流，最终完整地发表了 1 篇论文……这些都是我自己的亲身经历，虽然已经过去，但它们在我的心里已经刻上或浓或淡的印痕，永远无法抹掉。当然，这些结果也告诉我，只要努力了，结果一定不会太差。

心怀感恩，与爱同行

在大三学年结束时，我有幸获得了国家励志奖学金，诚挚地感谢老师和同学们给予我的支持和鼓励：是你们给了我继续努力下去的动力。这一份沉甸甸的充满爱的国家励志奖学金不但大大地减轻了我的家庭经济负担，也让我的生活与学习得到了物质保证，让我能够更加安心与专心地学习。这份激励，也让我更加懂得知恩图报，增强了我的社会责任感的同时，坚定了我报效祖国、服务社会的信念。

考上大学，爸爸一直叮嘱我“滴水之恩，当涌泉相报”。所以，国家励志奖学金缓解了我上学的困难,回报国家、回报社会就成了我要用一生去履行的诺言。曾经连续两年我参加了阳光团工委的志愿家教活动。每个周末,无论是刮风还是下雨,我都会坚持在周日骑行大约30分钟到夏家沟和姚东村去做家教。那里的孩子们大多是单亲家庭,不太重视学习,我给他们讲故事,激励他们好好学习,检查他们的作业,给他们讲解错题难题。2019年我被聘为该级班主任助理,负责为2019级新生提供入学一年来生活和学习上的帮助。在寒暑假,我会在当地孤儿院进行为期一周的社会实践活动,与他们同吃同住,教小孩子们学习。另外还积极报名参加了“世界水日”开幕仪式志愿者、杨凌农科城国际马拉松赛志愿者服务活动,等等。我一直希望自己能够身体力行地做一些事情,去帮助更多的人,我是这么想的,也是这么做的。

作为学生,我要珍惜时间,拼搏奋斗,励志成才,努力成为祖国未来合格的建设者与接班人,用自己的力量为祖国、为社会、为人民作出最大的贡献。成功学大师安东尼·罗宾指出:成功的第一步就是存有一颗感恩的心,时时对自己的现状心存感激,同时也要对别人为你所做的一切怀有敬意和感激之情。如果你接受别人的恩惠,不管是礼物、忠告或帮忙,而你也应该抽出时间,向对方表达谢意。我想,这句话也启迪我们“滴水之恩,涌泉相报”,启迪我们“只要人人都献出一点爱,世界将会变成美好的明天”。

心怀感恩,与爱同行。

师长点评

韩瑞瑞同学朴实大方、诚恳热情、自信自强、积极进取、勤奋好学的形象和品质给我留下了深刻印象。该生成绩优异,积极参与公益活动、大学生创新创业活动及学科竞赛,具有良好的探索精神和科研潜质,是一位德智体美劳全面发展的好学生。

水利与建筑工程学院副教授　谭亲跃

励志座右铭

竹杖芒鞋轻胜马,谁怕?一蓑烟雨任平生。

脚踏实地　走好每一步

——经济管理学院管金融

管金融，女，汉族，2001年2月生，中共预备党员，经济管理学院农林经济管理专业2018级学生。入学以来先后获得国家励志奖学金，专业一等、二等奖学金，全国大学生生命科学大赛(2021，创新创业类)国家级三等奖，第十一届三创赛校级一等奖，暑期大学生社会实践活动一等奖，第三届“神农杯”营销策划赛三等奖等，获得校级“优秀共青团员”“三好学生”“优秀学生干部”“社会实践先进个人”“优秀大学生”等荣誉称号，曾参与省级大学生创新创业项目和杨凌农科城国际马拉松赛志愿服务活动。

踏实勤奋，走好每一步

大学生活与以往的初高中生活有着很大的区别，我们不仅进入了新的学习阶段，更是进入新的人生阶段，在学习专业知识的同时，更重要的是通过大学学习开阔视野，让自己快速地成长起来。在这个过程中，我始终坚信，只要努力认真，踏踏实实做好每一件事、走好每一步路，最终我们一定会取得丰硕的回报。

于是，大一时，在专业知识学习上，我一直以积极、认真的态度，上课认真听讲，课后积极复习，周末时间经常到图书馆学习或看书。同时，还担任了班上的学习委员，为同学发放每日课表、收发作业，帮助同学们解决学习中出现的一些问题。大一学年结束时，我的专业课成绩在班级排第一名，工作也得到了老师和同学们的肯定。大三学年结束时，我的学习成绩专业排名第四、绩点3.87，成功被推免到本校攻读硕士研究生。

当然，大学不只是知识学习，它还为我们的成长提供了众多的平台，让我们尽快成长起来，这些平台包括：学院和学校经常举办的各种活动，专业实验室里各种各样的科学实验，全国、省市层面的各类竞赛、比赛，寒暑假的“三下乡”活动,农村支教活动,还有其他的社会实践活动等。经常参加这些活动,不仅可以结识朋友、增长才干,更主要的是能发掘我们的潜力,为未来的发展指明方向。所以,在大一时我便加入了校学习部的大家庭。在这里,我适应了检查同学们晚自习情况时站在讲台上点名时的手足无措,体验了辩论赛的紧张激烈程度,学会了辩论赛计时软件的使用,尝试了办公室值班的枯燥,也体会到了第一次穿正装执勤时的激动。虽然在学习部的工作只有短短的半年多时间,但是它让我成长了许多。我想,大学生活应当是丰富多彩的,而不断探索新事物,就是解锁其身份的新征途。所以,大一的暑假,我积极申请并成功通过面试,成为2019级新生的一名班主任助理,协助班主任组织班级的迎新、军训、班会等活动。大二我又担起一名学姐的责任,帮助学弟学妹们实现成长和蜕变,等等。当别人还在努力做好手边的事的时候,我却多了一份责任,也正是这样的责任,让我懂得了更多的道理,收获了更多的感悟。

除此之外,参加社会实践是大学生全面提升个人能力的重要途径。为此,我积极参与了学院和学校组织的各项活动。如大一寒假期间,我参与了回访母校和百村千户乡村振兴调研活动,积累了丰富的实践经验。参与学院冬、春季长跑训练,身体素质得到显著提升,也认识了许多优秀的同学,许多一起保研的优秀同学就是在那段时间结识的,那段共同挥洒汗水和共同收获荣誉的时光,是我大学生涯中十分珍贵的回忆。大二、大三,我参与了“三下乡”调研活动,深入秦岭,到佛坪县进行了为期一周的调研,对山村生活有了直观的感受。参与“神农杯”、“三创赛”、公共危机管理等比赛,在实践中不断提升自己的水平。当然,在任何一个团队中,我都是尽自己最大之力,带动其他队员共同做事,并且凡事尽量追求做到最好。我也十分珍惜大三暑假去杨凌耘上田园网络科技有限公司实习的机会,感受社会,磨炼自己的意志,锻炼吃苦耐劳的能力。在实习期间,我也学到了许多做人的道理和为人处世的原则。这样的生活经历让我的大学时代既充实又充满质感,同时也让我体味到生活的不易和父母的艰辛。

生活方面,我积极乐观,以饱满的热情迎接每一天的挑战。尊敬师长,团结同学,努力用自己积极向上的心态去影响周围的同学。我积极和同学交流沟通,与同学和睦相处。由于家庭经济情况一般,所以我一直保持着小时候养成的勤俭节约的习惯,学习、科研之余,就在学校就业指导中心担任学生助管,帮助老师整理学校学生信息和就业信息,既赚到了生活费,又积累了工作经验,也获得了许多新的友情。

未雨绸缪，确定前行目标

大一结束，在获得一定的荣誉和成绩之后，我确定了自己保研的目标。为了让这一目标能顺利实现，我把这一目标又分解成许多具体的小目标，然后针对每个小目标制订了严格的时间计划，要求自己在规定的时间范围内必须完成相应的任务。规划制订好后，我就开始了行动，并且坚持不懈。在这其中，我最大的感受就是大一时的勤奋努力仅仅只是按部就班完成任务的墨守成规逐渐被清晰而又坚定追求目标的积极主动所取代。至此，接下来的每一天都是充实且充满活力的。

对标“准免”要求，我在大二时参与了一项大学生创新创业项目，以提升自己的科研能力。寒假里，我作为核心队员，和队长一起撰写申报书。那段动不动就拼搏到深夜十二点的光景，是我整个大学生活中最难以忘记的，在我的学习生涯中也是最具有记忆价值的。

有目标，便只顾风雨兼程。其实现在回想起来，那些奋斗的日子是十分幸福的，那是我现在成果的奠基石。有了明确的目标，前进路上我们才会干劲十足。

时刻准备，不放弃机会

追求卓越的过程总是布满荆棘的。我们要面对许多困难，这其中难免会留下一些遗憾。但是，只要不到最后，永远不要轻言放弃，切记失败是为了日后的成功。曾记得，在入党过程中我经历了3次谈话，最后通过不断努力成为一名光荣的中共预备党员；在参与“神农杯”策划赛的过程中，我失败了2次，最后终于成功地站上了决赛的舞台；在大二学期，因为农业经济管理和发展经济学课程是全英文授课，受英语水平限制，整个大二学期经历了成绩不断下滑的窘迫。好在我始终没有放弃，所以，经历过那些坎坷，才有我今天面对困难时的从容不迫。

一个人，不管是谁，每进入一个新的阶段，如果没有引路人，都会或多或少经历一些迷茫，所以，唯有踏实、勤恳、努力，才会让我们永远立于不败之地。当然，我们还需谨记，迷茫之时，尽快寻找方向，确定自己的目标；确定之后，便只顾风雨兼程，向着目标不断靠近。度过了迷茫期，我们的内心便会更加丰盈。追求进步、追求卓越的过程不会一帆风顺，有失败不可怕，被失败打败才可怕，愈挫愈勇，不放弃，明天的太阳永远是我们艰苦奋斗最好的见证。就像我大一时，拼命学好功课，打好专业基础而获得了成绩和各种荣誉；大二大三确定了目标不断努力，受挫时坚持下来弥补不足，最终成功保研。回首过去，我想，做到踏实勤奋、走好每一步，未雨绸缪、确定前行目标，时刻准备、不放弃机会，最终一定会无愧于心。未来的路还很长，但不管会遇到怎样的困难、挑战，我都会继续保持初心，勤奋踏实，努力向上，做一个更好的自己。

师长点评

管金融同学勤奋踏实，能在参与课题组学习和就业指导中心服务工作的同时认真完成各项服务工作，更能在学习上不放松懈怠，积极进取，是同学们学习的楷模。祝愿该同学在今后的学习、生活、工作中都取得更大的成就。

经济管理学院教授　阮俊虎

励志座右铭

人生没有白走的路，走过的每一步都是人生最美好的记忆。

仰望星空　脚踏实地

——信息工程学院曹怡菲

曹怡菲，女，汉族，2001 年 6 月生，共青团员，信息工程学院计算机科学与技术专业 2019 级学生。曾获得国家励志奖学金、专业一等奖学金，荣获全国大学生数学建模竞赛陕西省一等奖、全国大学生数学竞赛陕西省二等奖、“互联网 +”大学生创新创业大赛校级铜奖、电子商务“三创赛”校级三等奖，参与国家级科创项目 1 项、省级科创项目 1 项并申请软著 2 项，积极参与校报记者团的各项活动并荣获“骨干记者”称号。

脚踏实地

仰望星空，脚踏实地。星空是一种愿望，而实地则是最能接近梦想的圣境；仰望是一种奢求，而脚踏则是把仰望用于行动的工具。所以，只有通过脚踏实地，才能够到达绚丽多彩的星空。

自拿到西农录取通知书的那一刻，我的大学征程已然启航。卸去了高中的紧张，大学给我的第一感觉就是轻松。但是，生命不止，奋斗不息。正值青春的我们，要把有限的生命投入到无限的奋斗中去。青春奋斗正当时，不负韶华不负己。把握当下，不负韶华，用奋斗书写无悔青春！回想起自己填报志愿时的初心与理想，我觉得还是要好好努力，踏踏实实地走好脚下的每一步，为实现自己的理想而不断奋斗。

大一的时候，我有幸结识了一些学长学姐，他们的大学历程令我非常敬佩，我立志要像他们一样，树立明确的目标，不断努力，争取成为一名优秀的软件工程师。可是我的家庭并不富裕，起初我害怕因为物质条件的限制而阻碍了自己梦想的实现。但在刚入学时，听闻国家有大学生贫困补助政策，所以在第一时间我就提交了申请材料，最后通过了审核。当我拿到国家补助金时，内心充满了感激。这笔钱可谓雪中送炭，它给我的家庭减轻了不少经济负担，也给我的求学之路给予了强有力的保障，让我可以没有后顾之忧地去读书，实现自己的梦想。我感受到了国家对我的关心，是真真切切为百姓的美好生活而着想的。父母在听到我拿到了国家的资助后，也非常地感动，再三叮嘱我要好好学习，不要辜负党和国家的期望，要努力成为一个对国家、对人民有用的人，长大后要报效祖国。我也立志，以后一定要将自己的青春融入祖国发展的浪潮中，用自己的青春和知识回报祖国母亲。

学会坚持

“穷且益坚，不坠青云之志”使陆游卧病荒村仍期盼着铁马冰河恢复中原，使勾践受尽屈辱仍卧薪尝胆成就霸业。《周易》有云：“天行健，君子以自强不息。地势坤，君子以厚德载物。”自古以来，凡有成就者，无不是靠着自强不息的奋斗精神来支撑。所以我并不自卑，我坚信，只要自信自强，就能克服困难，实现自己的梦想。

为此，在大一上学期我就制定了自己的人生规划，要努力学习专业课程，打好理论基础，争取通过大学英语四、六级考试。在我的努力下，最后这些目标都一一得到实现。当然，除了学习，我也参加了学校、学院组织的各项丰富多彩的活动，在丰富了我的生活的同时，也收获到了很多温暖。在开学初，我便申请加入校报记者团，最后顺利通过了面试。在记者团中，我结识了很多志同道合的朋友，和他们一起出去采访、撰写稿件，锻炼我的表达能力和写作能力。除此之外，为了将国家所给予的爱心和温暖传递下去，我积极参加院校阳光团工委举办的各种活动，前往社区支教、参与机房值日活动，在将温暖和爱心传递给别人的同时，我也更加自信、更加乐观。

大一下学期，由于疫情影响，我们只能在家上网课。虽然是网课，但我不敢有丝毫马虎，每天都准时收看网课。同时，我还联系了老师，申请加入科创组，并成功申报、加入了一项国家级科创项目。那段时间，每周我都会和老师线上视频，汇报我一周的学习成果。虽然很累，但我也学到了很多知识，收获了很多快乐。

疫情有所缓解后，我们在大二上学期重返校园进行学习。相比线上，线下的学习确实会更高效，和同学在一起也会更快乐。所以这一学期我过得非常充实，也非常快乐。我积极投身于科创，一有空就会和组员们一起交流、学习、做实验，这段时间让我成长了许多，让我深刻地体会到了什么叫科研精神——那是一种即使失败了一百次但还是不会放弃的精神。虽然在探索过程中我们的实验遇到了很多困难，也有多次的失败，但在大家的共同努力和坚持下，我们从失败中总结经验，渐渐探索出了一条正确的路，最后取得了比较好的实验效果，也成功申请了一项软著。当然，除了这些，我和校报的同学还一起参与了农高会的采访。我们精选材料、细构主题，将稿件反复修改，并发表在校新闻网和西部网上。在这一学期，我还获得了全国大学生数学竞赛陕西省二等奖，并顺利通过了大学英语六级考试。这些成绩，都成了我下个阶段继续不断努力的动力。

继续前行

大二下学期，在具备了科创的小小经验后，我和小伙伴着手申请一项省级科创项目，从而开启了一段全新的旅程。在总结了美赛和校赛都没有获奖的教训后，我和小伙伴们转战全国大学生数学建模竞赛，并一举斩获省级一等奖。与此同时，在收获"骨干记者"称号后还获得了专业一等奖学金。这些成绩的取得，离不开学校的培养，尤其是国家为我提供了学费资助，让我没有了后顾之忧。所以，加入中国共产党，成为她光荣的一分子，一直以来都是我的愿望，所以，学习党的理论知识，以党员的标准严格要求自己，积极参加学校党校开展的各种培训活动。最终在党的考验下我被确认为一名光荣的中国共产党党员发展对象。这是在我人生当中获得的最大成就，为此我将奋斗终身。

"成功的花，人们只惊羡她现时的明艳！然而当初她的芽儿，浸透了奋斗的泪泉，洒遍了牺牲的血雨。"虽然我收获了很多的成果，但这背后是无数的失败和艰辛的付出。我知道人的一生，不论是学习还是生活上，自然不可能一帆风顺，但与此同时我也深深地知道，只有时刻保持积极向上的态度，不断提醒自己不忘初心，才能坚定脚下的路，努力向前。大家只需记住，今后的人生，不管遇到什么困难，只要我们咬牙坚持，你就会发现曾经觉得无比困难的事情也不过如此。

师长点评

曹怡菲同学学习认真刻苦，勤奋严谨，专业知识掌握扎实、牢固，在各科的学习中都获得了优异的成绩；能积极参加各项竞赛和科创活动，具有较强的创新能力；生活中团结同学，尊敬师长，乐于助人；遵守校规校纪，积极参加各项班级和院校活动，是一名德智体美劳全面发展的优秀的当代大学生。

信息工程学院副教授　杨会君

励志座右铭

仰望星空，脚踏实地。

爱与盛开

——化学与药学院罗俊萌

罗俊萌，女，汉族，2000 年 5 月生，中共党员，西北农林科技大学化学与药学院化学生物学专业 2018 级学生。曾获国家励志奖学金、专业一等奖学金、全国生命科学竞赛特等奖，获得回访母校“先进个人”荣誉。积极参加各类文体活动，如舞蹈大赛、冬季越野赛及校运会等。

破土而出，向阳而生

我就读的小学位于小山村，那时每天的生活中只有与小伙伴玩耍和探索乡下无穷的乐趣，学习、命运、个人价值对于我来说完全没有概念。但家里人很重视我的学习，妈妈会时常监督我的作业完成情况，万事都以我的学习为重，只怪我不争气，学习情况不尽如人意。但是上了初中以后，我转到市里去读书，在那里没有了和我一起玩的小伙伴，有的只是宿舍、食堂和教室三点一线的生活，我开始慢慢学会如何靠自己安排第一次的住校生活，比如每月的花销、学习与娱乐的安排，学会如何调节自己的时间与别人的时间不冲突而能抢到洗澡时间、洗漱时间与吃饭时间。在市里念初中，我接触到的是一个完全不同的世界，我开始认识到自己的家庭情况有别于他人，对于学习有了新的认识，我知道每次考试的排名意味着什么。所以至此我便暗下决心，我想成为一个有用的人，一个可以让母亲骄傲的人。

于是，从上初中开始，我便努力学习，每一节课都认真去听讲，按时完成作业。然而让人郁闷的是，结果与理想还是有一定的差距，我在班里的排名还进不到靠前的位置，我意识到，我的努力可能还远远不够，所以在完成作业后我还会找课外题来做，每天都是第一个到教室、最后离开教室的那个人。经过两个学期的努力，我的成绩在班上终于可以排到前五了！我没有因为自己取得的进步而放松怠慢，周围人的赞叹和母亲的欣慰反而成为我越战越勇的动力。在初三阶段，因为中考的压力，我每天晚上都会学习到凌晨一两点，每天早上6:40起床，上课就像打了鸡血似的，一心想的都是老师说过的一句话：一分都可能决定你能不能上一个好的高中。中考成绩出来以后，除了数学，其他科的成绩都算是正常发挥，我考上了我们那里一个较好的高中。

高中的世界比初中的大多了，我开始接触到网课，从荧光屏上参与远端同学的课程，这让我深刻地意识到，除了身边的同学，还有很多同学正跟我一样努力学习，为将来做着准备。经过三年的努力，我终于考上了自己梦寐以求的大学，尽管过程很漫长，但是我乐在其中。在这里，我真诚地感谢每一个教过我的老师，没有他们的付出，怎么可能有现在的我。

扎根土地，含苞待放

进入大学后，眼花缭乱的大学生活让我有些紧张与不适，因为以前我的生活中只有学习。熬过一年后，我终于明白了上大学的真正意义：所谓大学，就是大范围的学习，不仅是书本知识，更有做人做事的道理；同时大学学习也是一个不断了解自己兴趣的过程，只有了解了自己的兴趣，你才能明白将来你能做些什么，该怎么做。在大学，这里有更多比你更优秀的人，他们总是会把自己的时间安排得井井有条，所以对于我们来说，能做的就是努力学习，全面提升自己的能力，四年后让自己不留遗憾，成为母亲眼中的骄傲，成为对社会有用的人。

大学的学习，与以前有很大的不同，没有人监督你，一切靠自觉，很多刚踏入大学的人还在抱怨这种学习方式效率不高的时候，我已经从中体会到与别人不一样的学习快乐，前人辛辛苦苦摸索出来的经验清清楚楚、明明白白地写在了纸上，我们要做的就是学习、体会他们的经验，在此基础上形成自己的知识结构。所以，学习就是这么简单的过程。当然，这个过程说是简单，其实也是一个漫长的过程，甚至是一个痛苦的过程，但更是一个充实而又幸福的过程。就像我，就享受了这个过程：在学习期间，我不仅获得了专业奖学金，还申请到了国家励志奖学金，这不仅是对我学习上的肯定，更是促进我不断前行的动力。

怀着一颗感恩的心，课余时间我积极参加各种志愿活动，奉献出自己的微薄之力来回报社会。积极参加各种文体活动，不仅能丰富自己的大学生活，还能让自己遇见更多更优秀的人来扩大我的视野，让自己向优秀更进一步。我也会为同学间的团结和睦做更多的事,真心实意为同学服务,努力提升自己的能力,帮助到更多的人。我还积极参加了社会公益活动,如支教活动、助农活动等,并努力做到尽善尽美。回到家乡,在回访母校的活动中,也将自己所学、学习方法分享给村子里的孩子们,给他们分享大学的故事,尽自己所能,让他们坚定为将来奋斗的信心和决心。参加了诸多的社会实践活动和公益活动后,我深深地感到,参加这些活动,在帮助他人获得幸福的同时也能从中发现自己的不足,从而及时改正和充实自己。我相信,这就是大学给予我们的最大财富。

现在,我已经被保研至武汉大学,这是以我三年大学生活辛勤付出的回报。在此,我要感谢党和国家,感谢学校和老师,也感谢曾经陪伴我一起走过大学三年的同学们,是你们的大力支持,才有了今天的我。我要再次诚挚地向你们道声"谢谢"。在此我也向你们保证,未来,我将继续勇往直前,取得更辉煌的成绩,以感谢一直以来大家的支持。

师长点评

罗俊萌同学积极上进,有着明确的学习目标且不断努力。在课余时间参与社会实践活动,为人诚实友善,与同学关系融洽;作为一班之长,工作积极、认真、负责;希望在今后的学习、生活、工作中能继续保持并发扬这些作风,兢兢业业,争取取得更大的成就。

化学与药学院副教授　张秀云

励志座右铭

学之广在于不倦,不倦在于固志。

志存高远　行循自然

——草业与草原学院郝洪剑

郝洪剑，女，汉族，2000 年 12 月生，共青团员，草业与草原学院草业科学专业。曾获国家励志奖学金、专业一等奖学金、专业三等奖学金；获“第五届全国大学生生命科学创新创业大赛”二等奖、第七届中国国际“互联网 +”大学生创新创业大赛陕西赛区银奖和铜奖；校级“优秀学生干部”，2021 杨凌农科城国际马拉松赛“优秀志愿者”。

立大志，心怀科学梦想、树立创新志向

在校学习期间，我心里始终牢记习近平总书记的重要讲话精神，努力成为一名堪当民族复兴重任的时代新人。我们青年是最具创造性的群体，要将国家的进步和发展作为时代指针，在技术创新、理论创新和实践创新上下功夫，习近平总书记曾对青年人提出殷切希望——“广大青年一定要勇于创新创造”，在大学期间，我积极参加了各项创新创业比赛，包括第五届全国大学生生命科学创新创业大赛、第十一届农高会创业设计大赛、第六届“i 创达人”科技创新创业大赛、第七届中国国际“互联网 +”大学生创新创业大赛、第十届中国创新创业大赛、现代农业产业技术创新赛等创新创业比赛，并在第五届全国大学生生命科学创新创业大赛中获得创业组全国二等奖、第七届中国国际“互联网 +”大学生创新创业大赛陕西赛区银奖和铜奖，主持了一项国家级的科创项目。

明大德，紧密结合道德养成与道德实践

人无德不立。止于至善，是我们中华民族始终不变的人格追求。“我们要建设的社会主义现代化强国，不仅要在物质上强，更要在精神上强。”这就需要我们新时代中国青年把正确的道德认知、自觉的道德养成、积极的道德实践紧

密结合起来，不断修身立德，打牢道德根基，让自己的人生道路走得更正、更远。在大学的学习生活中，我认真观看、学习了每一期“青年大学习”网上主题团课，每一次主题团课我都会认真地记下团课的主要内容。其中，令我印象最深的一次是学习习近平总书记的“七一”重要讲话精神，习近平总书记在庆祝中国共产党成立100周年大会的重要讲话中庄严宣告：“经过全党全国各族人民持续奋斗，我们实现了第一个百年奋斗目标，在中华大地上全面建成了小康社会，历史性地解决了绝对贫困问题，正在意气风发向着全面建成社会主义现代化强国的第二个百年奋斗目标迈进。”还记得我在初中政治课本上读到“到2020年全面建成小康社会”的时候，感觉2020年距离我们很遥远，对全面建成小康社会的含义也不是很理解，可在那次主题团课后，回看身边的人和事，我逐渐明白了“全面建成小康社会”的含义。

我们的生活已经发生了翻天覆地的变化，从我父母小时候对“楼上楼下，电灯电话”的期望，到现在全球互联，也不过40年的时间，在中国共产党的领导下，我们的生活越来越好，人民幸福指数也越来越高。在这样的社会大背景下，渴望亲身去体会我们伟大祖国繁荣昌盛，就成了我迫切的愿望。于是，在学习之余，我积极参加了学校和学院阳光团工委组织的各项活动，参加了草业与草原学院的迎新志愿服务活动，作为2021杨凌农科城国际马拉松赛的志愿者获得了“优秀志愿者”的称号。在寒暑假，作为回访母校的领队，我组织队员进行了回访母校的活动，在展示西农学子风采的同时，也向学弟学妹们详细地介绍西北农林科技大学的专业实力和社会影响。另外，作为暑期“三下乡”教师专项的队长，在老师的指导下，与队员一起，利用试验测定、社会调查揭示流域退耕还林（草）工程的生态、社会和经济效益，并在此基础上开展流域农林景观配置模式优化，提出优化途径和具体措施，进而帮助解决黄土高原流域综合治理景观布局优化和可持续发展这一科学问题。

成大才，努力提高内在素质，锤炼过硬本领

当今时代，知识更新不断加快，社会分工日益细化，新技术、新模式、新业态层出不穷。这既为我们施展才华、竞展风采提供了广阔舞台，也对我们的能力素质提出了新的更高要求。我们理应珍惜韶华、不负青春，努力提高内在素质，锤炼过硬本领。在大学里，我学习马克思主义立场、观点和方法，努力掌握科学

文化知识和专业技能，为以后走上工作岗位奠定了良好的专业基础、思想品德修养和身体素质。上课我认真听讲，下课积极主动地找老师解决问题，与同学沟通交流。大二学年结束，学习成绩排名年级第十一，综测排名年级第五，获得了专业一等奖学金。在大学生活中，我从大一一名普通的纪检部成员到大二的纪检部负责人，再到大三成为草业与草原学院主席团成员、校学生委员会的委员，在工作中增长了才干、练就了本领，特别是我的组织领导能力、沟通交流能力、处理突发事件能力等提升很快，受到老师、同学的一致肯定。

我心怀感恩，积极回报社会。在学校，积极主动地帮助有困难的同学，为学习上有困难的同学主动提供帮助，及时了解周围同学的心声，与状态不好的同学主动沟通，帮助他们摆脱烦恼。在寒暑假，为当地社区提供志愿服务，展现西农学子风采与素质。

师长点评

郝洪剑同学尊敬师长，团结同学。思想上追求进步，积极向党组织靠拢；工作上认真负责，责任心强；学习上刻苦努力，勤奋好学；生活上勤俭节约，吃苦耐劳，是一名德智体美劳全面发展的优秀大学生。

草业与草原学院草业科学 1903 班班主任　张伟

励志座右铭

慎独自律，修己安人。

校长奖学金获得者代表

光荣榜

李昊旻	边培培	张英杰	安政旸
崔祥芸	姚明星	冯晓岚	宣　乐
胡　枭	孙紫嫣	任诗滢	向炜萱
纪奕伦	赵程亚菲	焦崇珊	邵闻睿
瞿子朔	潘　宇	肖程予	燕文杰
罗　睿	穆亚男	党彩虹	雷玉婷
高　远	王远卓	王昊骋	梁思远
施笑然	刘董杰	潘荆凯	施　超

校长奖学金

为激励广大学生勤奋学习、努力进取，在德智体美劳等方面得到全面发展，学校出资设立校长奖学金，用于奖励在校生中二年级以上（含二年级）本科学生和非在职研究生。

校长奖学金自2012年设立以来，每学年评选一次，实行等额评定，坚持公平、公开、公正、择优原则，每年奖励200名学生，其中本科生150名，研究生50名，奖励标准为每生每年5 000元，对获得校长奖学金者进行表彰奖励并颁发由校长签发的荣誉证书。

追求自由　创造精彩

——农学院李昊旻

李昊旻，男，汉族，共青团员，1998 年 11 月生，西北农林科技大学农学院农学类 2017 级学生，校长奖学金、专业一等奖学金获得者。

因为责任，所以坚持

2017 年 9 月，初入大学的我，对“农学”学科和“农学类”专业还懵懂无知，短短一学期过后，我发现农学具有其独特的魅力：它不是推理严谨的数学，不是探索宇宙、体味人生的哲理、思索生命的起源，不是点石成金的化学，不是格物致知的物理，而是一曲美妙生命的交响乐。这样的一门学科，我为之折服，并逐渐地爱上了它。于是在接下来的岁月里，我学习的热情一天天增强，以至于视生命科学研究为我未来一生的追求。

一旦确定了目标，就要全力以赴，为之奋斗终身。为此，我觉得首先要掌握好专业基础知识。其次是要注重方法，多思考，发挥学习主体的作用。为了达到这样的目标，必须合理安排时间，保质保量地完成各项工作任务。每天我都穿梭在学生会、足球队、宿舍、教室之间，如果时间安排不当，就会对各方面的工作造成很大的影响。在第一次“植物学”考试取得较好的成绩后，我对自己这样的安排充满了信心，下面要做好的就是继续把这些良好的习惯、合理的时间安排坚持下去，相信在今后的大学学习中一定会游刃有余。之后的一年中我先后获得了专业一等奖学金和校长奖学金，就是对这一安排最好的注脚。

因为热爱，所以快乐

我热爱生活、热爱运动，喜欢在阳光明媚的绿茵场上奔跑。为了一个奔跑的梦想我加入了农学院足球队。一周 6 次高强度的训练让我有了意外的收获，在带给我强壮的体魄和坚韧不拔的意志的同时，使我的精力更加充沛，让我在专业课学习上的效率大大提升。作为学院足球队的骨干队员，我和队友们密切配合，在2017年西北农林科技大学“东辉驾校”足球赛中，一路过关斩将获得了冠军。

“一花独放不是春，百花齐放春满园。”在个人成长的同时，我深深地体会到一个人的进步不算进步，只有大家共同成长才能迸发出巨大的力量。大二时，我担任大一新生班级协理员工作，我以一个学长的身份，尽个人最大所能，帮助学弟学妹尽快地适应大学的生活节奏。2017年参加学校创业计划大赛，我毫无保留将自己的相关知识、能力倾囊相授，让大家在不断地思想碰撞中产生最佳的方案。大二学年担任协理员工作，和学弟学妹们依旧保持着紧密的联系。作为一班之长也提高了我的沟通、组织、协调能力；加入了农学院新媒体后，结交了很多志同道合的朋友，我们一起为着一个共同的目标在努力、在拼搏。所以，生活在这样一个能充分展现自我的时代里，让我在追梦的日子里能够茁壮成长，我感到很欣慰。

因为信服，所以沉迷

社会实践对于加深专业的了解、规划合适的职业方向、为向职场过渡做准备、增强就业竞争优势等方面有着重要的意义。所以，在大一上学期，我便积极参加了农学院社会实践部举办的支教活动。支教如同一根火柴，虽然马上就熄灭了，但在那片土地上毕竟留下了光和热，这对于我来说已经足够了。

选择支教，虽然不知道对我的学习和生活会不会有影响，但我珍惜这来之不易的机会。回想起在孟寨村支教的那些日子，通过和孩子们的接触，我对教师职业有了更深的了解，孩子们的纯朴、天真让我感动，虽然我没有给他们留下些什么实实在在的东西，但这段经历值得我一生珍藏。选择支教，是我一生中最平实而精彩的一笔，它让我有机会去证明自己、考验自己、磨炼自己，所以我感谢学校为我们提供这样的机会。带着我的爱、热情与信念在孟寨村证明了自己、考验了自己、磨炼了自己！今后我将以此为起点，在有限的时间里，把支教带给我的财富化为无限的学习动力，不断充实自己、认识自己、反思自己，提高自身各方面的能力。

因为好奇所以探索

从来没有想过自己有一天会走进实验室参与科研工作,随着学校推出许多走进实验室的活动,我得到了这样一个机会。我非常清楚,一名优秀的大学生,除了具备扎实的专业基础,在科研创新方面也必须有自己的作为。

我始终坚信"越努力越自由"的人生信条,一年来的积累使我受益匪浅。在别人眼中我已经取得了一点成绩,但在我看来,这些远远不够。未来还在不断地向我发出挑战,我会继续努力拼搏,在追梦的旅程中踏踏实实地迈出每一步。我始终坚信,只要我们努力向前走一步,就会离我们的梦想更近一步。

师长点评

李昊旻,一个追求自由的小"犟驴子",对自己要求非常严格。热爱生活、热爱运动,积极投入到社会实践活动中,在科研的世界里不断探索,希望其在今后的学习和生活中"百尺竿头,更进一步"。

农学院党委副书记　吴清华

励志座右铭

做自由的思考者,努力追求自由。

青春亮剑　磨砺锋芒

——动物科技学院边培培

边培培，女，汉族，1997 年 2 月生，中共预备党员，动物科技学院动物科学专业 2015 级学生。在校期间，曾获得校长奖学金、华福证券奖学金、专业一等奖学金(2 次)、第三届全国大学生科学创新创业大赛二等奖(创新)等，曾获校级“优秀学生干部”“三好学生”“优秀团干部”等荣誉称号。

勤能补拙，锲而不舍

我一直坚信天道酬勤是真理，勤能补拙是良训。2015 年初入大学，我曾有过半年的迷茫期，这段时间我多次怀疑自己的能力，很快便清醒地认识到在学习方面自己并非天生强者，需以勤奋弥补不足。在此阶段，我常问自己想成为一名怎样的大学生，想要过一个怎样的大学生活。虽然自己不具备一听就懂、过目不忘的能力，唯一的路径就是勤奋了。勤能补拙，所以随后的日子里，无论是在自习室还是图书馆，总能看到我的身影。实际上，从小学到中学，我一直就是秉着勤奋、刻苦、虚心求教的态度来对待学习的，遇到不懂的问题，不耻下问，与老师、同学们多交流、多沟通，不断地总结学习经验和方法。为了提高学习效率，我一直要求自己必须做到“今日事今日毕”，绝不能把问题留在明天。到了大学，我也是这样踏踏实实地完成大学三年所有课程的。令人欣慰的是，每一学期我都取得了专业一等奖学金。

“不积跬步，无以至千里；不积小流，无以成江海；骐骥一跃，不能十步；驽马十驾，功在不舍。锲而舍之，朽木不折；锲而不舍，金石可镂。”正是因为自己一步一个脚印、锲而不舍、扎扎实实地学习、做人，才使我的三年大学生活没有荒废，才能让我取得一点点让人感到欣慰的成绩。

青年使命，国家富强

作为一名当代大学生，思想上我主动追求进步，一进入大学就递交了入党申请书，并于2018年成为一名中共预备党员。

我明白，作为当代的大学生，不能只是“两耳不闻窗外事，一心只读圣贤书”，因此，我关注国内外时事政治，不断加强自己的党性修养，始终以党员的标准严格要求自己，时刻发挥先锋模范作用。作为动物科技学院心理健康部部长，任职期间，我做事认真负责、勤勤恳恳，以部门为主导，积极联系校心理健康咨询中心，开展各项有利于广大同学心理健康发展的活动，引导大家关注心理健康，重视心理健康，从而减少心理危机事件的发生；积极转达同学们的心理诉求，帮助咨询中心开展活动，促进同学们的身心健康发展。作为动物科技学院学生会成员，协助学院开展元旦晚会、迎新晚会、毕业生晚会等活动。由于表现突出，先后被评为2016、2017年度“优秀学生干部”。

脚踏实地，心系远方

“只要人人都献出一点爱，世界将变成美好的人间。”看了电视剧《郭秀明》，郭秀明一心为公、舍己为民，带领村民建设新农村的精神深深地感动了我。作为一名农林院校的大学生，作为一名中国共产党的预备党员，无私奉献、乐于助人，特别是乐于助力新农村建设将是我的时代担当。因此，在2017年，当听说有支教活动的时候，我就毅然决然地报了名。在后来多次的支教活动中，在与小朋友们的亲切互动中，我体会到自己作为一个当代青年人所具有的价值，我们不是完全独立的个体，我们更是社会的一分子，理应力所能及地去为这个社会贡献一份光和热。积极参加爱心活动，在温暖别人的同时自己也收获了喜悦。所以，今后我将以先进为榜样，用自己的行动带动身边更多的人切实投身于公益活动。

大学阶段是人一生成长中最关键的阶段，只有紧紧把握住这个阶段，我们才能在自己的未来谱写优美的华章。不因顺境而喜悦、不顺而郁闷，我们唯一能做的就是脚踏实地地走好每一步，为未来的人生奠定良好的基础。当然，我的大学时光即将结束，所幸的是我还能继续留在西农开启我的研究生生涯。心存喜悦，希望我和西北农林科技大学一起走向更好的明天。尽管又是一次从头开始，我希望自己能够继续保持那份强烈的好奇心和探索欲，我相信，只要足够努力，自会看到不一样的结果。

未来的路还很长，我不会因为胆怯就停滞不前；相反地，多接触亟须自己探索的事，一定会积累很多成功的经验，也是目前提升我各方面能力最有效的方法。这片土地上优秀的人有太多太多，我知道自己不过是平凡尘埃中微不足道的一粒，但我希望可以因为我的拼搏努力让一颗埋在土壤里的种子开花、生长，并在来年可以摇曳在属于她的秋天里。

师长点评

边培培同学思想上追求上进，具有较高的政治素养，能够很好地做到先锋模范带头作用；学习上，认真刻苦，有很强的专业实践能力，成绩优异；工作上，作为班级生活委员，具有很好的服务意识，是师生间沟通的桥梁。在今后的学习、生活、工作中希能继续发扬成绩，作出更大的贡献。

动物科技学院副教授　王喜宏

励志座右铭

不积跬步，无以至千里；不积小流，无以成江海。

有梦就要去追

——生命科学学院张英杰

张英杰，男，汉族，1999年3月生，共青团员，生命科学学院生物类2017级学生。在校期间，曾获1次校长奖学金、2次专业一等奖学金，获得第二届全国大学生环保知识竞赛优秀奖、校级金秋合唱二等奖，2018年“阳光风采”大赛校级二等奖等荣誉，曾获第20期入党积极分子“优秀学员”的称号。还参加国家级科创项目、第四届“互联网+”大赛、校级辩论赛、校级腰鼓大赛、心理剧大赛、校运会趣味项目等活动。

学习无捷径

学习是一件持之以恒的事，没有什么捷径可走，所谓的考前突击是自欺欺人，是不可能取得优异成绩的。当然，大学和中学的学习方式是有所区别的。在大学，没有老师帮你安排好一切，叮嘱你不要松懈，完全要依靠自己的自觉性和自主性。古人云“业精于勤，荒于嬉”，所以学问乃勤中所得。学习要靠自己努力，自己能办的务必办到，不能只等老师教，不能抱怨老师教得不好，学习的主体是自己，自己要有自觉的学习行动，变“要我学”为“我要学”，充分发挥学习的主观能动性。

很多同学进入大学以后，积极参加了各种组织来锻炼自己。我在大一也是这样，先后参加了辩论队、主持队、网球队，参与过学校组织的演讲赛、辩论赛、心理剧大赛、阳光风采大赛、腰鼓比赛等，从这些比赛中获得了成长。那个时候，整日忙得不可开交。但即使如此，有一点我是必须坚持的，那就是再苦再累，也绝不能放下自己的学习，因为对我们学生来说学习是第一任务。

一直以来我的学习态度非常端正。我认为，学习是自己的事，是一个自觉、主动的一点一点发生变化的过程，多学一点，自己的知识就丰富一点，能力就提升一点，特别是当你把学习当成是生活中的一部分的时候，你就不需要用外在的条件去刺激了，因为学习已经变成你的内在需要了。当然，学习并不是为了去应付考试，如果只把自己大学四年的追求放在应付考试上，或者只求考试不挂科，那这样的标准就太低了，大学四年最终会空空如也，这自然是不合适的，所以学习的目的是让自己真正地掌握知识和提升自己的学习能力。尤其是专业基础课，这很大程度会影响未来的科研实验效果，学会了学习，学习就会无师自通。未来，学习将是一种能力。

学习质量是关键

时间不能决定你的学习质量，效率才是学习质量的保障。虽然有些同学天天泡在自习室或者图书馆里，却没学到多少知识。所以，那种死坐板凳的学习，或许只是在找一种心理安慰，或许是在浪费时间。既然付出了时间，就要让学习变得有价值，让自己在一定的时间内学到更多的知识。相比于自己耕耘，大家可能更容易接受拿来主义，久而久之，我们便逐渐变得浮躁起来。浮躁是学习之大忌，是需要克服的一种心理，一定要让自己的心静下来，沉入到学习中去，须知知识是需要慢慢积累的。有的同学从心底就对学习抱着一种懈怠、躲避的态度，那一切都是空谈。当你在意识中不断地告诉自己：学习要稳，要稳扎稳打，以此激发出自己的求知欲，慢慢地你就会从浮躁中脱离出来。在读书求知时，为了充分利用时间，可交叉阅读内容差别较大的不同书籍。在学习内容的安排上要注意各门学科交替进行，特别是文理交替。这样，既能缓解疲劳，又能开阔知识视野，从而延长连续阅读的时间，提高学习效率。

“凡事预则立，不预则废”。学习要有目标、有计划、要坚持，要根据自己的目标制定切实可行的具体计划，合理安排、利用时间，而不是一味地没有效率地学习。像我制定计划，一般都是根据课程表来安排时间，在上课的前几天我就会做好相关预习、复习的工作。人的记忆是有规律的，在学习新章节的时候，也要定期回顾之前的内容。同样，温故而知新，以前学过的专业课反复复习，可以促进对新知识的理解、记忆。最终，知识在大脑里就会形成体系，所以只要梳理清楚，你就会觉得学习不是那么困难。当然，计划也不是一成不变的，可根据具体情况做适当调整，在这其中，最重要的一点就是必须坚决地执行自己制定的计划。

这次获得校长奖学金，我内心很是感激。当然，不管是学校的、国家的奖励，还是老师的谆谆教诲，都会对我的学习起到极大的促进作用。这次奖学金的获得对于我自己来说，是对自己一年来学习的肯定。虽然我们同处于一所学校，我们的目标也各有差异，但有的人想要继续深造，有的人想要考硕、考博乃至更高的深造等；有的人想要在自己所学的专业中做出突出的成绩，使自己的专业化水平不断提高，在以后的工作中可以游刃有余；有的人致力于发展自己的人脉……然而大家都是一步一步地向前迈进，虽然前进的道路并非一帆风顺，但是我们都始终坚守着"既然选择了远方，便只顾风雨兼程"。

在今后的学习、生活中，我将继续努力用知识武装自己的头脑，树立远大志向，报效祖国和人民对我的培养。

师长点评

"勤学好问，踏实努力"的学生典型，"乐于助人，勇于超越自我"的励志榜样，"有理想，敢逐梦"的当代青年。我相信梦想会因你的努力而更加美丽。

生命科学学院辅导员　高英

励志座右铭

喜欢的事不重要，重要的事不喜欢，做好自己该做的，再做自己喜欢的。

仰望星空 脚踏实地

——创新实验学院安政旸

安政旸，男，汉族，1998 年 6 月生，共青团员，创新实验学院生物技术专业 2016 级学生。曾荣获国家奖学金(1 次)、校长奖学金、专业一等奖学金(3 次)，并 2 次被授予校级“三好学生”和“优秀学生干部”称号，还获得校级“优秀团干”“优秀团员”称号。

不忘初心，立志铸就中国梦

自 2016 年 9 月入学以来，大学的每一天对我来说都是崭新的，我用我的激情与热情让我的每一天都过得充实。谨记“诚朴勇毅”的校训，不论是对待自己的学习与科研，还是对待班级事务和学生工作，我都会用严谨、认真的态度，力求把事情做到最好，并不断提升自己的工作效率。我不忘当初对自己的要求，在大学生活中严格要求自己，脚踏实地，一步步向自己的目标奋斗。

我热爱祖国，热爱中国共产党，遵守校规校纪，不断提高自己的思想政治觉悟，为成为一名优秀的共青团员以及进一步成为一名合格的入党积极分子而努力奋斗！我认真学习马克思主义原理、毛泽东思想、邓小平理论、“三个代表”重要思想、科学发展观、习近平新时代中国特色社会主义思想，并在 2017 年 7 月跟随学院赴延安革命圣地参观学习，深切地感受到了老一辈无产阶级革命家用他们的一腔热血带领中华民族走向复兴之路的伟大历史进程。我深知，中国梦是国家的梦、民族的梦，也是每一个中华儿女的梦。

我热爱集体，团结同学，自 2016 年入学以来一直担任着创新实验学院生技 1602 班班长一职，维护班级荣誉，团结同学，积极开展班级活动和团组织生活是我的分内职责。我认为，一个班级就是一个集体、一个家庭，因此在促进良好的班风、学风形成的同时，我也十分注重培养大家的集体感和荣誉感。我一直保持着严谨、认真的工作作风，有着良好的组织能力与管理能力，在班级活动中能起到带头作用。

注重创新，工作学习两不误

大二学年，是我度过的最充实的一年。在这一年里，我各方面的能力都得到了提升，收获颇丰：文化课成绩突飞猛进；顺利当选优秀学生干部。

在担任1602班班长这两年间，我付出了很多，得到了同学们的认可，自己也变得更自信。我深知当班干部不容易，当一名优秀的班干部更不容易，它需要你付出很多，也需要承受更多的压力甚至委屈。但出于锻炼自身能力、为同学们服务的目的，我还是毅然地挑起了这副重担。我广泛地发动同学，积极开展班级活动，定期召开班会，组织开展强国教育学习，组织有趣的实践及娱乐活动。在我的带领和班委的共同努力下，我们班从一群单一的个体蜕变为团结友爱的大家庭。

除此之外，我在2017年6月至2018年6月还担任了创新实验学院学生会学习部部长。在与副部长的合作下，在部委们辛勤的努力下，我们认真完成每周的常规工作，参与组织了如英语话剧大赛等活动，培养了同学们对英语的学习兴趣和对中西方文化的认识。另外，我们还通过组织举办微动力——21天习惯养成计划等活动来调动大家对学习的兴趣，等等。当然，不管是从事什么工作，我都是秉着严谨、认真的态度去面对，不循规蹈矩，善于创新，建立起学院内良好的学习氛围。我的工作，在为同学们提供服务的同时，也锻炼了我自身的组织、领导能力，提高了自身的综合素质。

我深知进入大学的主要目的就是学习，只有努力学好各科知识，才能在今后的社会中立足，因此在繁重的工作当中，我丝毫没有降低自己对学习成绩的要求。大二学年我的学分成绩位于班级第二，综合测评成绩位居班级第一、年级第十。为在繁忙的工作中保持学习成绩稳步提升，我养成了良好的学习习惯，找到了适合自己的学习方法，并逐步提高自己的工作和学习效率。

2018年4月我成功申请到了国家级科创项目。在生命科学学院陶士珩教授实验室，在王澔师兄的指导下，我利用生物信息学的手段对根瘤菌进行比较基因组学的研究，利用构建二分网络的方法，试图从基因组中找出基因交流以及可能存在的进化事件。为了进一步提升自己的科研水平，在课余时间我还自学了 Python 和 R 两种编程语言，并且根据自己的兴趣学习了机器学习和神经网络有关的知识，为日后的数据分析和处理做了充分的准备。

全面发展，丰富多彩生活

大学时光不只有专业学习、学生工作，在课余时间我还积极参加了社会实践以及各种文体活动及比赛。

2018 年暑假，我赴青岛开展“三下乡”实践活动，就青岛市自“一带一路”倡议提出以来外向型经济的发展状况进行调研。首先我们对青岛市地理人文做了初步的了解，然后来到青岛啤酒博物馆、青岛市图书馆、上合峰会会址——奥帆中心等地参观学习，最后以文字、录像以及视频的形式全面展现了青岛经济发展的全貌。除了参加社会实践，2018 年校运会期间我还参加了团体项目，为学院争光。

丰富多彩的社会实践和文体活动让我从中受益匪浅，使我有了充沛的精力和放松的心情，有了更加丰富多彩的大学生活，学习上也获得了事半功倍的效果。我热爱生活，更热爱大学生活的每一天。

奋斗不止，创造美好未来

大学生活是人生旅途中最为精彩的一段，然而转瞬即逝，未来的路还很长。我们不能因为一次的失败而一蹶不振，更不会因为一次小小的成功或者荣誉而骄傲自满。大学时光虽短，但它赐予我们的精神力量却长盛不衰，时刻激励着我们前行。所以，未来我将会继续努力，以严谨、认真的态度对待学习，以负责的态度对待工作。

“生命不息，奋斗不止”是每个人都应有的生命状态。作为一名大学生，想要回报社会，为国家贡献一份自己的力量，就必须从具备良好的专业知识做起。我热爱生物技术专业，热爱生命科学，作为一名生物技术专业的大学生，我会更加努力地学习，未来投入到生物技术的科研事业中，追求卓越，全面发展，成为中国生物技术领域中的一名专业人员，为我国的科研发展贡献一份自己的力量。

师长点评

安政旸同学在本人实验室进行科创实验项目以及全程科研训练，能够合理地安排时间，主动地进行实验项目，对课题具有深入的理解。该生具有较强的学习和自学能力，能在课余时间补充实验所需的专业知识，具有很强的综合素质。

生命科学学院教授　陶士珩

励志座右铭

保持饥饿，保持愚蠢。

——史蒂夫·乔布斯

不问来路　只问归处

——园艺学院崔祥芸

崔祥芸,女,汉族,1999 年 4 月生,共青团员,园艺学院设施农业科学与工程专业 2017 级学生。曾获校长奖学金,两次获得专业二等奖学金,获园艺加工品大赛三等奖、第三届全国大学生生命科学竞赛省三等奖与全国优胜奖、科研成果“享·售”大赛优秀奖;2017—2019 年连续三年获校级啦啦操比赛第一名,曾担任杨凌农科城国际马拉松赛志愿者;大一学年获得校级“三好学生”荣誉称号。

优秀,是一种品质

进入大学后,我不断追问自己想成为一名怎样的大学生?想要一个怎样的大学生活?很快,我明确了自己的定位,自己不是学霸级的人物,唯有靠勤奋来弥补先天的不足了。所以,我一向秉持着勤奋、刻苦、虚心求教的态度来对待学习。坚持今日事今日毕,一步一个脚印,锲而不舍,筑牢专业知识基础,全面提升个人能力。

作为一名当代大学生,我牢记使命,思想上主动追求进步,在大二学年即递交了入党申请书,并于 2019 年成为发展对象。我始终以一个共产党员的标准严格要求自己,在平时的学习、工作、生活中时刻发挥模范带头作用。

作为生活在信息时代的当代大学生,我深刻地明白绝不能像古人那样“两耳不闻窗外事,一心只读圣贤书”,我们要把自己有限的生命投入到中国特色社会主义事业建设中。为此,要关心时事,学好本领。于是,从一进大学我就加入到宣传部,任副部长,同时担任了班上学委一职。宣传部的工作,在让我学习了相关理论知识的同时还锻炼了我的新闻写作能力,为我之后的学习、工作带来了极大的便利。

另外，我还参加了众多的社会实践活动，诸如科研成果销售大赛、“三下乡”社会实践活动、园艺加工品大赛等，开阔了专业视野，提升了专业素养。专业课学习、班级工作、社团工作，总让人感觉每天有忙不完的事情，总感觉时间不够用，但“不积跬步，无以至千里；不积小流，无以成江海”，学校、社会为我们提供了这么多的机会，我们怎么能让它们白白从身边溜走？所以，合理安排时间，把每项工作都做好，这是对我们能力的磨炼，因为优秀是一种习惯。

专业，是一种态度

对科研的无比热爱和对自然哲学的强烈好奇使我毫不犹豫地选择了科研之路。大二学年，我参加创新创业大赛，并主持了一项校级创新项目。由于该项目的开展需要通过实验来进行，所以进入实验室就成为必然的事情。有很多人对实验室不了解，或害怕，或想当然以为就是和中学做实验一样。其实，进入实验室开展项目研究完全不同于中学课程学习中的基础实验训练，不是实验室老师告诉实验步骤便能得到目标结果。刚踏入实验室那一年，我也遇到了不少的困难，每次实验的结果都是未知的，所以实验意味着有失败的可能。在我的这项实验开展过程当中，失败的次数要远远多于成功的次数。但是，也正是这无数次的失败，才使得最终的结果不断地向着理想状态靠近。所以，对待实验，正确的态度应该是“埋头苦干，坦然处之”。大三那年我参加了全国大学生生命科学竞赛，周末的时间都给了实验室和大棚。功夫不负有心人，我们的成果最终获得了省赛三等奖和全国优胜奖。每每回想起来，我们一起努力过的日日夜夜，便是我们对待专业态度的最好验证。

成长，是一种追求

课余时间，选择我们内心热爱的有意义的事情去做，将为我们的生活增添无限的乐趣。我喜欢舞蹈，参加舞蹈社团可以结识很多兴趣相投的朋友；我喜欢阅读，选闲暇时间找一处僻静的地方，写三五文字，诗意地抒发一下自己的情感；我喜欢设计，便努力地学着 PS、AI 等设计软件……很多兴致都源于一时喜欢，关键是你要坚持下来。做自己喜欢的事情吧，不管将来如何，只要我们都努力朝着那个方向前进就好。

犹记大一那年学姐邀请我加入院啦啦操队。此后三年，我与园艺啦啦操队便难舍难分。第一年我作为队员参赛，赢得了第一名的好成绩，这让我深深体会了“台上一分钟，台下十年功”这句话。2018 年，我作为啦啦操队长又继续为之效力。由于没有固定场地支持，一个半月的日日夜夜，从北校到南校，凡能训练的地方都能看到我们的身影。顶着晚秋的冷风和繁重的课业，总是在熄灯之后队员们才拖着疲惫的身体回到宿舍，每个动作都是精心修改的，一次次增加难度，挑战大家的极限，直到上场前也不敢懈怠一分一秒，努力地纠正自己的动作。终于，我们延续了历史，蝉联冠军。第三年，我把自己的经验倾囊相传，一有时间就去监督训练，帮助新队长编排舞蹈，力求完美。最终，我们拿下了极富意义的三连冠冠军奖杯。在啦啦操队日夜耕耘的经历让我明白，这不只是一场舞蹈，它是所有人为了同一个目标努力的见证，洒落的是隐忍的汗水与不知几何的血泪，它们把我们拧成一股绳，并使这些力量集中在一个点上，这种精神将会在很久之后仍深深地影响着我们每一个人。

正如泰戈尔所说的：“我踩到荆棘，才晓得它们不是花朵。”不问来路，只问归处。走不走不是路说了算，是看自己有没有决心。有目标的人就算摔得遍体鳞伤，依然会勇往直前。无论生活、学习，都要笑对改变，勇敢迎接挑战，努力守住心底的光芒。

师长点评

崔祥芸是一位积极向上、充满朝气的当代大学生的典型代表。作为科创导师，很是喜欢这个瘦高且神情笃定的年轻人，思路清晰，逻辑性强，项目实施中表现出了良好的科研素养。“宝剑锋从磨砺出”，祝她在人生道路上散发更多的光彩。

园艺学院教授　梁燕

励志座右铭

生命若开始知足，本身亦已经是一场浪费。

勤勉铺就青春底色

——动物科技学院姚明星

姚明星，女，汉族，1999 年 11 月生，共青团员，动物科技学院水产养殖学专业 2018 级学生。大学期间曾获得校长奖学金，参与寒假回访母校实践活动、暑期“三下乡”实践活动及“善行 100”慈善募捐活动等。

奇迹源自勤奋

有些人、有些事能称得上是人一辈子里的奇迹，奇迹般的命运扭转，奇迹般地于一个瞬间和未来搭了个肩，奇迹般地发现原来滴水真的可以穿石，笨鸟也可以先飞先到。

2018 年夏，一切都在按部就班地进行着：一如既往地做着卷子备战高考，一如既往地早起晚睡为了多做几道数学题来填充下心里的无底。大红的宣传标语纸把教室四周的墙裹得严严实实，红的字、黑的字和金黄的大字无时无刻不在提醒我们要奋力拼搏。这是为了什么呢？为了明天。明天是怎么样的？要你自己去发现。这年夏天，我参加了意义重大的高考。有回访母校交流经验的学长学姐说过：“高考，不是人生唯一的转折，却是最容易掌握在自己手里的转折。”还说：“高考的分数不是个热血的数字，它是冷的，多一分也不是干掉千人，而是多一个选择。”没有经历过的人永远不懂别人的苦口婆心，但我知道他们说得没错，因为核心都在自己，那是自己的现在和未来。于是当时的我为了一个证明和一个未来，脚踏实地准备执行那两个字“勤勉”，早上提前半个小时落座开始背诵知识点；不再机械地做题或者为了做题而做题，而是在多刷题的基础上加了个“问”，勤勉地“问”，懂得问了之后才发现自己的不足之处简直能装满一个大箩筐，于是我又勤勉地“跑”，渐渐地办公室的门不再是为了收发作业而敲开，而是为了探索和求知。这一切行为加上“勤勉”两个字仿佛都镀上了一层神圣的光辉，高考也是。

寒窗苦读十二载，高考之日显风采。勤勉的结果是不负众望，我被录取到了西北农林科技大学。高中的一切尘埃落定，2018 年那个夏天我对自己的以前说了声“再见”，便带着勤勉进入了大学校园。在有些人眼里，这是奇迹，奇迹地超过了班里耀眼的几颗“未来之星”，成为小县城里为数不多考上“985”的几个人；在朋友的眼里，这是顺其自然也是水到渠成，他们看到过我拿着课本在课间询问问题，也看到过我为了记忆而写在手心里小小的印记。勤勉从来不会一蹴而就，多的是积土成山，好在我的勤勉为我的高三画上了一个圆满的句点，也为我的大学补齐了分数落差。

2018 再看似奇迹花开，实则是勤勉则达。勤勉和谨慎带来好运，勤勉则是好运之母。

与未来搭了个肩

韩愈说：“读书勤乃有，不勤腹空虚。”高中时，我从班主任老师口中听到了西农，他说那是个学术氛围十分浓厚的校园，人人勤勉；那还是个朴素求真的校园，个个尽心尽力做学问，人人拼搏进取争潮头。现在回想起来，那个瞬间大概已经悄悄地预订了未来的“船票”，只等着某一天我提着大包小包以及父母的爱，拖着装满家里长辈期盼的行李箱，登上那驶往未来的船。于是生平第一次我踏上了陕西的土地，从此，黄土地上就多了个大学生姚明星，山东地界自此便没有了那个在高考中期盼凤凰涅槃的姚明星。一切都像是个奇迹，但我知道勤勉才是奇迹的推动力。

2018 年下半年，一投入大学生活，我那颗深受偶像剧影响的脑袋瓜就受到了极大的冲击，和高中相比，大学生活大概就是少了几套理综题多了部手机，少了些约束多了些自由，曾记得高中同学升入大学后纷纷感叹大学多了大把空闲时间却少了些充实感。但冥冥中班主任说过的那句话：“大学，才是真正大展身手的时候，抓住了大学三年胜过抓住高中三年”在耳边忽又响起，渐渐地，声音由小到大，最后似又振聋发聩。是啊，大学很大，大得让人空了脑袋也空了心。高考不是战役结束而是更大战役的开始，有的人从很早之前就在为自己的未来勾描蓝图,有的人觉得上了大学就能一劳永逸,有的人把勤勉丢到了脑后,有的人把勤勉刻入了骨子,于是有人在大学里依旧惊艳绝伦,有的人却频繁挂科。世界上最奇怪的人就是"有些人",有些人是一个群体的代名词,你我都是有些人,所以到底差在哪里了呢?差在了有无动力。进入大学我深知自己天赋平平,于是只能将勤勉时时背在书包里。幸运的是,同宿舍几个人也都是以勤勉加身,有的甚至尤甚于我,在这种背景下,八号教学楼就成了我们的大本营、主阵地,偶尔溜出去吃个饭放松放松,大多数时间我们都是坚守阵地,其中寻乐,乐在其中。

2019年,已然成了大学老生,学习模式以及很多学习"套路"早就在大一时摸透,但学问不是一摸就透的,它是需要探究的,时间可能是一辈子,所谓"活到老学到老。"所以,像我们这种资质平庸的人,要想有所建树,那还真得笨鸟先飞。和学院那些在科研上有高深造诣、成果显著的巨学鸿生相比,我们的差距还很大,所以唯有勤勉方能跟上他们的脚步,也唯有勤勉,才能为自己的未来多创造几个选项。自古以来有建树的人,都离不开一个"苦"字,懒汉的头脑是魔鬼的工厂,勤奋的人才有机会拥抱光明。比我勤奋的人在西农校园数不胜数,我曾在天蒙蒙亮的时候看见宿舍楼下有人背着书包朝八号教学楼默默前行,他们不仅用脚步丈量着宿舍楼到教学楼的距离,也用脚步丈量着未来的辉煌。我曾在日记本里写过"永远有人比我起得早",我知道教学楼什么时候关门,可我不知道还有多少人即使关门也还在埋头苦学;我见过夜里的西农,也见过傍晚的考研自习室,小小的一方桌摆满了书,有人煮个泡面午晚餐就草率了事,有人甚至将自己的"小窝"也搬到了那里,他们在为自己的未来寻找可能性,也是在为自己的大学生活增加厚度。我会感叹学习辛苦,也会感恩学习辛苦,老师说:"等你们真正毕了业,不从事科研,这些知识可能大部分在生活中都用不到,我们得到的是这些经历,是拼命努力为了做一件事的经历和记忆"。的确如此,谁会为了买几斤白菜用洛必达法则,可是那段充满洛必达法则的高数卷子里,有着我们的付出,这些都是人生的宝藏。他们和我们——那些勤勉的人,都值得拥有更灿烂的明天,就让勤勉铺就我们青春的底色吧!

师长点评

姚明星同学学习态度端正，成绩优异。她注重服务社会，全面发展，能积极参加社会实践活动。她待人诚恳，团结同学，富有团队精神。她不骄不馁，积极进取，乐观向上，践行了自己“将奋斗作为青春的底色，用勤劳播种辉煌的明天”的信条。

动物科技学院教授　吉红

励志座右铭

流水不腐，户枢不蠹。

心之所向　行者无疆

——动物医学院冯晓岚

冯晓岚，女，汉族，1998年2月生，中共党员，动物医学院动物医学专业2016级学生。连续两年获得校长奖学金和连续三年获得专业一等奖学金。获全国大学生英语竞赛三等奖、校生化技能大赛三等奖，所在宿舍被评为“五星级宿舍”。获校级“三好学生”“十佳团员”“社会实践先进个人”等荣誉称号。

淡泊明志，宁静致远

通过在校几年的学习，我深感自己作为一名本科生还有很多不足，未来还有更远、更难的路等着我去开拓。我一直提醒自己要戒骄戒躁，警惕学习上的浮躁和浅尝辄止，坚决杜绝一知半解、囫囵吞枣。我不断提醒自己，要努力夯实专业基础，深化学习内容，延伸知识范围，开阔视野见识，培养实验能力，提升学术素养。

特别是大二这一年，我更加重视对自己科研能力的培养，我不仅平时参加科创，和团队成员一起积极讨论、翻阅文献，还在暑假期间留校，花费大量的时间和精力，跟随博士生师姐在实验室努力学习。

这些经历使我对不同的实验有了一定的了解和掌握，对于新鲜知识、新鲜领域有了一定的涉猎与学习，在开阔我视野的同时，让我对涉及教材中的一些知识点有了更深的了解，还提升了我的团队合作和沟通协调能力。

在一次次的实验过程中，我逐渐掌握了一些基本的实验操作技能；在一次次的论文修改过程中，我摸索出了一些查找文献、翻译外文文献的技巧，并且对广泛查阅并筛选出所需文献内容的艰难性有了更深的理解，也体会到这些能力的重要性不亚于做实验的动手操作能力。师姐早出晚归、全身心地投入实验的精神使我敬佩，尤让我感到弥足的珍贵，她不仅耐心细致地指导我，为我将来的科研之路指明方向，而且为我树立了好榜样。在学姐身上我看到科研的艰辛，这是一个漫长的过程，要出成果不仅需要时间的付出，更需要身心和智慧的付出。暑假的经历让我对自己、对学科有了更清晰的认识，目标也一点点清晰起来。

我是一名行者，我在不断求索。

不忘初心、牢记使命

“无论是否有幸成为一名党员，我都会为自己始终崇尚党组织的精神，为自己曾向这个组织靠拢而感到骄傲。”当时的誓言，我牢记在心，经过了一年预备期的考察，我终于如期成为一名正式的中国共产党党员。

“中国共产党人的初心和使命，就是为中国人民谋幸福，为中华民族谋复兴。这个初心和使命是激励中国共产党人不断前进的根本动力。”习近平总书记在党的十九大报告中的这一重要论述，是对当代中国共产党人“我是谁，从哪里来，到哪里去”这一根本哲学命题的深刻诠释。一年来，我认真学习习近平新时代中国特色社会主义思想和党的十九大精神，优秀的党员看齐，参加党的组织生活会，全年会议无缺席、无迟到、无早退，思想汇报认真严肃、细致耐心。与此同时，我也与人为善、乐于助人，在日常生活中与同学打成一片，具有一定的群众基础。

我是一名行者，时光浸染，吾心未改。

统筹兼顾，协调发展

对于国家而言，加强统筹兼顾，推进协调发展，意味着科学布局、调整经济结构，以释放经济发展潜力；对于我而言，意味着全面发展，提升综合素质，长远来看，广泛涉猎以激发个人未来发展的潜能。

“时间”是个无比珍贵的东西，如何在有限的时间内更广泛、更充分地参与到各项活动中，如何在有限的时间内兼顾学业、课余活动，既是对我的挑战，又是对我的磨炼。

在做到“术业有专攻”的前提下，我以饱满的精神状态，积极地参加了多项课余活动和竞赛活动，以更严格的标准要求自己，以求有更全面的提升和更长远的进步。暑期“三下乡”社会实践活动，我同团队成员交流沟通、积极讨论，碰撞出思想的火花；春训时，我坚持每晚到场认真训练，享受大家共同努力的快乐；元旦晚会上，我参与腰鼓开场，全场热烈的掌声是对我们所有参演同学辛勤排练的最好鼓励；院运动会上，我本着公正、公开、公平的原则，在努力做好裁判员本职工作的同时，还为运动员们提供了贴心的帮助。

我感受到了团队的凝聚力，感受到了把“小我”融入“大我”的集体荣誉感和归属感，当然还有自己那不惧艰险、勇敢拼搏的初心。

我是一名行者，我在不断探索。

厉兵秣马，未来可期

我常想，任重而“道”不远。大学生活即将进入尾声，本科阶段的学习即将告一段落，相较于人生而言，这个时期、这个阶段即将匆匆过去。

在进入更广阔的天地之前，我时刻提醒自己，要把目光聚焦当下，要脚踏实地将今日事做好。即便任务繁重、困难重重，我也未曾停息前进的脚步；即便案牍劳形、烦心倦目，我也未曾放弃心中执着的向往。不求结果光鲜艳丽，但求过程无愧于心，向着未来，向着那个更好的自己，我时刻准备着。

我是一名行者，走得很慢，但我从不后退。

师长点评

冯晓岚同学学习认真刻苦、成绩优异；生活上严于律己，能以一名共产党党员标准严格要求自己，勤俭节约，艰苦朴素，积极帮助有困难的同学。是一个工作努力、思想进步、乐于奉献的优秀大学生。

动物医学院副教授　刘晓强

励志座右铭

心有渴望，灵魂勇敢。

从始而终　乐在其中

——风景园林艺术学院宣乐

宣乐，男，汉族，1999年4月生，共青团员，风景园林艺术学院环境设计专业2018级学生。曾获校长奖学金、专业奖学金及2019年首届“鲁本斯杯”全国大学生园林美术作品大奖赛三等奖、全国大学生广告艺术设计大赛第十一届陕西赛区一等奖、杨凌示范区“梨归来”瓶标创意设计大赛铜奖等。

梦之初始，铭记初心

我从小生活在湖南的一个小山村，见过最多的便是辛勤劳作的爷爷奶奶和爸爸妈妈们，每天早上上学路过村里的小溪，看着小溪里的鱼儿，看着路边爷爷奶奶们留下的比我大好几倍的泥巴脚印，心里就不免产生一些遐想。可能因为我从小就养成了爱观察爱思考的习惯，每每遇到自己感到惊奇的场景便会一个人发呆、思考，每次都把我想表达的东西一丝不苟、很有耐心地画下来。后来遇到了小学的美术老师，他表扬了我的做法，建议有任何想法都可以用画表达出来，这样大家看到了，就会被画中的内容所感染。于是，我选择了绘画这条路。

我是酷爱学习的人，我始终将学习放到第一位，即使高考前的美术专业的训练。当然，要想考进美术专业，专业课必须过关，所以以此为动力，不管刮风下雨我都坚持画画，画完之后心里的那种愉悦是无法言说的。看到自己的一张张作品，特别是努力之后提高的分数，我心里像喝了蜜一样甜。随着学业日益繁重，我一边学习文化课，一边学习专业课，双重压力下，我的身体难免有点吃不消。学习时间的紧张，专业训练的高强度，让我有时候也想过放弃，想过做一个差学生，或者做一个普普通通的学生。但是当心里这个念头一出现，我立马有点心神不宁，脑海中满是爷爷奶奶、父亲母亲辛勤劳作的场景——那是为了我而付出的辛苦劳作，想到这，我的心里就一阵痛，于是我又重拾信心。有时也会想，这样的生活什么时候才是个头，感觉就像在黑漆漆的道路上走，你永远不知道它的尽头，你也永远不知道什么时候天亮，你唯有不停地奔跑，跑累了，看看天空一颗颗闪烁的星星，感觉那都是自己一路上所掉下的眼泪和爷爷奶奶、爸爸妈妈辛苦劳作所付出的一滴滴的汗水，这时候你根本没法停下来，哪怕双脚都磨起了泡。

梦之彼端，约定之所

高中时期我养成了坚持不懈、肯吃苦、面对困难迎难而上、毫无怨言、不轻言放弃的习惯，这些习惯就像百宝囊一直跟随着我，帮我解决了很多的问题。通过不懈地努力奋斗，我终于考进了西北农林科技大学，这个“百宝囊”也就接着被我带到了大学。

大学让我体验到了不一样的生活和不一样的学习环境，但这并不代表我的奋斗就要结束了，而是一个新的奋斗的开始。对于大学生活，我的体验是，大学训练的是一种态度和素养，培养的是一种我们能否坚持自我的能力，而不单单只是知识层面的教授。我的学习，每天思考的就是自己的任务和所面对的事情怎么尽心尽力地去做好，牢记自己上大学的目标，严格按照个人规划进行，遇到困难，尽力去解决，不要让家人和朋友担心。特别是爷爷奶奶和爸爸妈妈，他们在我考进大学之前，为我考虑得实在太多太多，我不想让他们再有过多的操劳。身为学习委员，我想得更多的是如何帮助同学们变得更优秀，因此我时时刻刻都要求自己尽量要做到最好，给同学们起一个模范带头作用。我最怕的是别人问我时我回答的“不知道”三个字，有时候我也会因为某件事没做好而自卑，也会因为自己没帮助到同学们而愧疚，所以，唯有努力、努力，再努力，让自己变得优秀、优秀，更优秀。当然，我也有很多自己的不足，譬如英语。“三人行，必有我师焉。”自己在英语方面的不足，只有向更优秀的同学去请教，希望能够取长补短、互帮互助、共同进步。

让我收获最大的是认识了很多很优秀的学长学姐，和他们一起讨论学习是我最开心的事；每每碰到很优秀的毕业学长学姐，我一定会和他们沟通、交流，学习他们的长处，了解自己的不足，及时地完善自己。令我感动的还有我遇到的很多老师和同学。我在学习上遇到困难时，老师们总会不厌其烦、耐心地帮助我一一化解，处处为我着想，同学们总能配合我、支持我的工作。我能有今天的成绩，离不开老师们的帮助和同学们的鼓励，在这里我向他们表示感谢。

每个人都有自己的信念，它是在你遇到困难时，让你有面对的勇气；在你失落时，能够给你希望的种子；当在你黑夜中奔跑时看到的一颗颗闪闪发光的星星。

师长点评

能看得出来宣乐同学平时比很多同学都努力，正如他个人总结材料中所讲的，他的勤奋，可能真的和自身的学习习惯有关，他的这一学习习惯对自身后期的发展也是非常重要的，我希望宣乐同学能够把这一习惯一直坚持下去。

风景园林艺术学院讲师　于瀚洋

励志座右铭

有的时候，一个人，一件事，就能让你在黑暗中燃起一丝希望，并且一直坚持下去。

人生在勤　不索何获

——信息工程学院胡枭

胡枭，女，汉族，1998 年 5 月生，信息工程学院信息管理与信息系统专业 2016 级学生。大学期间获校长奖学金、专业奖学金；曾获全国大学生数学建模竞赛省级一等奖、美国大学生数学建模竞赛 M 奖（国际二等奖），曾主持校重点大学生创新训练项目并获优秀结题；荣获校级"年度实践标兵""三好学生""优秀团员"等称号。取得软件著作权 1 项，以第一作者发表 EI 论文 1 篇。已被推免至中山大学数据科学与计算机学院。

坚持不懈，厚积薄发

刚进入大学，由于过渡期的不适应，我的表现并不十分突出。学如逆水行舟，不进则退。适应期过后，我选择迎难而上：重新梳理知识，明确专业理论架构；发掘专业兴趣，保持自我学习动力；上课积极主动，与老师同学良好互动。我知道，学习没有捷径，唯一的窍门就是努力。天道酬勤，渐渐地，我的成绩便稳定在了专业前 10%。尤其是随着学习成绩的提升，我对专业学习的兴趣越来越浓厚。

大二下学期，我主动联系加入了王美丽老师的科研队伍，学以致用，自此开启了自己全新的科研之路。实验室的每天都是全新的体验，每天也都有全新的收获。当然，科研小白入门绝非易事，从配置第一个专业软件的环境到弄懂第一篇专业文献的检索、查阅与引用，唯有做起而行之的行动者、当攻坚克难的奋斗者，才是世间最美最靓的风景线。

愈挫愈勇，笑对挑战

人无完人，要想成为更好的自己，须得直面不足，笑对挑战。早期的我很畏惧在人前讲话,曾因为在校“三下乡”答辩活动中怯场而耽误了我们的成绩。输出能力是优秀大学生不可或缺的必备素质,我深以为然。自那以后,我便下了决心要抓住每一次可以上台发言的机会锻炼自我、展示自我。从“三下乡”活动汇报的答辩到科创项目的路演,再到翻转课堂的展示,从生涩、怯场到娴熟大方,愈挫愈勇,终修正果。经验在积累,信心在增长,不变的是每一次上台前的悉心准备,不变的是每一次直面短板的自我挑战。另一个例子就是三次数学建模竞赛。第一次是校赛,铩羽而归。国赛再战,重振旗鼓,翻阅大量专业文献,在高压下克服困难,自学并迅速上手专业软件破题,与队友相互鼓励,虽与国家级奖项擦肩而过,但仍斩获省级一等奖。美赛对数理和英语功底的要求较高,经过前两次的赛事训练以及与队友的悉心磨合,四天三夜,我们终于交出了一份满意的答卷。这一路走来,每一步似乎都有遗憾,但与此同时,也直接显现出一个人每一个阶段进步的空间和努力的方向。成长路上,愈挫愈勇,笑对挑战,而这背后是绝不服输的韧性,是重塑自我的决心。

心中有梦,超越自我

机会是留给有准备的人的,任何的成功绝非偶然,科研也不例外。三年的辛苦付出终于换来了宝贵的推免名额,虽然有关科研的一切对于我而言才刚刚开始。就在校大学生科研体验,我分享三点经验,希望能对大家有所帮助。第一,静心。科研急不得,需要有坐冷板凳的觉悟。第二,自律。自律是第一生产力,绝不能让拖延空添焦虑、消磨斗志。第三,感恩。做事先做人,一个人的成长离不开朋辈的帮助和师长的教导,像科研这种站在巨人肩膀上开展的工作更是如此,要常怀感恩之心,不做精致的利己主义者。

我是这么勉励自己,同时也是这么付诸行动的。推免成功后,我积极和研究生导师联系,提前熟悉课题,研读论文,积累灵感,规划硕士阶段自己的研究方向。同时热心解答学弟学妹们考研路上的困惑,将自己曾经从师长处受到的帮助以爱心传递的方式接力下去。

心中有梦,对专业的兴趣给予我源源不断的内在驱动力,支撑我在每一阶段都能够严于律己,支撑我不断超越当下的我,支撑着我走向更大的舞台、看向更大的世界。

把握青春，践行使命

一代人有一代人的使命，一代人有一代人的担当。新时代的青年生逢其时，但也重任在肩。走出课堂和实验室，任何事我都会身体力行。2017 年暑期，我组队 8 人赴陕西省朱家湾村进行"美丽乡村"社会实践活动，调查当地经济发展模式及现状，将调研所思所想整理成建议书递交当地政府，受到当地政府主要领导的肯定，项目成果获校级铜奖。大三时利用课余时间参与杨凌农科城国际马拉松赛志愿者服务活动，为汗洒赛场的运动健儿奉献自己的热情和呐喊。此外，还有福利院的献爱心、送温暖活动。一个人的人生价值往往就是在这种为别人创造价值的过程中实现的，迸发出的责任感和使命感无疑是青春最美的模样。

人生在勤，不索何获。"路漫漫其修远兮，吾将上下而求索"。一切已经获得的荣誉和奖励终究只是注脚，未来我将怀揣梦想，带着对未来的向往与为之努力的决心继续前行。少年莫回头，广阔天地，自有光明前程。

师长点评

胡枭同学在学习中认真踏实，善于总结，勤于思考，能够与老师同学积极沟通，保持良好互动；对待科研严谨耐心，坐得住板凳，有攻坚克难的毅力和恒心；生活中谦逊有礼，温和友善，是一名追求进步的优秀大学生，期待她在未来能够有更好的发展。

信息工程学院讲师　王淑珍

励志座右铭

知命不惧，日日自新。

道阻且长　行则将至

——农学院孙紫嫣

孙紫嫣，女，蒙古族，1999 年 11 月生，中共党员，农学院植物科学与技术专业 2017 级学生。曾获校长奖学金、专业一等奖学金、华福证券奖学金；获得第五届生命科学创新创业大赛国家一等奖、第七届大学生创新创业论坛校级二等奖、2019 年暑期“三下乡”活动校级三等奖；曾荣获校级“三好学生”(3 次)，“优秀学生干部”(2 次)及“优秀共青团干部”“社会实践先进个人”等称号。

活力满满，全面发展

初进大学，一切都是新鲜且未知的。尚未摆脱高中生的稚嫩，第一年的我每天活力满满，参加各项活动，体验不同角色，纵有失败和挫折，也会在心中暗暗告诉自己：这只是一种体验。关于学习，入学前就制定了目标：年级前十，虽然转换学习方式需要花费很多精力，但所谓“工欲善其事，必先利其器”，适合的学习方法使我学习事半功倍，第一学期结束后，我就取得了班级第一、年级第四的成绩。之后，我的学习犹如驶上快车道，又快又稳，从未偏航。受家庭影响，从小我就养成了“亲其师，信其道”的信念，所以我对任课老师都很尊重，也能和他们和谐相处。对于团体，我始终认为人只有在团体中才能发挥最大的作用，于是，我竞选班内的团支书，成为院团委组织部的志愿者，由此也认识了许多可爱的老师和同学们，我的能力也随着各项工作的开展有了明显的提升，尤其是组织表达能力。说到兴趣，辩论赛非常适合我好胜的性格，我总是喜欢用我的逻辑来说服对方，进了辩论队真正辩起来，我却觉得力不从心，知识储备不足暴露无遗。思虑再三，在院辩论队待了半年之余，我决定适时退出来。这件事给了我一个很大的教训，即使是自己感兴趣的事物，也不总是能做到得心应手或手到擒来。幸运的是，父母给了我运动的天赋，我的成绩也着实吓了自己一跳——新生运动会“最佳运动员”、新生越野赛一等奖，这些荣誉的获得极大地增强了我的信心，又启示了我一个道理，实力才是兴趣和信心的基础，所谓的干一行爱一行是真的！

今日事，今日毕

到了大二，最初对校园生活的好奇、热情已退去了大半，我开始迷茫未来的路在哪里。身边的同学有些已经进入实验室，有些成为“代理达人”，还有很多同学像我一样迷茫着。我每天不自觉地思索着未来，同时参加了很多讲座和报告会，和老师、学长学姐们交流，试图找到一条最适合自己的道路。日子在我的焦虑中流走，由于我精力的转移，学习方面亮起红灯，有几门课程分数不十分理想，我一边懊悔自己对学习的忽视，一边仍不可控地将时间耗在对未来的构思上，直到接触了一位学姐，这种心态才得以改变。这位学姐做事十分高效，往往安排在 3 天后完成的任务当晚就能完成，这令我十分惊奇。我请教她的经验，她说：“任务是做不完的，虽然每天多花些时间完成当天应做的事会比较累，但心里不会有负担，不用到最后一天才匆匆忙忙地完成。大多数人拖到最后都是敷衍了事，何不在时间充裕而且记忆清晰的情况下交出一份高质量的答卷？”师姐的话一下子让我开了窍，之后的我再也不耽于不知会发生什么样的明天，而是充实地过好今天，并努力做到“今日事，今日毕”。

山重水复疑无路，柳暗花明又一村

突如其来的疫情，不仅严重影响着全国人民的正常工作和生活，还打乱了我的计划。保研战打响于隔离在家的第 4 个月，那时的我，科创项目尚未结题，专业课程还没复习，连奖状证书都不在身边，对自己的实力不自信，挫败的心情在收到夏令营接连被拒的邮件时达到巅峰，和同学们的交流让我更加焦虑，眼看着身边人的 offer 一个个到手，我却连面试的机会都没得到，内心的恐慌可想而知！在夏令营的最后阶段和预推免阶段的前期，我一共参加了 6 场面试，场场以失败告终，曾一度以为自己没学上了，心情在起起伏伏中几乎崩塌。但是，这个时候我没有放弃，而是静下心来，总结经验教训，继续投递材料、联系导师。终于，皇天不负有心人！我拿到了复旦大学的 offer！接到邮件的那一天恰好是学院确定推免资格的前一天，于是两天内我将所有事快速搞定。现在回想起来，仿佛我的好运气都用在了最后一场面试上，否则，那就将是我的另一个人生了。

改变世界从改变自己开始

小时候，不知世事艰难，总是莫名自信，所以每当别人问我的梦想是什么时，我便告诉他说我想改变世界！随着年龄的增长和眼界的开阔，我慢慢意识到天外有天、人外有人，自己只是芸芸众生中的一个普通人。或许我们都曾有过改变世界的梦想，但当我们逐渐成熟，认识到平凡才是生命的常态时，我们能做到的就是在日常生活中去改变自己。习近平总书记说："现在，我们比历史上任何时期都更接近中华民族伟大复兴的目标，比历史上任何时期都更有信心、更有能力实现这个目标。"这是一个伟大的时代，技术的边界在不断拓展，政策的红利在不断释放，给了每个人无限的空间以发挥潜能，让每个人都有足够的机会出彩。所以对于我们年轻人而言，就要努力奋斗，终身学习，并且从改变自己开始去改变世界。

在这个千帆竞发、百舸争流的时代，我们要勇往直前。万事顺遂不一定换得未来可期，关键是对遇到的困难不低头、不轻言放弃，认准的事坚持去做。"道阻且长，行则将至。"

师长点评

孙紫嫣同学为人诚恳，尊敬师长，团结同学，集体荣誉感和社会责任感强，具有良好的思想道德素质；学习认真勤奋，成绩优秀，综合表现突出；个性坚韧，作风朴实，进取心强。

农学院副教授　刘柏林

励志座右铭

路漫漫其修远兮，吾将上下而求索。

打破边界　成就自我

——园艺学院任诗滢

任诗滢，女，汉族，1999年12月生，共青团员，园艺学院园艺2017级学生。在校期间，曾获“南粤情”广州校友奖学金、博恩奖学金、校长奖学金、专业一等奖学金(4次)；曾获全国生命科学竞赛国赛优胜奖、中国博士后创新创业成果大赛银奖、杭州海内外创客大赛优胜奖、全国大学生三创电子商务挑战赛省三等奖、“互联网+”创新创业大赛校银奖、全国大学生文学竞赛国赛三等奖；曾获校级“优秀大学生”“三好学生”“社会实践先进个人”“优秀共青团干部”“口才之星”等荣誉称号。

打破边界——让“我不行”见鬼去吧

我曾赋予自己的边界或许也是很多人正与之斗争的牢笼，这个边界便是“我不行”。人们时常被自己捆住手脚，遗憾地错过很多只要勇敢一些就能做到的事情。高中时期的我虽然是以中考全县第九名的身份进入重点班，但由于种种原因一直跟不上高中学习的节奏，导致整整三年都是名副其实的“垫底差生”。老师们的不闻不问，试卷上糟糕的分数，高开低走的中学时代给了我不小的打击，也让曾经自诩为“学霸”的我逐渐对自己失去了信心。曾经各种光环加身的我，逐渐被一种叫作“我不行”的魔咒吞噬。且不说会不会有机会砸中我这种“倒数生”，即便是机会到我跟前来了，我也只会胆怯不前，小声地嘟囔一句“我不行”。然后眼睁睁地看着那些优秀的同学们抓住机会，我却只能接受自己只配羡慕别人的人设。

但是，我是幸运的！高考中我超常发挥，来到了西农这么好的平台，拥有了一次重新洗牌、从头再来的机会。这一次，我决心要打破边界，我要向“我不行”Say no！在泥沼深渊里待久了，我也想要看看这个多元的世界能有多精彩、我身上又会有多少种可能性。进入大学之初，我并没有给自己设立过多的目标。我带着不甘平庸的心，以一种好奇的姿态探索着这个全新的世界。

重塑可能——越努力，越幸运

电影《当我们海阔天空》中有一句台词："大学是一个很神奇的地方，在那里你想成为什么样的人就可以成为什么样的人。"确实，人的可塑性是极为强大的一种品质。但可塑性能否被充分发挥并正面作用于每个个体，更多时候并不取决于天资，而是欲望和野心。你可以成为什么样的人，倒推一步，是你想要成为什么样的人。这个"想"便是欲望，往大了说就是野心。

进入大学之初，我的欲望与野心便是一定要努力变得优秀，保持积极向上的心态，往正确的方向去前进。但欲望的强烈程度并不与事实按预期发展的可能性成正比，我还是很畏惧向前迈一步，为自己争取机会。

第一次让我真切地体会到大学"充满无限可能"是大一开学不久后的植物学知识竞赛。那时学习时间不长，所学的知识十分有限，且我本人也并未完全适应大学的学习状态。抱着忐忑的心报名了这项学科竞赛，我尽心尽力地为这场竞赛做了我能力范围内的所有准备，最后竟出乎意料地在初赛中获得了个人成绩最高分。虽然最后由于小组整体成绩不达标并未进入决赛，但这一次"打破边界初体验"是真真切切地让我尝到了甜头。

自此以后，我开始放开胆子，以开放的心态积极尝试一切我能够做的事情：学生工作、创业比赛、社会实践、志愿服务等。

学业方面，大学三年多以来，我在一次次高强度的考试周中摸索出了属于自己的学习方法，保持成绩稳定在专业前10%，连续4次获得专业一等奖学金，多次获得社会类奖学金。我还积极参与全国大学生生命科学竞赛、全国大学生文学竞赛等竞赛，通过比赛提升自我专业素养并增长个人见识。

学生工作方面，从学院团委新媒体部委到副部长再到副主席，三年来我一直活跃在学生会组织中，极大地锻炼了自身的综合素质。在这期间，我不仅掌握了拍摄、PS、视频剪辑、推文编辑等多项实用技能，还获得了多次与优秀前辈、师长深入交谈的宝贵机会，收获了很多与人交往、团队协作的技巧和经验。

创业比赛方面，由于自身对创新创业充满兴趣，便组建了自己的团队尝试输出创业项目书，积极参与各项创业类大赛。在获得比赛奖项的同时也让我认识了许许多多对创业饱含热情、脑袋里总有新奇创意的优秀的小伙伴们。虽然不曾有机会将项目书中的构思落地,但也通过这一个又一个的创业比赛学到了很多学科之外的知识,看到了这个开放的世界充满着无限可能。

社会实践方面,我积极参与全国大学生“三下乡”活动。在学院果树系李翠英老师的带领下,我作为队长和7名队员一起前往陕北三区一县进行了为期10天的苹果果农有机肥使用情况调研,我们共走访77个村,收集到有效问卷996份。项目最终获得了校级二等奖,我个人也获得了“社会实践先进个人”。除此之外,我还曾多次参与寒假回访母校活动,积极投身西农的招生宣传,所带队伍也获得“优秀队伍”称号。

志愿服务方面,我积极参与学院的各类大型活动,担当志愿者,为学院贡献自己的一份力量。还曾作为杨凌农科城国际马拉松赛志愿者,参与了比赛选手的完赛包发放工作。

我的使命——成为更好的自己

说了这么多,我想你应该对我多少有些了解,心中也对我有了些评判。是的,我打破了边界,又在不断地探索中重塑了边界。这一次的边界名字叫作——“我可以”。

正因为我曾拼尽全力去尝试探索我作为“人”这样一个可塑性极高的个体所蕴藏的可能性,并用事实不断验证我所前行方向的正确性,我已然在不知不觉中到达了一个曾经的自己向往的境界。

我的使命不是为了超越谁,也不是为了获得一些听起来很厉害的虚名加以傍身,我只是想要成为自己心中更好的那个我,这个我,应当是独立且上进、善良而乐观地存在。我深知自己在这条看不见终点的路上,只是个刚出发不久的后生,也深知这条路不平坦、不轻松,但好在只要肯踏实地走好当下的每一步,终有一天我会到达一个令自己都惊喜的地方:那里面朝大海,春暖花开。

最后,很感谢学校设立“校长奖学金”,我也很庆幸自己能够有机会在打破边界寻找自我的路上收获这样高水平的奖学金来激励自己更好地前进。在未来的路途中,我定会不忘初心,以更加坚定的姿态向上进取,为西农贡献自己的一份力量。

师长点评

任诗滢同学学习态度端正,对待学业一丝不苟、勤学好问,学习成绩一直名列前茅。在生活中乐于助人、团结同学、尊敬师长,总是用乐观向上的心态面对生活、温暖身边的人。她拥有作为当代大学生应有的朝气与进取心。

园艺学院果树系副教授　李智

励志座右铭

你所有的努力,有一天都会成为你的好运气。

潇洒如鹰　梦想清醒

——动物科技学院向炜萱

向炜萱,女,汉族,1999年11月生,中共预备党员,动物科技学院动物科学专业2017级学生。在校期间,曾荣获校长奖学金,“优然牧业”奖学金,专业一等、二等奖学金。曾获得第四届、第五届全国大学生生命科学创新创业大赛二等奖,第八届大学生创新创业论坛——农科论坛一等奖,获得校级“三好学生”“优秀共青团员”“优秀学生干部”等荣誉称号。

想要闪烁就对自己更严格

记得刚刚成为一名大学生时,我是带着无尽的期待与不安踏入校园的,但我也暗自许诺,誓入西农读春秋!在西农的日子里,我是幸运的,遇到了许多一路上关心、提醒、指点自己的人,也遇到了不少磨炼、考验、砥砺自己的事。

学生终归是以“学”为主,所以一直以来我将学习作为自己的首要任务。通过优秀学姐学长的分享,我知道大一的课程虽然基础却很重要,仅仅依靠学过的知识加上课堂上老师的讲解,想要完全掌握课程的学习是不够的。这时我渐渐明白,所谓“上大学就轻松了”这样的话一定是存在的,只是这般轻松的付出仅有资格窥探广阔知识海洋的一角,也必然取不到理想的分数。因此,为自己定一个小目标就很有必要了。定目标时切勿好高骛远,比如给自己定考年级第一的目标,竞争激烈不说,实力或许不允许。正确的做法是,根据学习情况,把自己想达到的成绩限定在一个范围,并为之努力,这样比漫无目的的莽撞更容易达到目标。另一方面,我们要领悟到,大学的知识与中学所学的内容在深度、广度上有着天壤之别,我们在学习过程中不仅要拓宽学习面,还要培养辩证思维能力。大学之大,在于它提供了大量的学习机会与学习方式。每一位任课老师都留下了联系方式和办公室地址,欢迎我们去交流;图书馆浩如烟海的图书为每一位积极学习的学子创造了得天独厚的条件;学长学姐的优秀笔记和考点总结为我们整理学习思路提供了难得的参考;不计其数的网课平台也让我们从不同角度细致了解每一个知识点……学术的大门就这样敞开了,我们还有什么理由不好好学习呢!求知若渴正是我们莘莘学子面对知识该有的态度!步入了大二、大三,在已具备了一定专业课基础的前提下,更加细化、深入地去探索就成了必然的行为。尽管课程多、内容复杂,但每一门课都有掌握它、征服它的不同方法,万变不离其宗,我构思框架、理顺思路、抓住重点,逐渐找到了适合自己风格的学习思路,学业成绩排名逐年上升。每当我取得一点进步时,我都会告诉自己,不求与他人相比,战胜昨日的自己才是促使我找准方向、埋头苦干的根本动力!同时我也经过一些实验课的训练,具有了想进入实验室进一步锻炼自己实践能力的想法。感谢老师给予机会,我顺利加入一项国家级创新创业训练项目,学习实验室基本技能,虽然做实验的过程中必然伴有挫折与失败,但我及时总结经验,从设计实验、采样、分析到得出结论的漫长过程中都保持细心且耐心的工作态度。在老师的悉心指导及队友们的共同努力下,我们在项目课题上取得了一些成果。参与比赛、撰写论文,这无疑对我提高科研素养、完成本科学业和日后攻读研究生有着极大的帮助。

一名合格的科研人员必备的另一素质便是英语水平,顺利通过英语四、六级考试之后,我便自学尝试考了雅思,目前有着 6 分的成绩。同时我也有着全国普通话水平测试一级乙等的成绩。当然,学如逆水行舟,不进则退,任何奖状、证明只能代表过去的自己,它不值得炫耀,也不应该成为当下偷懒、懈怠的理由。只有保持热忱的心,持之以恒的精神,才能“百尺竿头,更进一步”。

同时,我也努力争取在学习之外的领域接受锻炼,发光发热。我加入学生会、担任班级团支部书记,不负同学们的信任,为凝聚一个团结的班集体而努力;端正思想,步步走实,接受党的先进思想的洗礼,在 2019 年成为一名预备党员,即将预备期满;积极参与社会实践活动,像大学生政府暑期实习、暑期“三下乡”活动、寒假西北调研活动、马拉松赛志愿者、大大小小的招聘会志愿者等;坚持自己的兴趣爱好:加入西农钢琴艺术沙龙并在文艺晚会上进行独奏表演。以上种种,让我看到,拥有健全人格的大学生,不仅学业上要努力,更要思想端正、认真积极、懂得奉献、甘于吃苦。

自立立人，自达达人

虽然在学习的过程中有过挣扎、迷茫与彷徨，但只要坚定往前走，路就会越来越清晰，心也会越来越坚定。找到一个大致的方向，为之努力，逐渐拨云见日，目标清晰，未尝不是一种探寻自我之法。听过无数优秀学长学姐和过来人的分享与建议，最终能作出决定的，还是我自己。

在三年多的学习中我逐渐发现，获取样本、收集实验数据是实验中的基础工作，若想进一步快速、高效、准确地分析数据、得出结论，则需要专业的分析工具和科学的分析方法。本科期间，我学习了生物学基本知识，打好了实验技能的基础，希望在研究生学习阶段选择的学习方向是本科学习内容的延伸：通过学习生物信息学，致力于数据的统计分析、信息整合，为生物行业的数据研究作出贡献，真正做到立人、达人！

师长点评

向炜萱同学自进入西农以来，学习认真，勤奋严谨，专业知识掌握牢固，并能将所学与实践相结合；作为团支书，其工作积极主动、踏实负责，工作成绩突出；团结同学，尊敬师长，班级威信很高，起到了模范带头作用。

动物科技学院副教授　褚瑰燕

励志座右铭

纵有千古，横有八荒；前途似海，来日方长。

仰望星空　不负韶华

——林学院纪奕伦

纪奕伦，男，汉族，1999年11月生，共青团员，林学院木材科学与工程专业2018级学生。曾获得校长奖学金、李建明奖学金、专业一等奖学金，获得中国计算机设计大赛国赛三等奖、第九届机械设计大赛陕西赛区二等奖、“外研社·国才杯”全国英语阅读大赛校级二等奖、第十二届挑战杯校赛铜奖等多个奖励，并获得校级“三好学生”“优秀学生干部”“优秀共青团员”等荣誉称号，参与过暑期“三下乡”活动、寒假回访母校活动、农高会杨凌国际论坛、杨凌农科城国际马拉松赛等活动。

一分耕耘，一分收获

“西农学子，诚朴勇毅，努力学习，报效祖国”，新生军训时的口号仍在我的耳畔回响。我深知学习是学生的天职，深知大学生涯是一段需要不断努力和不懈探索的求学之旅。在“诚朴勇毅”校训的鞭策下，我刻苦学习，一丝不苟，清晨我用晨读驱走睡意，课上我奋笔疾书、汲取知识，课后我勤于思考、拓宽视野与思维，图书馆的角落总有我埋头读书的身影。平时我注重学习效率，不骄不躁，稳扎稳打，本着“一步一个脚印”的踏实学习态度掌握本专业的理论知识和应用技能。两年来，我的学业及综合测评成绩均在同年级本专业名列前茅，我还积极参与各类学科竞赛并取得了优异成绩。

习近平总书记寄语广大青年：“要敢于做先锋，而不做过客、当看客，让创新成为青春远航的动力，让创业成为青春搏击的能量，让青春年华在为国家、为人民的奉献中焕发出绚丽光彩。”志当存高远，我深知我们的目标与志向绝不仅仅只是掌握课本知识，还应该积极参与大学生创新创业项目，将科创融入社会，为社会创造价值。两年来，我分别参与了一项省级创业项目和一项院级创新项目,不仅培养了自己创新创业的综合实践能力,还从中获得了钻研的乐趣与深厚的友谊。

散发光芒,照耀他人

尼采说:“每一个不曾起舞的日子,都是对生命的一种辜负。”在学习之余,我积极投身于学生工作和各种志愿服务、实践活动。在习得新知识、掌握新技能的同时,奉献自己,服务他人,谱写最美的青春乐章。

在班级内我担任班长一职,作为老师的好帮手,架起了师生之间沟通的桥梁,致力于为同学们的大学生活提供便利,并营造良好的班级学习氛围。担任校团委组织部负责人期间,我积极协助组织各学院开展思想政治理论学习、团组织生活会、升旗仪式、团课、主题团日等主题教育活动,为切实加强团员思想教育、强化团员意识、促进基层团组织建设贡献一己之力。此外,我还担任了木作协会负责人,致力于提升同学们对传统木艺的兴趣,传承工匠精神。学生工作养成了我细心负责的好习惯,锻炼了我的组织管理与协调能力,而获得校“优秀学生干部”荣誉则是组织对我工作的肯定。

习近平总书记在给华中农业大学“本禹志愿服务队”的回信中写道:“希望你们弘扬奉献、友爱、互助、进步的志愿精神,坚持与祖国同行、为人民奉献,以青春梦想、用实际行动为实现中国梦作出新的更大贡献。”在参加的众多活动中,志愿服务活动让我深刻地理解了服务与奉献的价值和意义。我既为来参观泉州市天后宫的游客们义务讲解知识,分享自己对妈祖文化的见解,又活跃在中国农民丰收节、杨凌农科城国际马拉松赛等大型活动中,体验不一样的经历,展现西农学子的风采,体会奉献自己、服务他人的快乐。我一直相信,志愿服务活动可以开阔视野、增长见识,是成长的催化剂。比如,在第二十五届农高会杨凌国际论坛中,我作为志愿者,负责对接来自西南大学的李昌晓教授和西班牙的一位教授,我与优秀的同伴一起合作,各司其职,圆满地为参会的国内外学者提供服务和保障。本次论坛使我受益匪浅:我既见识到了西农学子的凝聚力和后勤工作的高效协调,也在与教授学者的沟通中收获了丰富的知识,锻炼了英语口语交际能力。

习近平总书记指出,“要学习掌握认识和实践辩证关系的原理”,“要根据时代变化和实践发展,不断深化认识,不断总结经验,不断实现理论创新和实践创新良性互动”。作为青年大学生，我们应从自身出发，走出校门，关注社会民生。在暑期“三下乡”赴乌兰布和沙漠调研服务队中，我们深入农户家中了解当地的脱贫攻坚现状，深刻认识了乌兰布和沙漠及其周边地区几十年来防沙治沙的艰苦历程。我也是第一次知道茫茫大漠中还有万亩太阳能发电板用于光伏治沙、恢复生态；第一次知道万亩新型沙漠水稻和现代农业养殖业哺育一方水土；第一次知道这里有如此多可爱的人奋战在防沙治沙第一线，心中的家国情怀油然而生。此外，我还参与了寒假回访母校活动，站在高中母校的学弟学妹们面前，为西农代言，讲述西农故事。“艰辛知人生，实践长才干。”通过参与丰富多彩的社会实践活动，使我对一些社会现象有了更深刻的认识，开阔了视野，增长了才干，并在其中认清了自己的价值，发现了自己的不足。

不论是学生工作、志愿服务还是社会实践活动，都极大地充实了我的大学生活，提高了我的综合素质，丰富了我的生活阅历。

点亮自己，成为星星

时光飞逝，转眼间，我已经是一名大三的学生。我感谢一直以来努力向上的自己，前两年，我交上了一份还算满意的答卷，这离不开老师的指导和同学们的帮助，在人生的至暗时刻永不言弃，脚踏实地直到拥有崭新开始。获奖不仅是对我过去努力的肯定，更是对未来更高的要求，今后我会更加努力，我坚信，未来会星光满天。

师长点评

纪奕伦同学积极进取、踏实认真，追求卓越、全面发展；积极参加各类学科竞赛并取得优异成绩；担任班长，工作能力突出；团结同学，知行合一，阳光自信，严于律己，展现了西农学子的良好风貌。

林学院副教授　段海燕

励志座右铭

道之所在，虽千万人吾往矣。

去摘遥不可及的星

——风景园林艺术学院赵程亚菲

赵程亚菲，女，汉族，2001年1月生，共青团员，风景园林艺术学院园林专业2019级学生。曾获校长奖学金、专业一等奖学金、政治理论学习先进个人奖、校团委“五四精神，传承有我”活动最精致海报奖，参与大型原创话剧《雕虫沧桑》演出和陕西省心理剧巡演等。

努力胜过天资

早在步入大学之前，我就听学长学姐谈起大学的学习和高中有很大差异。我的植物学老师赵亮曾把学习比作打猎，他说，在中学里老师会告诉学生森林里有只老虎，已经被关在笼子里，在森林的西北角，给你一把猎枪，告诉你猎枪怎么用，你自己去森林找到那只关着的老虎，干掉它；而在大学里老师会告诉学生森林里有只老虎，具体位置不知道，不过大约在西北角的位置，给你一把猎枪，你自己琢磨一下该怎么用，会用之后再去森林找到那只老虎，干掉它。由此可见大学更能考验学生的能力。我是一个很乐意探索新鲜事物、尝试新鲜事物的人，在碰到难题时我会很乐意去寻找答案。在日常学习时，遇到难题我会认真对待，刨根问底，当天问题当天解决，绝不遗留下问题。

目标明确、态度端正、勤奋好学、努力上进是我在学习中最大的优点，因为我深知学习是学生的天职，作为一名优秀的学生干部更应具备优异的学习成绩，这不但有利于学生工作的开展，更有利于自身未来的发展。进入大学以来，我一贯秉承“一分耕耘，一分收获”的理念来督促自己的课程学习，坚持每天认真听讲，课堂上做好学习笔记，课后在教室或图书馆自习；经常向老师请教专业相关的基本知识，充分利用课余时间不断拓宽自身的知识面，通过网络媒体及时涉猎与收集与专业相关的资料；经常阅读一些名人名著以提升知识底蕴，拓宽知识面。

你有多努力，就有多幸运。天资确实重要，但辛勤劳作付出的汗水一定比天资所得的更加甘甜。我始终认为自己没有比其他人更聪明，而是比其他人更努力。如果我想好一个目标，就会用更努力的实际行动去实现它。所有的努力都有意义，所有的举动都可以改变世界。在之后的学习中，我不希望会一路顺风，但我希望会乘风破浪、以梦为马、一路追光。

丰富多彩的生活

听别人讲再多的人生，不如写好自己的故事。我认为，关于自己的生活，我们都不是读者，而是作者，至少结局，还是能自己说了算的。因此，在生活中我坚持努力奋斗，书写属于自己的华丽篇章。作为园林1902团支部的团支书，我以身作则，严于律己，顾全大局，给同学们树立榜样；作为园林学院分团委社会实践部的负责人，我用心参与部门举办的各项比赛与活动，踏踏实实服务于全院师生，认真履行自己的工作职责，贡献自己的一份微薄的力量。学生组织中的工作经历让我了解团队合作的重要性，也让我学会了如何在团队合作中和他人合力并奉献出自己最大的力量。作为大学生艺术团话剧队的一员，每次的早八晚十一的排练，精彩演出后观众雷鸣般的掌声与喝彩，灯光流溢的北绣舞台，是我的追求、向往和热爱。

不只是在学校生活，我还愿意创造别样的生活。今年暑假，我参加了园林学院赴合阳县文化扶贫服务队，在调研完成后，团队开展了以葫芦文化为主题的相关文创产品设计推广与葫芦文化生态园的设计。由我们团队设计的葫芦文化生态园已被当地政府采纳并落地实施，因此我们也获得了暑假社会实践优秀团队的荣誉。另外，在疫情防控期间，在学习了专业课程"色彩构成"后，我和朋友一起设计了一系列特别款领带并将其在网络上发表，得到了很多粉丝的反馈与喜爱。于是我们不再纸上谈兵，而是身体力行地将设计稿打样做出成品，并开设了淘宝店铺进行售卖。令人惊喜的是，我们的设计作品深受顾客喜爱，在限时销售期间取得了月营业额过万的好成绩。我们也备受鼓舞，这正是专业知识在生活中最大化的体现。

正是因为我们为之倾注的心血和努力，我们追求奋斗的过程，让我们的人生充满了意义。学习就如逆水行舟，不进则退。只有不断地努力，才能取得更多优异的成绩，才能创造更加完美的将来。每一个人都是大梦想家，每个人都要找到属于自己的梦想。时间还在继续，生活还在进行，我会依然拼搏并且努力着。

师长点评

赵程亚菲入校以来，在思想、学习和学生工作方面表现优异，志存高远，脚踏实地，敢拼敢闯，奋勇争先，在为梦想奋斗的道路上充分展现出了青春的创造力。

风景园林艺术学院园林 1902 班班主任　雷天骄

励志座右铭

不惧愁颜与衰病，只盼明日又逢春。

志存高远　为梦想奋斗

——机械与电子工程学院焦崇珊

焦崇珊，男，汉族，1999 年 6 月生，中共党员，机械与电子工程学院电子信息工程专业 2017 级学生。曾获校长奖学金、专业一等奖学金(4 次)、智能农业装备创新大赛国家特等奖、中国服务机器人大赛国家一等奖、全国大学生数学竞赛三等奖，荣获校级“优秀党员”“优秀学生干部”“三好学生”“优秀大学生”“优秀团员”“创新创业先进个人”等荣誉称号。

端正思想，坚定信仰

我在 2019 年 10 月成为年级第一批正式党员，时刻牢记入党誓词，做到不忘入党初心，牢记党员使命。我积极参加政治理论学习会议，提高政治素养、党性修养和思想觉悟，在每一次会议中负责补充理论知识，这不仅有助于我自身的学习，更有助于支部同志扩充自己的理论知识储备。同时，我积极关注国内外时政热点，了解党和国家的最新政策和动态，以此增强自己作为一名学生党员的社会责任感和时代使命感。在党组织对我的个人情况进行考察后，我十分荣幸地被评选为校“优秀党员”，但这不是我奋斗的终点，而是以崭新的面貌作为不断努力的起点，把全心全意为人民服务的根本宗旨落到实处，发挥党员的先锋模范作用，对党忠诚，积极工作，做一名有理想、有本领、有担当的先进青年党员。

博学慎思，问道求索

“书山有路勤为径，学海无涯苦作舟。”大学生活的丰富多彩并没有让我迷失方向，我始终认为学习是学生的天职。因此，我始终保持良好的学习习惯，认真学习专业知识，提高自身能力。在大一学年便通过了英语四、六级考试，其中英语四级503分、英语六级507分，并通过了计算机二级C语言考试。本学期学积分排名专业第四，综测成绩排名专业第二，曾获得国家奖学金，并连续4次获得专业一等奖学金。在保持学业成绩的同时，我积极帮助学业有困难的同学，尤其是我的舍友，帮助他们提高成绩，并全部通过英语四级考试。但我不满足于此，实践是检验真理的唯一标准，知识的学习不能仅停留在课本上，更重要的是在于应用。因此，我积极参与科技创新活动，广泛涉猎课外知识，在大一学年参与了一项国家级科创项目并顺利结题，在大二学年参与中国服务机器人大赛并获国家级一等奖，在大三学年参加第五届智能农业装备创新大赛并获国家特等奖——这是学校在参加该赛事以来首次获得的国家级特等奖。在参与竞赛的过程中，我与队友积极合作，共同探讨，目前已授权4项实用新型专利，同时深入科学研究，以第一作者发表1篇中文核心论文。我的科技创新成果得到了学校与老师的认可，我也因此被评选为校“创新创业先进个人”。在这个过程中，我收获的不仅是知识，更多的是团结合作的精神，这些活动使我明白，与队友共同面对竞赛的压力时相互帮助、共同奋斗，是一个成功团队必须拥有的优秀品质。

“路漫漫其修远兮，吾将上下而求索。”经过三年的持之以恒与不懈努力，我成功获得保送资格，目前已被推免至西安交通大学人工智能学院。科技创新之路已为我铺展开来，在研究生阶段，我会更加努力地进行科学研究，做一名创新型人才，为祖国的科技创新事业添砖加瓦。

一分耕耘，一分收获

精彩的大学生活不止于学习与科研，我还积极参加各式各样的校园活动。我希望提高自己的运动能力，于是选择在大一时加入学院篮球队，其间我积极训练，从不怠慢，也获得过优异的成绩。从大一到大四，支撑我留在学院篮球队的一个重要原因便是“传承”：我想把学院的篮球事业传承下去，把拼搏精神传承下去。不仅如此，在校运会中，我也曾获得投篮比赛第一名、上篮比赛第四名、4×400米第五名等成绩。

我在大三学年担任了学院体育部第一负责人，在职期间，我努力工作、兢兢业业，组织过多场体育赛事，为学院取得了前所未有的优异成绩，包括大学生冬季长跑赛男子团体第二名与男女团体第六名。积极参加校园活动的同时，我主动参与了志愿服务活动，曾担任学校资助政策宣传大使，其间成立了资助政策宣讲团，为高中学弟学妹宣讲学校的奖助学金政策，让高中学子不再因学费问题而放弃求学机会。疫情期间，我代表学校成为双高联盟志愿者，在线上为高三学子答疑解惑，为停课不停学贡献自己的一份力量。此外，我还担任了学院学生办公室助理，并加入了学院党员志愿服务队，为学院办公室的工作以及学校文明教室的建设作出贡献。在参与活动的过程中，我收获了友谊，收获了感动，感谢这些经历让我的大学生活变得十分丰富，让我拥有了不可抹去的美好回忆。

回顾一年，有艰辛，有成果，但还有很多地方需要进步。我衷心地感谢学校与学院对我一年来努力的肯定，使我充满信心，更加坚定了自己的方向。今后的生活中，我会依然拼搏并且努力，不断提高，不断挑战，做到全面发展，成为一个更加优秀的人。

师长点评

焦崇珊学习成绩名列前茅，敢于创新，思维活跃，具有很强的科研潜质；担任学生会干部，工作认真负责，积极主动，工作出色，是老师的得力帮手；思想上积极要求进步，具有服务他人的意识，是一名品学兼优的大学生。

机械与电子工程学院教授　宋怀波

励志座右铭

我可以接受失败，但我不能接受未曾努力的自己。

文明其精神　强健其体魄

——理学院邵闻睿

邵闻睿，男，汉族，2000 年 1 月生，共青团员，理学院信息与计算科学专业 2019 级学生。在校期间曾获校长奖学金、专业一等奖学金，获得第三十六届陕西省大学生游泳比赛男子 400 米自由泳第 2 名、50 米仰泳第 3 名、4×200 米自由泳接力赛第 1 名、4×100 米自由泳接力赛第 1 名、男子 4×100 米混合泳接力赛第 1 名，获得暑期"三下乡"赴汉中镇巴县阻断返贫政策调研校级二等奖、陕西省第十二次高等数学竞赛二等奖，被评为校级"优秀共青团员"。

大一时的 5 月，我正面临着一场我极度重视的考试——转数学专业考试。

在上高中时，我的理想便是在某一个领域里做一个领先者，但我又清楚地认识到我与学习数学（包括物理、化学与生物）异常优秀的同学之间差距的巨大，我想，若是以后与他们一起竞争，我基本没什么希望，因此数学只能作为我的工具而不能作为专业。于是按照这一认识我选择了一条"曲线救国"道路——选文科。相对理科，大家在文科上起步的平台几乎没什么差距。在高中，大多数选择文科的同学至少恐惧一门理科学科，只有极少数同学是因为类似于律师等职业规划才选择文科。

高考选学校和专业时，由于受到分数的极大限制，再加上看着理科生能选择的专业较为前卫，诸如航空动力与船舶工程等，我一度对自己当年选学文科产生了怀疑。文科学生，最理想的专业一般就是会计与金融；而在选择学校时，爸爸判断西农录取的概率最大，于是我便开始了解西农转专业的政策。在 QQ 上通过询问在读学生，所获得的信息并不统一，得到的最坏的消息莫过于经管学院一年以后可能不接收文科生转专业，正是因为这条消息（现在知道了是条假消息),复读计划被提了上来。考虑了2天,爸爸、妈妈都比较倾向复读,但我最终还是放弃了。因为我有很大的惰性,虽然高中学习不算刻苦,但我还是选择饶过自己,免得让自己再经受一次煎熬,于是便给自己找了一个行行出状元的理由,让自己接纳了社会学这个自己并不熟悉的专业,接纳可能转不进金融会计专业的事实。向未来的自己贷一笔款,再给自己编一个考研再换专业的理由,今天的时间先留给睡眠和娱乐,努力留给明天,用看似谎言的理由成功骗过自己。

上了社会学专业以后,曾经有一段很短暂的时间,我没法完全接纳社会学专业。班主任孙新华老师师从贺雪峰教授(社会学著名学者),孙老师做的科研数次获得省长批示,他因此获得不少经济奖励,我想,如果我能像他一样,做一个对社会有贡献的学者也是挺好的,并且高校教师待遇不错,我认为自己如果能在社会学一直学下去,兴许能做得不错。在尝试接纳这个专业之前,我以及身边的长辈都对这个专业有很大误解,有的人说学这个以后去居委会调解邻里纠纷,有的人说这个学科不实用,但我始终认为这些评价有失公允,甚至极端错误。

基于高中的认识,在上大学后一段时间内我都从未考虑过转入学校里适合我的理工类专业,像计算机与数学专业,还包括风景园林专业。有一段时间曾经考虑过转入计算机专业,后来因为不熟悉C语言而放弃了。一开始我甚至不知道学校里还有数学专业,再加上"信息与计算科学"这个名字太容易引起歧义。我有记日记的习惯,但至于为什么转入数学专业的最初想法在日记中却没有记录。

上大学以后,我的一位高中同学遇到了无法解决的高数问题,他还像高中时那样过来问我,我每次都能解答到让她十分满意。有一次她说:"你太聪明了,真应该去当个数学家。"数学家在那个时候我是不会去想的,即便到现在也没怎么想过,虽说她的话说得有些夸张,但似乎点醒了我,数学是我的爱好和特长(相对于那些不喜欢不擅长数学的同学而言),为什么不考虑在专业选择上改变一下自己原先那死板的认识呢(我并不想说这个认识是错误的,因为现在我还有同样的想法)?也许并非每一个人都要成为数学家,不同的数学学者或研究人员可以做不同的事情。这是我的回忆,并未记录在日记中,但这似乎就是选择数学专业的一个偶然由他人激发的原始想法。

在这个想法萌发后不久，我应该是看到了学校的信计专业即数学专业，还有一种可能便是我已发现信计专业即数学专业，随后被同学的话提醒。可以确定的是，当时正是下半学期，再加上经过上半学期的考试，虽然我拿到了社会学奖学金，但我觉得我并不热爱社会学，一直学下去可能不会让自己很开心。再加上我平时不爱看书，只爱做题，这样的习惯是没有办法使自己成为人文社科领域的优秀学者的，反倒是比较适合当个理科生，于是不转经管转数学的想法便成形了，我在和家人的通话里屡次提及此事，他们都比较支持我。

那是我十分焦虑的一段时间，从转专业考试时间发布到参加考试，在报名时还有一段小插曲，理学院教务系统出了问题，无法报名，到报名截止日期都没修好，这加剧了我的焦虑。

我的焦虑从何而来？我设想过转专业考试失败，这意味着我将再读一年社会学，那时我对社会学有一些疲倦了，原本转入经管的概率是更大的，对于身为文科生的我来说也更为稳妥，如果失败了也意味着错失了一次转专业机会。那段时间我和彭博因为同时爱好打乒乓球走得比较近，他大一时转专业失败了，他决定大二再转，他告诉我如果他又失败了他会选择复读或者申请降级重修一部分专业课，关于失败后再复读的想法也影响着我，如果我真去复读了岂不更加痛苦，这又加剧了我的焦虑。焦虑之外又有些许兴奋，因为文跨理是大部分文科生做不到的。

我相信我能继续保持对数学类科目的专注度，并兼顾好计算机类课程。因为当时我成功地获得了信息工程学院人工智能专业辅修资格，有望在自己的求学生涯中建立一个理工兼修、数学与计算机相辅相成的知识结构。

尝试触及数学专业的最前沿知识，并向未知再突破一点点，这是我的理想与动力。

师长点评

邵闻睿在校期间，积极参与学院组织的各项活动，协助老师营造良好的学习氛围，对待专业课学习认真，并坚持体育锻炼，做到了全面发展。希望邵闻睿再接再厉，培养吃苦精神，锻炼出更加成熟的心态。

理学院讲师　张世隆

励志座右铭

文明其精神，野蛮其体魄。

国家兴亡　青年有责

——植物保护学院瞿子朔

瞿子朔，男，汉族，1999 年 12 月生，中共党员，植物保护专业 2018 级学生。在校期间，曾获校长奖学金、博恩奖学金和专业一等奖学金，曾获“挑战杯”校赛三等奖、第一届转基因科普知识竞赛二等奖、昆虫微景观制作与展示大赛三等奖、美国大学生数学建模 S 奖等，荣获校级“三好学生”“优秀大学生”“优秀共青团干部”等荣誉称号。现已被保送至中国科学院微生物研究所。

奋斗的一年

2020 年因新冠疫情的发生而使我们的生活变得无比特殊，随处可见青年一代甚至“00 后”都投入到抗疫之中，我们不再是那个躲在家长身后的孩子，“天下兴亡，匹夫有责！”国家复兴，青年有责。

这一年最独特的体验便是网课，这对个人的自律性无疑是一场考验。老实说，屏幕前的我专注度是远不及线下的，尤其是早上第一节课我需要和自己的眼皮好好较量一番。但线上授课也有好处，对于老师课堂上讲的重点与难点内容我可以无数次地回放。或许是因为曾有田径特长生的经历，我可以接受落后，但异常讨厌被别人超越，前一个学期成绩退步严重，所以我要求自己必须迎头赶上，返校前我将全部课堂视频倍速回看了多遍，以备战返校后的期末考试。

在居家隔离期间我收获了一份无比重要的礼物，那就是在梁晓飞老师的帮助以及组员们的配合下，我们成功申报了国家级大学生科创项目！这是我人生中的第一个科研项目，除了兴奋，我还有些“嫉妒”生物信息学相关方向的同学，他们可以不受任何影响地更快地投入到自己的科研工作中。当然，我们的项目经过大家艰辛的付出，在一次次失败后终于获得了突破。在这个过程中，科研的艰辛和失败后的沮丧让我深有体会。然而，不管遇到怎样的困难和挑战，自己对于将来从事科研的决心却从来没变。

返校后，上课、实验、学生会工作、学科竞赛时常会让我感觉能按时吃一顿饭都是无比的幸福。可偶尔的放松让人有一种虚度光阴的懊悔。我经常想起刚入学时张楠老师给我们分享的故事：一座山上，有一块石头刻成的佛像，每天都有成千上万的人踏着石阶前去拜谒。石阶很不服气，问佛祖："凭什么都是石头做的，你可以被万人敬仰，而我要被踩在脚下？"佛祖回答："因为雕刻成佛像的石头经历过千锤百炼，而石阶仅仅经历过几次切割。"同样，一个人不经过千锤百炼，如何能成才？所以，我们要勇于吃苦，接受各种各样的挑战，练就报效祖国、报效人民的真才干，才能无悔人生。

学会快乐

大学期间，我最自豪的不是学业上和学生工作上取得的成绩，而是我与老师、同学、家人能相处融洽，他们的理解与包容让我成了一个被快乐和幸福拥抱着的人。最强大的力量莫过于人心，如果没有他们充当我坚强的心理防线，我又怎能顶住压力坚韧不拔地奋斗下去呢？

心态的波动再正常不过，这需要不断做出调整，以积极乐观的态度笑对生活。我来自陕西师范大学附属中学，身边有太多优秀的同伴，初时我努力学习无非就是想证明我可以赶上他们的脚步。可是随着时间的推移，我发现以这样的态度面对学习只会让其成为负担，反而失去了其中的乐趣。此后，我努力不再是为了超越谁或是成为第二个某某某，而是希望今天的自己可以比昨天的自己多进步一点点，更充实、更快乐一点。

推免结果公示后，父母担心我会不会因为排名在后面的同学去了更好的学校而嫉妒。这怎么会呢？首先，我从未觉得成绩高一点就能代表自己比别人优秀。其次，如果我的朋友没有被录取，那么那个名额一定会被陌生人"抢"走，既然这个位置上一定要有人，让我的朋友去难道不应该是一件开心的事吗？没准以后还能合作一下共同进步呢。

感恩母校

西北农林科技大学是改变我一生的地方。大一刚入学时的场景还历历在目，学长学姐让我们为四年后的自己写一句话，作为一名刚刚放弃为国出征体育梦的运动员，我写下了这样一句话：“既然无法成为第二位苏炳添，就努力去成为第二位袁隆平。”如今，在老师与同学们的帮助下我进入了国家级科研团队，让我离实现梦想越来越近。

相信每一位参加过其他院校夏令营的同学都深有体会，我们之所以能成功拿到offer，很大程度上是因为我们来自西北农林科技大学。业界广泛的认可，不仅仅是因为学校注重对每一位同学专业知识及科研能力的培养，更重要的是家国情怀与西农精神的传承。“扎根杨凌，胸怀社稷；脚踏黄土，情系三农；甘于吃苦，追求卓越”的精神早已流淌在每一位西农人的血液之中。虽然不是每个人把这24个字都能全部做到，但是每个人都在践行着其中的4个、8个、12个甚至更多，西农人胸怀社稷、扎根杨凌、甘于吃苦的精神是一个普遍的追求，早已将“以强农兴农为己任”放在心中，又怎会在意脚下的一点泥泞？

师长点评

瞿子朔同学思想上追求上进、积极乐观；学习上踏实努力，热爱钻研；工作中乐于奉献、认真负责，是名优秀的大学生。

植物保护学院副教授　梁晓飞

励志座右铭

如果你今天觉得很舒服，那一定是忘记了努力。

追逐梦想　我一定行

——草业与草原学院潘宇

潘宇，女，汉族，2002年1月生，共青团员，草业与草原学院草业科学专业2019级学生。在校期间，曾获得校长奖学金及专业一、二等奖学金（多次），曾获校级“优秀共青团员”“优秀共青团干部”“优秀宣讲员”“优秀学生干部”“优秀大学生”。曾获第七届“互联网+”创新创业大赛省级银奖及铜奖、电子商务“三创赛”校赛三等奖、全国大学生数学建模竞赛校赛二等奖、美赛S奖。担任班级团支部书记、班主任助理及学院组织部负责人。

稚子正年少，春风拂笑颜

小时候，由于父亲工作的原因，我在北海长大，那时候母亲全天在家陪着我，因而家里缺少不了精心照料的花和各种各样的小动物，有鸡、鸭、鱼、小兔子等，年幼的我受到热爱生活的母亲的影响，也深深喜欢上了小动物和各种花花草草，喜欢上了生机盎然、五彩缤纷的大自然。后来，我们全家回到了烟台，我也在山水如画的滨海小城里无忧无虑地慢慢长大，夏天享受碧波万顷的大海，在细柔沙滩上悠闲漫步，惬意品尝鲜美的当季海鲜，冬天的北风带来了充足的海洋水汽，造就了银装素裹的“雪窝子”烟台，捧着热气腾腾、香味四溢的烤地瓜和焖子，感受着大雪静谧地落在身上，而后在脚边堆积起来，柔和的灯光为白雪附上了一层暖色，心也变得宁静祥和。因此，我的小时候在快乐安宁中长大，并且肆意生长，自由自在，尝试了很多自己想尝试的新事物，例如钢琴、小提琴、围棋、舞蹈和绘画等，这些在小时候培养出来的兴趣爱好对今天的我有很大的影响。同时，在父母的培养下，我逐渐形成了坚强勇敢、自信自爱、追求卓越等优良品质，学习上也养成了创优争先、细致严谨、珍惜时间只争朝夕的习惯，并且有着较强的责任心，凡事都追求完美、细致、高质量。这些习惯和品质伴随着我一路走向远方。

恰同学少年，风华正茂

后来，随着时间的推移，我先后进入初中、高中。在中学里，我逐渐完善了学习的方法和体系，培养了人际交往能力，探索出了一套适合自己的学习流程，上课时会认真听讲，作业积极完成，平日里会和好朋友一起打打闹闹，日子也在安静而满足地慢慢推移。面临升学时，我更加努力地学习，因为比较擅长理科，因此在最后的冲刺阶段我的成绩较之前有较大提升。但是在高中时期，因为进入了更好的学校，身边优秀的同学也变得更多，日常的学习和年级成绩排名总是给我带来很大压力。在那段时间里，我学会了自我调节情绪，扛住压力，咬紧牙往前走。心中的目标和愿望越大，越希望自己能够变得更加优秀，就越能切身地感受到来自各方面的压力。在那个时候，我认识到不光要有积极认真的学习态度，更应该有良好的心态、强健的体魄和充沛的精力。因此，在初一拿到钢琴十级证书后，我暂缓了钢琴和小提琴的学习，后续在高中时期，我将电脑放入柜子，戒掉了电脑游戏并增强体育锻炼，以争取更多的时间和精力进行学习。我的心智随着不断学习慢慢成熟，并且逐渐明确了我想学分子生物学的理想，并且在这一路上，我坚定了报效祖国、爱国爱党、将一生的理想与追求融入国家富强和民族复兴的事业中的理想信念。无数个夜晚，我在租的学区房里，听着深夜微弱的风声和虫鸣，看着喧闹的城市沉寂下来，想着自己的理想和当天的习题，伴着漫天星光沉沉睡去，那些拼搏过的汗水，是每一位学子的成人礼，是退无可退的选择和义无反顾的热忱，也是属于我们青春的专属回忆。

九万里风鹏正举

时间过得总是很快，经历过高考的那个夏天，我来到了新的平台和归处——西北农林科技大学。但是与高中不同的是，在大一学年，我身上的冲劲和拼劲似乎消散了不少，多了些“慢品人间烟火色，闲观万事岁月长”的佛系心态。然而，这样的佛系心态并没有持续多久，随着大一过去，大家又都开始紧张起来，规划着以后的道路，准备向着更好的自己迈进。在大二学年，我担任了新的学生工作职位，经历了自己感兴趣的各项竞赛，参加了创新创业项目和科创项目，积极参加各项自己喜欢的志愿服务工作和社会实践活动，也在这些过程中做出了可圈可点的成绩，获得了许多荣誉称号。但是我仍有很多做得不完善的地方，例如一直想好好学习的英语始终没有坚持认真学习，由于性子太急，和效率低下或者慢性子的人沟通时经常会急躁，我也逐渐认识到自己身上的不足并积极加以改正。在大三学年，我认识到自己未来的目标和心中的梦想，因此为了更好地提升自己，我放弃了继续留任学生会的想法。大三更需要端正学习态度，记住心中的梦想，努力提升自己，对于应该做的事情及时做好相应的时间规划，并且不断反思复盘，带来属于自己的改变。我相信时光从不辜负努力前行的人，相信努力是一种习惯，也希望自己可以真正坚持努力，希望自己的付出会有结果，愿世间总有星光开道，披荆斩棘也不枉此行。

唯有时代，取之不尽，用之不竭，容得下最大的妄想。小时候无忧无虑的少女已经长大成为有理想、有责任、有担当的新时代好青年，而身处这样一个百舸争流的奋进时代，对于当代青年来说，怀揣梦想乘风破浪是最好的姿态。我有幸生在中华最好的时代：中国摆脱积贫积弱，走向国富兵强，进入飞速发展的新时代，更应该奋力进取，去坚持，去追梦，去成才；与民族同命运，与祖国共前进，与时代齐发展，使个人奋斗的价值得到升华，让人生的意义超越小我，并将个人成功的果实牢牢结在爱国主义这棵常青树上，在新时代新征程中用努力赢得更加伟大的胜利和荣光！

师长点评

潘宇同学平日里热爱学习，勤学好问，学习态度认真严谨，做事能脚踏实地、有始有终，并且有很高的热情和奉献精神，尤其是班级工作和团委工作，认真负责，善于创新；沟通能力强，平日里与同学能和谐相处，有较好的人际关系。

草业与草原学院副教授　张伟

励志座右铭

愿将我一生的理想与追求融入国家富强和民族复兴的事业中。

迎着风雨　抓一束光

——林学院肖程予

肖程予，女，汉族，2000 年 1 月生，共青团员，林学院木材科学与工程专业 2018 级学生。在校期间曾获校长奖学金、源木奖学金，获第六届全国生命科学创新创业大赛全国二等奖、第五届全国生命科学创新创业大赛全国三等奖、第二届全国林业草原行业创新创业大赛全国优秀奖、第九届全国大学生机械创新设计大赛省级二等奖、2021 年中国大学生计算机设计大赛省级二等奖、第十一届全国大学生电子商务"三创赛"省级三等奖等奖项，2 次获得校级"优秀大学生"荣誉称号。

古人学问无遗力，少壮工夫老始成

任何成功都是从零开始的，求学亦然。由于高考发挥失利，我来西农，最初是带着自厌和自卑等种种情绪的，但永不服输的我告诉自己一定要争口气，努力学习，拿奖学金，将来争取保研。西农的校园很美丽，除了清新自然的景色，还有正宗地道的凉皮、肉夹馍。友善的同学和师长，在这样的环境下，我每天过得都很快乐，课上认真听讲，课余认真完成作业，临近期末考试时也会没日没夜地复习，无论是必修课还是选修课，我都认真学习、融会贯通。让人欣慰的是，我的辛苦没有白费，我的学习成绩基本排在专业前 10——一个令我还算满意的位次。自然而然，在大二下半学年我的成绩就到了专业第二，当时我非常开心，付出总会有回报嘛。大学期间我多次获得专业一等奖学金，也曾获得源木奖学金及"优秀大学生"等荣誉称号。

在这里，我最想说的是，学生时代最重要的事情就是学习，这是我们的本职工作，这一点，不管在什么时间，不管做什么事，这个大前提不能忽视。我曾经有个深刻的教训，有一段时间，准备竞赛特别忙，所以临时抱佛脚，期末考试只能靠突击,结果可想而知,成绩不出所料的一塌糊涂。“九层之台,起于累土”,只有坚持不懈地努力,点点滴滴地积累,才会达到量变,才会形成质变。当然,持续地认真学习也会对自己的生活以及整个人的状态产生积极的影响。

长风破浪会有时,直挂云帆济沧海

求学的道路并非一帆风顺,我也有焦头烂额、怀疑自己的时候。因为在大二、大三学年参加各类学科竞赛,一时间我无法平衡自己的精力与时间。很多课程跟不上,复习时感觉到很多概念对我来说都是全新的;而要命的是我对报名参加的各类学科竞赛流程与要点还不了解,之前关于创新创业比赛的经验就是和大我一届的学姐一起做的科创,但是我负责的也仅仅是我擅长的一些设计美工之类的工作,对于如何完整地完成一个项目也是心中无数,所以最终的结果是:功课学习受到影响,科创工作的准备也是毫无章法,走了很多弯路,也浪费了很多宝贵的时间。

付出总会有回报。经过几次碰壁,我大概了解了相关的技巧与方法,知道一个项目的着重点在哪里,怎样高效地与团队沟通,如何发挥每个队员的长处,怎样使我们的成果利益最大化。慢慢地,由于对各个环节都比较熟悉,加之前面已有成果产出,所以后来对于类似的比赛、竞赛或者科创项目做起来就得心应手、游刃有余。这下我也有更多的精力和时间放到学习上,有了不少的收获。

通过这些学科竞赛,我不断提高自己的专业素养和综合能力。大学期间总共获得了国家级奖励3 项、省部级奖励3 项以及校级奖励10 余项。包括全国生命科学创新创业大赛全国二等奖、第二届全国林业草原行业创新创业大赛全国优秀奖、第九届全国大学生机械创新设计大赛省级二等奖等。依靠这些比赛成果,我申请了专利成果。

一步步走来,最终是守得云开见月明。

纸上得来终觉浅,绝知此事要躬行

一直以来,我都深知社会实践工作的重要性,由于之前自己参加社会实践方面的活动不算很多,为了更好地锻炼自己,也为了更好地体会大学生活的丰富多彩,繁忙之余,我参加了一系列的社会实践工作,除了每年都会参加的回访母校外,我还参加了暑期“三下乡”等社会实践活动。不过遗憾的是,该项目一直没拿到优秀等级。我还参加了许多志愿工作，比如崔西沟文化会演志愿者、杨凌农科城国际马拉松赛志愿者、校运会志愿者等。这些活动很好地锻炼了我的人际交往能力与语言表达能力，对我参加创新创业等竞赛时的团队合作也产生了积极的影响。

这次虽然拿到了校长奖学金，但离那些优秀的同学差得还很远，需要我提升的地方还很多。大学期间感谢父母师长的殷切教诲，也感恩同学朋友的陪伴与帮助。四年的大学学习生涯马上就要结束，这些年来有收获，也有失败；有成功的喜悦，也有遇到挫折时的恐慌。人生学无止境，学会了珍惜，我也明白它的来之不易。

师长点评

肖程予同学能遵守学校各项制度，尊敬师长，学习成绩优异，是老师的好帮手，是同学的好榜样。学习上刻苦认真，生活上勤俭节约，思想上追求上进，工作上积极主动、认真负责，是一名优秀的大学生。

林学院副教授　张远群

励志座右铭

心志要坚，意趣要乐。

破茧成蝶的青春

——生命科学学院燕文杰

燕文杰，男，汉族，2000 年 12 月生，中共预备党员，生命学院生物技术专业 2019 级学生。在校期间，曾获校长奖学金以及校级“优秀大学生”“优秀共青团员”等称号，参加回访母校先进队伍活动，参与第二十八届农高会、“一带一路”生物健康农业国际研讨会的服务保障工作。

自信——迈向青春的第一步

2019 年 8 月 24 日，我第一次走进西农。妈妈揩了揩眼泪，轻声地嘱咐我道：“孩子，以后的路要学会自己走，我只嘱咐一点——干什么事要自信。”说罢便不舍地转身离去。自那时起，我便着力于破除我青春的第一层茧——自卑。第一次竞选班级联络员，我提前准备了 3 天，但是由于太紧张，展现给大家的只有羞红的脸蛋和乏味的语句——很显然我没有成功；第二次竞选班长，我提前 2 天写好稿子，在军训期间见缝插针地背记，可是当面对现场的同学时我只憋出了前几句，之后大脑便一片空白；2020 年班委换届，我精简了内容，并且提高了声音，临场发挥也比之前更好，却还是没有成功。我有些怀疑自己的能力，但是并没有放弃自己。记得白岩松说过，“只有深刻自卑过的人，才能真正自信”，为了锻炼自己的能力，我鼓起勇气在课堂上举手回答问题，积极参加新生爱国朗诵比赛，多次报名英语演出，渐渐地我听到了些许肯定：“是的，你做的准备一定很充分。”“你的表现比之前好多了。”正向的反馈更激发了我的信心。

2021 年 9 月，我又一次参加班委换届，由于平时认真学习、热心助人、团结同学、现场表现良好，我最终成功地当选了 1905 班的班长，并且带领班集体获得 2021 年先进班集体的荣誉。这让我深刻地认识到：学习和生活都是一样的，失败并不可怕，可怕的是失败后不再站起来，我们只有不断尝试才有机会受到命运的青睐。人生也许就是这样，成功时接受别人的鼓掌，失败时为别人鼓掌，青春需要的是不断的努力和持续的自信。

自律——走好青春的每一步

依稀记得，迎新晚会上院长语重心长地教导我们说：进入大学以后，一定避免后马拉松效应和目标损耗，千万不要在中学拼命地学习，却在大学拼命地玩。院长的话深深地触动了我。2019 年，每天清晨，我在道路上追逐第一缕阳光；每日傍晚，我在教室里亲吻最后一抹夕阳。不幸的是那种触动仅仅持续了一年，2020 年，由于学生晚自习的取消、学院学校监督力度的减弱，不知不觉中我放松下来，逐渐走入“温水煮青蛙”的大锅，出现了学习、娱乐、学生工作不平衡等问题，等临近期末时才渐渐清醒。

最终考试结果并不理想，但是我并不后悔，也许这是每个人都必须经历的痛，是这些经历给了我机会去主动培养自己的自律，让我学会自己向前走。现在，看着行动清单上满满的任务，我感受到的不再是疲惫，更多的是幸福和欣慰，我的青春痛并快乐着。虽然自律意味着要牺牲许多娱乐的时间，意味着要每天向瞌睡虫宣战，意味着这个过程会有些许痛苦，但是只有自律才会进步，自律的青春才有自由。

自知——我的青春我做主

“我们奋斗的目的是什么？谁可以谈一谈？”上课时老师这样问道。

我自信地举起手回答道：“因为我想让我的父母过上更好的生活。”

“你说得很对，但你有没有想过，你的学习、你的奋斗更是为了你自己？”

老师的这次反问着实为我上了一堂很有意义的课，她让我懂得了“我”才是自己青春的主角。这样看来，我的努力、我的自律、我的拼搏，不是出于别人的要求，不是为了其他事情，而是为了实现自我价值。“今日方知我是我”，是我自愿选择自信的、自律的、无悔的青春。我追求更舒适的生活，所以我努力学习专业知识；我追求更好的人生，所以我坚持自律自信；我追求为国家和社会作出贡献，所以我参加支教、参与抗疫、去做志愿者，所以是“我”而不是“别人”决定我青春的下一步。“生涯规划”课程中提到：“青春就像嗜血如命的北极熊，也是没有天敌的，能亲手将它结果的也只有你自己。”适合别人的道路不一定适合自己，做自己真正想做的事情，成为自己真正想成为的人，在忙忙碌碌中朝着理想的目标前进。转眼间大学已经过了大半，原来怎么样已经不重要了，重要的是未来走向哪里，怎么走，我现在能做的不多，只有手边忙不完的学习和工作，但有这些已经足够了。

正如习近平总书记所说："人的一生只有一次青春，现在，青春是用来奋斗的；将来，青春是用来回忆的。"青春是一条破茧成蝶的路，这条路会很长、很艰难，但我依然会努力走下去，即使明日，天寒地冻，路遥马亡。

师长点评

燕文杰同学思想进步，积极向党组织靠拢；学习进取，成绩优秀，勇于挑战自我，注重能力锻炼，积极参与科研训练；工作上富有领导力和团队精神，能带领寝室、班级成员努力学习，是一名全面发展的优秀大学生。

生命科学学院教授　刘夏燕

励志座右铭

世界很公平，精力放在哪里，收获就在哪里。

在奉献中绽放

——人文社会发展学院罗睿

罗睿，男，汉族，2000 年 9 月生，中共党员，人文社会发展学院社会学专业 2018 级学生。曾获校长奖学金、多次获专业一等奖学金，获第十七届“挑战杯”校级二等奖，获校级“三好学生”“优秀学生干部”“优秀大学生”“优秀共青团干部”等荣誉称号。多次参加社会实践活动，曾荣获寒假社会实践论文校级一等奖、暑期“三下乡”社会实践活动校级二等奖和校级“社会实践标兵”等荣誉。

以律己为基石

幼时读到“落红不是无情物，化作春泥更护花”一类的诗句时，我便暗下决心，要在将来成长为一个富有责任感和家国情怀的人，以所学所得回报社会。长大后我深知要做到这一点，首先需要重视自身的提升，常言道“打铁还需自身硬”，只有善于学习，勤于思考，不断积累，才能有质的提升和飞跃。为此，从大一开始，我就坚持在课堂上做好笔记，遇到问题及时向老师请教或者与同学交流讨论，拓展自己思考问题的角度，课后大量阅读专业以及其他学科的相关书籍，尤其是经典著作。时至今日，我还依旧记得阅读专业词典时的那些苦涩与迷茫，也清楚地记得按照规划看完每一本书后的充实与兴奋，这种经典训练式的阅读激发着我无限的“想象力”，在纠正了我以往观念的同时也让我在专注度和心智品质上有了极大的磨炼和提高。三年来，通过不懈地坚持与努力，我在学习上取得了不错的成绩，多次获得专业一等奖学金以及校级“三好学生”“优秀大学生”等荣誉称号。

在课堂之外，我也尝试着利用创新训练项目锻炼自己的能力。大一时我就主持了校级创新项目，尝试着利用自己所学专业知识进行创新。在此过程中，我逐渐寻找到了自己的学术兴趣点，也初步培养了自己的科创思维。在大二学年，我参与了一项省级创新项目，相较于大一有了明显的进步，在项目设计、推进的过程中对于出现的问题能够及时调整并给出有效的解决方案，精益求精，从一个细节到全部的内容修改都能做到有条不紊，我感受到自己的专业能力在逐渐系统化。

日复一日的训练带给我的不仅是知识上的丰富，更是思维上的成长，我也更加坚信，“律己”绝非朝夕之事，而是一生的课题。

以服务为道路

长期以来我都坚信，理论学习只有和实践结合起来才能更好地锻炼自己，为了更好地提升自身的能力，于是我便积极参加社会实践活动。如 2018 年入学不久，在“奉献、友爱、互助、进步”的志愿精神感染下，我选择加入学院和学校团委社会实践部，成为一名光荣的志愿者。利用课余及周末时间，曾多次前往五泉、老年活动中心等多个实践基地进行志愿服务，用自身的实际行动践行志愿精神。利用寒暑假时间，我作为队长带领成员分别前往陕西省宝鸡市凤县、渭南市合阳县和汉中市城固县等地开展将近一个月的西北乡村调查和暑期“三下乡”等社会实践活动。在一次又一次的实践活动里，我获得了书本上难以学到的知识，也感受到了实践和奉献所带来的快乐。大二学年我继续坚持利用周末以及假期等课余时间参与学校组织的实践活动，由于表现良好，先后获得了学校寒假社会实践论文校级一等奖及校级“社会实践标兵”、院级“社会实践先进个人”等荣誉称号。

通过一点一滴的实践积累，我的服务意识逐步增强。从大一到大三，从团委社会实践部志愿者到体育部负责人，再到学院主席团任执行主席，学生工作真正成为我践行“服务奉献”精神的一面镜子，虽然各个阶段的工作和心态都大不相同，但唯一不变的就是我那坚持奉献精神的决心。经过三年的磨砺，提升了我的组织管理与协调沟通能力，让我明白了如何有针对性地开展工作，在工作期间真正做到为学校服务、为学院服务、为同学服务，为自己的人生积累了宝贵的经验财富，多次被授予校级“优秀学生干部”“优秀共青团干部”等荣誉称号。

今后我将继续秉承“奉献自己，服务他人”的精神，珍惜每一次社会实践和志愿服务的机会，期望为自己的成长留下不灭的记忆。

以信仰为明灯

信仰之于人类犹如阳光之于草木，是能量之源与方向所在。在家庭的指引和老师的教导下，小时候我便对中国共产党产生了向往之情，虽然懵懂却十分真诚。因此大学入学伊始我就下定决心，在思想上以严格标准要求自己，坚定政治立场，拥护党的领导，坚持为共产主义事业奋斗终身。在大一时我向党组织递交了入党申请书，积极向党组织靠拢，关注时政，认真学习和了解党的基本路线和各项方针政策，学习领会党的十九大精神，定期向组织汇报思想状况，在大二时被确定为党员发展对象。在党课培训中，我认真学习党的相关理论知识，对党的思想领悟也更加深切，在党课结业考试中取得了优异的成绩，并在2020年8月被转为中共预备党员。经过一年预备期的考察，于2021年正式成为一名中共党员。今后，我将时刻以一名共产党人的标准严格要求自己，保持坚定的理想信念，发挥党员的战斗堡垒和先锋模范带头作用，以人民为中心，全心全意为人民服务。

在过去的三年里，从懵懂到坚定，从青涩到成熟，“律己、服务、信仰”一直是我大学生活的写照，体现出的是我在不同时期和不同层面上的心态变化，并时刻提醒我不要忘记初心，学好知识，练好本领，以过硬的素质为中国特色社会主义建设贡献力量。

师长点评

罗睿同学拥有坚定的共产主义信仰，追求上进、道德高尚，有奉献精神和拼搏精神；学习刻苦努力、成绩优异；学生工作成绩突出，有大局意识，组织管理能力和统筹协调能力强，是一名德智体美劳全面发展的优秀大学生。

人文社会发展学院辅导员　李晓宇

励志座右铭

尽吾志也而不能至者，可以无悔矣。

翻山越岭　逐梦前行

——动物科技学院穆亚男

穆亚男，女，汉族，2003 年 12 月生，共青团员，动物科技学院动物科学专业 2021 级学生。在校期间，曾担任动物科学 2102 班团支部宣传委员、动物科技学院组织部负责人、阳光团工委动科支部负责人，荣获校长奖学金、专业一等奖学金，被评为校级“优秀大学生”。

目标明确，有的放矢

如何提高自己？这是我进入大学以来一直思考的问题。总结这两年的经历，我认为有以下三点可供借鉴：第一，做好规划，有的放矢；第二，戒骄戒躁，静心学习；第三，保持开放心态，积极学习各种技能，提高综合素质。

的确，无论是在学习还是生活中，我都喜欢做出规划，还会在每一个阶段制定小规划，然后根据规划再制订达成目标的详细的步骤，然后一步一步达成自己的目标。学生最主要的任务便是学习，刚入学时，我通过主题报告、专业思想教育等逐渐了解我们的专业，接下来便是全力地培养自己的专业兴趣，激发自己的学习动力。这样，在以后的学习中我们便可以踏踏实实地按照计划学好课程内容，具体步骤或方法就是通过课前预习、课堂记笔记、课后复习等，打好专业课基础，并通过复习或阅读相关专业书籍不断巩固强化知识内容。

大学课程门类多，知识体系复杂，如果没有明确的目标支持或详细的学习计划，就很容易造成时间浪费。因为入学时我的目标就很明确，所以大学期间我一直把重心放在了专业课的学习上。“只有学好专业知识，路才能走得更远。任何规划和目标，如果没有好的成绩做支撑，那都是水中花、镜中月。”也正是因为我采取了以学（专业学习）为主、兼顾各方的策略，让我在学好专业知识的前提下，不断提升自己的综合素质。

脚踏实地，精益求精

在大一学年，我紧紧围绕着专业知识的学习，勤奋踏实，刻苦认真，通过制订自己的长期计划和短期计划，全力提升自己的能力。一句话，就是把学习放在首位，以专业学习为基础，兼顾参加其他各项活动与各类知识竞赛。

我仍然记得，大一学期，我对自己的要求十分严格，每天的学习与学生工作，几乎将我全天的时间安排得满满当当。这种争分夺秒的生活持续得久了，我发现自己的学习效率大打折扣。在听取了学姐的建议之后，我调整了自己的时间安排，劳逸结合，在高度专注学习或工作之后，会用散步、看电影、听音乐等休闲方式放松一下。这样一来，可以明显地感到完成任务的效率大大提高了。当然，在课堂上，我一如既往地会认真听讲，做好笔记，课下和老师、同学交流，拓展思路，总结规律，形成知识体系，并注重拓宽自己的知识面，优化自己的知识结构，全方位培养自己的能力。欣喜的是，我的付出没有白费，大一学年，我即取得了优异的成绩，获得了校长奖学金。

学以致用，重在躬行

除了学习，学生工作、校园活动与社会实践活动，也给我的大学生活增添了亮丽的色彩。大一时我进入院办公室帮忙，在一次次上传下达、部门协作的工作中，提升我在表达和处理事情的能力。大二我又去团委学生会工作，成为组织部的负责人，在提升个人能力的同时也让我的肩上担起一份责任。其间，有活动成功申请举办的喜悦，更多的是平凡时光中平凡工作的点滴印记，这些都为我今后走向社会积累了丰富的经验和阅历。

我积极参与社会实践活动，在阳光团工委动科支部，从大一时候的工作人员到现在的负责人，在一次次的志愿服务活动中，我立志于奉献爱心、回报社会。假期中，我积极向市团委报名，参加志愿服务。作为新时代的中国青年，发挥模范带头作用，积极投身于自己力所能及的事务当中去奉献自己，发出自己微弱的一束光芒。此外，我还加入了舞蹈队、礼仪队，在和谐、温馨的大家庭中，我结交到了很多志同道合的伙伴，我们一起学习、一同比赛、共同成长，也获得了花球啦啦操比赛、舞蹈大赛优秀奖。这些都是我在大学生活中获得的宝贵财富。

信念坚定，矢志不渝

阳光的背后总有阴影，刚上大学半年的我也曾有过迷茫。面对大学生活与高中的差异，面对难度大、内容多的专业课程，面对看不懂教材、跟不上老师节奏的困境，我产生了强烈的挫败感。好在有老师的教导，有同学的帮助，我积极调整自己，根据自己的实际情况，制订了自己的人生规划及详细步骤，然后坚定信念，一步一步地摸索，终于找到了适合自己的一套学习方法，成绩进步也很明显。所以，在困难面前永不言弃，坚定信念，努力前行才是我们战胜一切困难、走向辉煌人生的唯一秘诀。

师长点评

穆亚男同学思想上追求进步，德智体美劳全面发展。对待学习勤奋努力，对待班级工作认真负责。尊敬师长，团结同学。性格热情开朗，善于沟通交流。遇到困难不退缩，始终保持拼搏进取的精神。希望继续努力，取得更加辉煌的成绩。

动物科技学院副教授　夏博

励志座右铭

道阻且长，行则将至；行而不辍，未来可期。

逆旅前行　向阳而生

——风景园林艺术学院党彩虹

党彩虹，女，汉族，2002 年 8 月生，中共预备党员，风景园林艺术学院城乡规划专业 2020 级学生。曾获校长奖学金、专业一等奖学金(3 次)，曾参与杨凌农科城国际马拉松赛、一起云支教等志愿活动，参与筹备第五届学生代表大会工作，获得校级“优秀大学生”“优秀共青团员”“社会实践先进个人”等荣誉称号。

穷且益坚，不坠青云之志

我来自一个贫穷落后的小山村，父母文化浅薄，母亲身体差，不能干体力活，仅有父亲在外打零工，经济收入微薄。爷爷奶奶也年过古稀，身体情况较差，需要有人照看，加上两个正在上中学的弟弟，家里的负担很重。爷爷奶奶常年的医药费和我们姐弟 3 个的教育费用使本就贫困的家庭雪上加霜。可是生活的不易并没有使我变得自卑、消沉，我一向乐观开朗，对于我的人生有着明确的规划。经过 12 年的努力，我终于来到了自己心仪的大学——西北农林科技大学。

人穷志不穷，无论生活怎样，我始终坚持着我的志向。2022 年国庆期间，爸爸在工地从高处摔下，导致右腿骨折。将近一年的时间，爸爸没有外出工作，这使原本就不堪重负的家庭经济变得岌岌可危，连日常一日三餐的生活都受到了严重的影响。面对此情此景，我束手无策，任何的忙都帮不上，我内心的痛可想而知！但我只能安慰自己：我现在还没有任何能力去改变这种状况，把自己照顾好，不让家里人为孤身在外的我操心就是对爸爸妈妈帮的最大的忙。穷且益坚，我知道这个时候我只能潜心于自己的学业，只有努力自己的专业才有能力帮助家里摆脱贫困。当然，目前我还可以利用课余时间去做些兼职，用工资及奖助学金来支付我和弟弟们的生活费，以减轻我的家庭经济负担。

面向阳光，勇往直前

回顾这两年，一场突如其来的新冠疫情打乱了所有人的节奏。在全民抗疫大背景下，我的小家也遭遇了一个又一个困境。在高考时，先是妈妈因高烧住了一个多月的医院；后是伯母因为宫颈癌转到了市医院治疗，一直到现在都没有康复；之后爷爷又因为犯了老毛病住到了医院；再到 2021 年初，舅妈又出了车祸；接着，爸爸又出了事故。这两年绝对是我一生中最难忘记的两年，在面对高考和升大学的重要情况下，我的家庭遭遇了前所未有的困难。

我想，换作是任何其他一个人，都很难撑下去吧，但今天我想说的是：我做到了！我仍旧以优异的成绩来到了西农，遇到了一群质朴的西农人。这要感谢我的高三班主任，他告诉我："把脸一直向着阳光，这样就不会见到阴影。你现在正是意气风发的时候，不应该为了生活中暂时的困难而低头，积极乐观地去面对生活，是你帮助家庭的最好方式。"之后我发现确实是这样，每次我的家人们看到我的笑容，就会跟着笑起来，惨淡的气氛都会跟着一扫而空。所以，我们在生活中，要努力地看向前方，这样才会有更多的希望，才不会被一时的困境拖住而停滞不前。

挑战自我，做最好的自己

来到西农后，我结识了许多优秀的同学。大家好像在中学期间除了学习还做了许多别的事情，比如学钢琴、学跳舞、参加有关科研的比赛等。反观我的中学生活，除了学习，就是帮父母干活。

尽管这样，我仍然乐观地面对生活，努力去追赶优秀同学的脚步。我明白学习是学生的头等大事，所以我在课上认真听讲，不懂就问；在课下也会去图书馆浏览感兴趣的内容，丰富自己的视野。在过去的两年里，我获得了 3 次专业一等奖学金和一次国家励志奖学金，通过了英语四级考试并参加了大大小小的各种比赛。我也在努力地改变自身内向的缺点，参加了许多社团活动，如爱心社、学生会、阳光团工委等，抓住一切机会锻炼自己的社交能力，挑战自我，去做我之前感觉很难的事情。对比一年前的我，变化是肉眼可见的。对于我之前一直不太擅长的计算机领域，我也在网上找资料，利用空闲时间去学习。通过努力，我成为我们宿舍第一个通过计算机二级考试的人。在西农的一年里，我无论是学习方面还是生活方面都有了很大的进步，借助学校的资源，我勇于改变自我、挑战自我，成了我如今的模样！当然，在今后的大学生活中，我亦会继续不断挑战，不断改变，成为更好的自己。

幸运总是垂青那些执着勇敢的人，想要变优秀，顺其自然是不可能的，你需要做很多，花很多时间，忍耐并且坚持。面对生活中的困难，我喜欢逆旅前行，向阳而生！放弃很简单，但坚持一定很酷！让我们怀着感恩的心，在通往梦想的道路上披荆斩棘、共同前进吧！

师长点评

党彩虹同学自入校以来，学习态度端正，成绩优异，给同学树立了良好的榜样；同时积极参加各项集体活动，思想积极上进，积极向党组织靠拢，并按照党员的要求严格约束自己。综合各方面看，该生学习刻苦，成绩优异，生活朴素，自立自强，是一名德智体美劳全面发展的优秀大学生。

风景园林艺术学院讲师　李想

励志座右铭

放弃很简单，但坚持一定很酷。

粗粝能甘　纷华不染

——资源环境学院雷玉婷

雷玉婷，女，汉族，2000 年 4 月生，中共党员，资源环境学院资源环境科学系 2019 级学生。在校期间，曾获校长奖学金、专业一等奖学金、全国大学生计算机设计大赛国家级二等奖、全国大学生生命科学竞赛国家级二等奖、第十二届大学生数学竞赛陕西省二等奖、“挑战杯”大学生创业计划大赛省级铜奖、“互联网＋”大学生创业计划大赛省级铜奖、西北农林科技大学创新创业论坛赛校级三等奖，获校级“优秀大学生”“社会实践先进个人”等荣誉称号。

积极上进，与时俱进

思想上，我积极上进，不断向党组织靠拢，在大一时我便向党组织递交了入党申请书，了解党的方针，发扬争先创优的精神，积极关注国内外大事，通过自身的不断努力，在 2021 年 11 月成为中共预备党员，在 2022 年成功成为一名光荣的中共党员。作为一名学生党员，我始终以党员的标准严格要求自己，从身边的一点一滴做起，起到先锋模范带头作用。

学习上，我始终以“天行健，君子以自强不息”这句话来激励自己。对于学习，我一直严格要求自己，勤奋踏实、积极主动、认认真真地上好每一堂课，在学好专业知识的同时涉猎多专业知识。所以，大学四年中，我一直保持着较好的成绩，并获得国家奖学金、校长奖学金、专业一等奖学金，也被评为“优秀大学生”。虽然获得了很多荣誉，但我深知，与其他优秀的学生相比，我所取得的成绩微不足道。“雄关漫道真如铁，而今迈步从头越。”荣誉就好比是圆形的跑道，既是终点，又是起点，不管是怎样的荣誉，只能说明过去，不能代表将来。掌声终究会消失，奋斗的脚步还要继续。站在一个新的起点，我会一如既往地努力，全面提高自己的综合素质。以饱满的热情、积极的心态及高度的责任心去对待每一件事。扎扎实实学好专业知识，广泛涉猎，团结同学，乐于助人，虚心向同学学习，“百尺竿头，更进一步！”

在平时的生活中，比起沉浸在手机中，我更喜欢安静地读书，图书馆是我常去的地方，每当空闲的时候我都会跑到那里去看书。在安静的午后，捧起一本书，嗅着书香，反复咀嚼，品味着每一字、每一句。这是一种让生活充满仪式感的美好体验。

我认为当代大学生应该培养自强的品格，在即将步入工作之前不断地使自己羽翼丰满。自强不息是在任何处境中都不屈从命运的安排，努力向前，不折不挠。在顺境中，不骄傲，不得意，只要求更好；在逆境中，不退缩，不畏惧，只求逆流而上。在“挑战杯”“互联网+”等创新创业赛事中，我和队友们一起努力、一起拼搏，赢来了属于我们的省级铜奖；在计算机设计大赛中，我和队友协同合作、开拓创新，凭着努力摘得国家级二等奖。通过比赛，我与团队的合作意识提高了，集体荣誉感增强了。现在我能够更加勇敢地表现自己，可以在舞台上很好地展现自己，让自己变得更加勇敢。参加大型比赛，不仅增长了自己的知识，扩展了自己的视野，也让自己变得更加自信。

兢兢业业，认真负责

从大一的默默无闻，到大二的班级科创委员、学校大艺团评估部成员、院羽毛球队队长，我改变自己，融入班级，积极承担班级工作。在此期间，我也明白了工作和学习双兼顾的不易，但也享受着认真学习和工作使我成长的乐趣。作为班级科创委员，我一直以来以身作则，积极参加各种科创项目以及各种竞赛活动，认真配合上级领导及老师的工作，以大局为重，踏踏实实做事。任职期间，班级同学参加了多个创新创业比赛并且获得较好的名次。我也积极探索自己的价值，利用自己的长处，比如在各种羽毛球比赛中担任裁判。

生活上，我以饱满的热情迎接每一天的挑战。也许是家人的影响，我始终保持着艰苦朴素的生活作风，从小养成了良好的生活习惯，不与他人攀比。同时，我利用课余时间参加学校的勤工俭学，比如在办公室当助管，一方面为自己挣些生活费，另一方面也为自己今后的工作奠定基础。

来到大学以后，我拥有了更多参与志愿者活动的机会。在这期间，我利用空余时间参加了各种志愿服务活动，例如去担任抗疫志愿者、杨凌农科城马拉松赛志愿者、支教小老师等，我觉得这是一种幸福。正是通过这一次次的志愿活动，使我的社会责任感、忧患意识以及社会实践能力得到了提升，也为我的课后生活增添了色彩。

师长点评

雷玉婷同学做事认真，不骄不躁，有自己的主见，做事有激情，能够静得下心来仔细钻研问题，学有所成。同时，该同学也善于团结同学，与人为善，积极向上，与同学、老师相处良好。

资源环境学院副教授　黄冬琳

励志座右铭

永远年轻，永远热泪盈眶。

心怀信念　步履不停

——经济管理学院高远

高远，女，汉族，2003年2月生，共青团员，经济管理学院经济学专业2020级学生。曾获国家奖学金、校长奖学金、专业一等奖学金等，获得全国大学生数学竞赛一等奖、CRA市场调研大赛二等奖、“神农杯”市场营销大赛三等奖等，荣获校级“优秀共青团员”“优秀大学生”“社会实践先进个人”等荣誉称号。

聚作一团火，散作满天星

年满18周岁后递交入党申请书到成为入党积极分子，一年里我看到了自己在思想上的成长与蜕变。在思想上进步，积极参与政治理论学习和青年大学习，努力提升自己的理论知识水平，和优秀的共产党员一道凝心聚力；上大学两年时间，每次返乡，只要组织有需要，我就会积极投入到社区工作、志愿服务之中，用自己微小的力量发光发热，尽可能为大家提供帮助、提供方便，正如鲁迅先生所说：“有一分热，发一分光，就令萤火一般，也可以在黑暗里发一点光，不必等候炬火。”

今后我将更加严格要求自己，努力将自己培养成习近平总书记要求的又红又专、德才兼备、全面发展的中国特色社会主义合格建设者和可靠接班人。

驽马十驾，功在不舍

大学是多元化的，学习只是其中的一部分。进入大学，我经历了迷茫期，虽然没有很明确的打算，但一直没有放弃学习，取得了不错的成绩。我深知学习这条路没有捷径，走这条路需要能吃苦、能流汗、能坚持。3个学期学业成绩稳中有进，综合成绩位列专业第二，绝大多数科目都在90分以上。

除了日常的学习，我也注重提高自己学习的广度。暑假期间在线上参加了中国农林经济管理学术年会，还参加了北京大学“第六届中外经济思想史研究”暑期讲习班，另外，平时也会观看一些论坛、讲座，从中进一步加深了对专业知识的理解和感悟，特别是通过这些论坛、讲座，知道了相应理论在社会现实中的应用，这对于提升自己专业学习的信心有极大的帮助。

当然，在学习上，除了自身的努力外，我也注重和同学们的相互交流。我不喜欢单打独斗，庆幸的是在大学里有这样的几个挚友，我们在一起对某一堂课讨论，针对一篇文章的优劣做以分析，针对一个观点提出自己的看法……通过这些分享，使得我们每个人都能快速地掌握专业知识，对于问题有着自己独到的观点。

前路修远，上下求索

竞赛方面，我深知经管类专业对数学的要求极高，因此在平时的学习中特别注重对自己数学能力的培养，所以 2 次参加全国大学生数学竞赛，分别获得了一、二等奖；参与 CRA 市场调研分析大赛，对考研市场和学生意愿期望进行调研分析，撰写长达 5 万字的调研报告，荣获二等奖；参与市场营销大赛，分析洛川苹果优势和机遇，撰写营销策划书，为洛川苹果进行宣传，以提高农户收益，最终获得三等奖。一般而言，我所参与的竞赛更多的是以实操为主，注重专业能力与素养的竞赛，我希望通过参加这些竞赛来提高自己各方面的能力。

科研方面，曾参与国家级科创项目，帮助完成数据的处理、分析，图表的制作以及结论的撰写，并获得优秀结题。主持国家级科创项目 1 项，带队完成问卷设计、实地调研、数据处理、撰写调研报告、研究报告等工作，目前正在进行论文初稿修改。

科研、竞赛就是锻炼我们除了学习之外发现问题、分析问题、解决问题的能力，我相信，所有的经历都是未来宝贵的财富，随着知识学习的深入，科研之路定会更加宽广。

微光可成炬，奉献映苍穹

在校期间，我曾担任过迎接新生的志愿者，帮助新生完成入学工作；多次参与支教、疫情防控志愿者、文明餐厅督导员，锻炼了自己的沟通、组织、处理事务的能力。

寒假期间在家乡政府机关实习，完成文件整理、信息摸排等工作。签收录入了160项信访事项，整理上传了158份2211信访流程办理单。小到一杯奶茶，大到上万元的经济纠纷，信访人都尽力为群众排忧解难。关切民生的信访件必须在24小时内解决，这是我第一次深入基层为群众办实事，从中深切地感受到群众之所急亦是干部之所急，“群众事，无小事”。

暑假期间带队前往安康市石泉县开展为期10天的实地调研，了解石泉县蚕桑产业的发展现状，就乡村振兴与农业农村现代化发展存在的问题提出解决思路和办法，以期促进地区经济发展，助力乡村振兴。

今后我将更加积极地投身于社会实践，努力将自己培养成习近平总书记所要求的“起而行之，不辱使命，在大有可为的新时代奋斗奉献”的新青年。

在过去的两年时间里，我取得了很多成长与进步，但我也知道未来的路还很长，需要我继续奋斗。今后，我将更加严格要求自己，努力将自己培养成德智体美劳全面发展、综合素质突出的优秀大学生。

师长点评

高远同学在校期间表现优秀，思想进步，积极向党组织靠拢；学习态度端正，勤奋努力，目标明确；能够积极参与院校各级别各类活动，德智体美劳全面发展，综合素质高。

经济管理学院副教授　姜雅莉

励志座右铭

否极泰来，运势上升，终将成就自己，赢得辉煌人生。

青衿之志　履践致远

——人文社会发展学院王远卓

王远卓，女，汉族，2002 年 2 月生，中共预备党员，人文社会发展学院公共事业管理专业 2020 级学生。曾获校长奖学金、专业一等奖学金，获全国大学生生命科学竞赛国家级三等奖、中国“互联网+”大学生创新创业大赛省级铜奖、全国大学生电子商务“创新、创意及创业”校级挑战赛二等奖、西北农林科技大学公共危机管理案例分析大赛一等奖等奖项，曾获校级“优秀大学生”“优秀共青团员”“优秀共青团干部”等荣誉称号。

日拱一卒，功不唐捐

任何成绩的取得都来自个人持之以恒的努力，努力终有回报。因此，在进入大学以来，尤其是大二阶段，经历了大一一年的探索，我已经找寻到最适合自己的学习节奏，不羡于他人的光辉成就，也不困于自己的短暂泥沼，从努力做好每一件小事做起，以此来回应大学生活中难免会遇到的焦虑。即在课程学习上，积极主动探索学习方法，夯实知识体系，不怕困难，抓住并利用好每一次提升的机会。具体来说，主要有以下两点：

一是注重基础知识体系构建与能力提升相结合。我认为，基础知识体系的构建在大学学习中是非常重要的一个环节，像通识课，细碎的知识点较多，要及时对这些知识点进行整理和总结；而专业课中则会出现较多的专业名词或理论，及时总结是掌握这些概念或理论的重要途径。尤其是进入大二，相关概念或理论更多，所以必须重视，因为这对于我们以后的升学及相关领域就业有着非常重要的作用。对此，我会更加积极思考与记录专业课上老师讲授的现实案例类问题，并从自身视角结合专业知识对其进行分析、解读，在课后主动联系专业老师就有关问题进行探讨，还就论文写作与学术思维能力培养向老师请教，交流相关意见与看法。

二是课堂学习与课后复习相结合。大二学年，我更加意识到课堂学习的重要性，课上坐前排与老师互动，课下和老师探讨课堂中不理解的内容以及自己的想法。在考试期间，考前一周，我会将精力全部投入到考试科目的复习之中，对于课程重点内容进行至少3遍的系统梳理，我喜欢用思维导图的方式将所有考试知识进行串联，形成知识体系，帮助自己记忆与理解，并在每次休息前将知识点以导图的形式进行回顾，从而可以大大加深对于主干知识的记忆效果。

追寻热爱，多元发展

当然大学生活绝不是仅仅只有课堂或者书本，课余也要努力去追寻自己热爱的事情。

我热爱双创，便主动与导师、学长学姐寻求经验，经过一年的探索，完成了从新手参与者向项目负责人的转变，先后主持过一项校级重点大创项目，参与了一项省级大创项目，带队参与了“挑战杯”“三创赛”等多项大型赛事，并取得了6项国家级、省级、校级奖项，从而既锻炼了自己的创新创业思维，提升了组织协调能力，又结交了很多志同道合的小伙伴；我热爱社会实践，作为团队负责人，组建了人文学院赴陕西宝鸡人才振兴调研队，于2022年暑假前往宝鸡市进行实地调研与学习，获得了“社会实践先进个人”荣誉称号及2022暑期社会实践三等奖；我热爱志愿服务，利用周末时间参与杨凌文化馆志愿服务及五泉志愿支教活动，在家乡，协助家乡团区委举办了20余场“七彩假期”青少年主题活动，开展公益科普教育，关爱健康成长，同时，深入区内大孟庄镇、南蔡村镇等5个镇街进行乡村振兴志愿服务系列活动，在服务他人的同时也使我的沟通和表达能力得以提升；我热爱学生工作，自入学以来便担任班级团支书为同学们服务，一场场活动的组织，一次次为了集体荣誉的拼搏，都见证了我的成长，它带给我时间管理、沟通交流、组织协调等方面能力的提升，让我更加从容面对挑战的同时，所在支部也获得校级“五四红旗团支部”、2022年校级“活力团支部”、校级“优良学风示范班”等荣誉称号。

脚踏实地，仰望星空

“你若决定灿烂，山无遮，海无拦。”目标是我们学习的导向，清晰地贴合目标是动力产生的源泉，它会不停地激励我们向前。大学四年，我遇到了不少困难与挑战，但是，不管遇到怎样的困难、挫折、挑战，我都有一个坚定的目标激励我永远向前，最终取得一个又一个辉煌的胜利。在日常生活中，我会选择短期目标与长期目标相结合的方式，以每天、每周、每月为基准，制定短期目标，以个人发展道路选择为基准，制定大学整体目标。然后，朝着目标的方向，一步一个脚印前进，我深知唯有脚踏实地，才能仰望星空，作家格拉德威尔曾在《异类》一书中指出一万小时定律，我相信这个定律，但是我想我们要实现目标，或许还需要更长的时间。心之所向，素履以往，在目标的指引下，我见证过西农的不眠夜晚和寂静的晨间，以及每一个自己承担的焦虑时刻，这些都是我实现目标途中宝贵的经历。

在庆祝中国共产主义青年团成立100周年大会上，习近平总书记寄语青年："奋斗是青春最亮丽的底色，行动是青年最有效的磨砺。有责任有担当，青春才会闪光。"作为农林高校人文社科类学科学生，我会继续严格要求自己，把握当下，日积月累，做好日常生活中每一件小事，将理想目标立足广阔的"三农"天地，努力将"诚朴勇毅"的校训和"扎根杨凌、胸怀社稷，脚踏黄土、情系三农，甘于吃苦、追求卓越"的西农精神书写在祖国大地上，坚持理论联系实际，让青春绽放在祖国最需要的地方，让年轻的想法跳动在每一个角落。

师长点评

王远卓同学尊敬师长，团结同学，严于律己，好学上进，团学工作认真负责，学习成绩名列前茅。同时，积极参加社会实践、志愿服务和大创项目，有较强的创新学习能力和组织协调能力，是一个德智体美劳全面发展的好学生。

人文社会发展学院副教授　李卓

励志座右铭

执着于理想，纯粹于当下。

困难的时候笑一下就好了

——创新实验学院王昊骋

王昊骋，男，汉族，2002年12月生，共青团员，创新实验学院农林经济管理专业2021级学生。曾获1次校长奖学金、2次专业二等奖学金，获全国大学生生命科学竞赛创业类(实践类)全国二等奖、中国创新创业大赛现代农业产业技术创新专业赛全国三等奖，获校级“优秀大学生”荣誉称号。曾策划组织第十届大学生创新创业论坛、第十届“挑战杯”校级决赛、第八届中国国际“互联网+”大学生创新创业大赛校赛决赛等。

以德为先，道德立身

爱党爱国、遵纪守法、积极进取，政治立场坚定是我个人在思想品德方面的追求。我来自山东，成长于泰山脚下，每天面对高大雄伟的泰山使我的心胸不断开阔，目标不断放远，因此立志要成为一个对国家、社会有贡献的栋梁之材。大一时便积极向党组织递交入党申请书，参加第3期入党领航教育培训，参加第24期入党积极分子教育培训，均顺利结业，现为一名入党积极分子。为了寻求更多的思想上的进步，我不断充实自己，通过选拔参加了第13期“青马工程”。

在担任班长一职时，带领全班同学响应学校、学院号召，积极参与学校、学院组织的各项活动，配合学校、学院的工作，替学校、学院和老师分忧。另外，我还担任了校团委科技创新部办公事务组组长，工作积极、态度诚恳敬业、责任心强、受到老师、同学的好评和赞扬。

脚踏实地，久久为功

来西农之前，我就确定了一个信念：上大学并不是来享乐，而是要开始真正的奋斗。来到西农,我便努力朝着国家需要的知农爱农、强农兴农的卓越农林人才的发展方向努力。经过大一上学期的不断摸索,我总结出了适合自己的学习方法与节奏。因而在大一上学期期末,我取得专业第六的成绩。这对于我来说,才刚刚是一个开始。我认为,学习就像谱曲,当我们熟悉了节奏,就需要打着节拍,向自己喜欢的旋律调整,这样我们就能做到事半功倍、无往不胜。于是在大一下学期,我就按照这样的旋律,脚踏实地,努力地学好各门专业课。期末考试我以 90.44 分的学积分取得了班级专业第四名的成绩。

除了专业课学习,我还积极参与学校、学院组织的多项科创并为之付出心血,先后获得了全国大学生生命科学竞赛创业类(实践类)全国二等奖、中国创新创业大赛现代农业产业技术创新专业赛全国三等奖、校级"诚朴杯"公共危机管理案例分析大赛优秀奖。在项目的参与中既提升了自己的科研能力,又获得了向优秀的老师、前辈学习先进科研经验的机会,为今后从事科研工作奠定了一定的基础。

实干笃行,不负韶华

人常说"实践出真知",所以我们绝不能只满足于书本理论的掌握,一定要把理论知识投入到鲜活的实践活动中去,这样才能使自己的能力得到全方位的提升。大一学年,我曾主持寒假社会实践项目"聚力乡村振兴战略——培养'一懂两爱'人才专项活动",带领成员开展实践活动并顺利结题;参与暑期"三下乡"社会实践活动,所在团队"创新学院赴关中农产品电商直播调研队"取得校重点立项;参加大学生创新训练计划项目"非农就业转移、收入预期与农户家庭资产配置——基于房产税政策感知的调节作用分析"的项目调研并担任调研队队长带领成员开展工作。

毛主席在《体育之研究》中曾经说过:"文明其精神,野蛮其体魄。"体育锻炼对于我们格外重要,因此我积极参与体育锻炼并带领团队努力拼搏。我曾参加大一新生足球赛并取得团体亚军,参加大一新生篮球赛并取得团体季军;作为院排球队成员参加西北农林科技大学 2022 年大学生排球联赛;参加西北农林科技大学校运会,参与男子 100 米、男子 4×100 米接力项目。

对于志愿服务与实践工作我同样不放松。我曾组织带领班级参加"铭记一二·九,共筑中国梦"朗诵合唱比赛;作为疫情防控志愿者参与学校疫情防控;作为校团委科技创新部成员参与第十七届"挑战杯"国赛项目实战演练并进行视频录制;组织并策划第十届大学生创新创业论坛、第十届“挑战杯”校级决赛、第八届中国国际“互联网+”大学生创新创业大赛校赛决赛等。

翻过山岭,驰骋苍穹

我的名字是王昊骋,意为在天地间驰骋,我不会因为困难停下前进的脚步。要成为国家的栋梁之材,必须脚踏实地,真正做到全面发展,把自己融入大环境。“千里之行,始于足下”,我会奋发向上,更加勤奋努力,在自己的学习、工作中再创辉煌。在我的家乡,我经常登顶泰山欣赏美景,想起毛主席的那句“无限风光在险峰”,我要把它立在我的逐梦之路的彼端,也要把它送给其他为梦想奋斗的人,当我们遇到困难的时候,我们应当向那无法动摇我们信念的困难展露微笑。

师长点评

王昊骋同学学习刻苦努力,成绩优秀,曾获校长奖学金、专业奖学金、“优秀大学生”等荣誉;积极参加科研竞赛,并获得国家级、校级奖项;文体活动表现优异并取得荣誉,展现了当代大学生风采,为同学们起到了模范带头作用。

经济管理学院副教授　马红玉

励志座右铭

好男儿当自强不息。

奋力奔跑出自己的最好成绩

——食品科学与工程学院梁思远

梁思远，女，汉族，1999 年 2 月生，共青团员，食品科学与工程学院食品质量与安全专业 2017 级学生。曾获校长奖学金、专业一等奖学金，获京都大学生国际创业大赛三等奖、第四届全国大学生生命科学创新创业大赛国家级一等奖、第五届“互联网 +”全国大学生创新创业大赛省级金奖、第八届大学生创业论坛一等奖，获校级“三好学生”“口才之星”等称号，获“品华杯”最佳辩手等。

努力学习，奋起直追

大一时，我的成绩很普通，学积分离 85 分尚有一定差距，在全院 300 人中默默无闻。看着身边优秀的学长学姐和同级的同学们，我的内心充满了羡慕，发誓要成为他们那样的人。我知道自己的起点比别人低，所以要赶超他们，就要付出比其他人更多的努力。于是我经常踏着图书馆的闭馆音乐结束一天的学习生活；挑灯夜战，奋起直追，不怕比别人更孤独与辛苦。在老师们的殷殷教诲和同学们的热心帮助下，大二下学期我的学积分即达到了 91.7 分，在班里排名第一，综测排名专业第二，获得了校长奖学金和专业一等奖学金，也得到了师长和身边同学的认可。体会到了学习的快乐与成就感，我的学习热情与士气一下子提起来了，从此学习便驶入快车道，永远向前而不知疲倦。

英语学习一直是我的强项，大一时就通过了英语四、六级考试，四级更是取得了 553 分的优异成绩。凭着兴趣，我又开始了 GRE 学习的挑战。在繁忙的课业之余，我在 30 天之内背记了 3 000 个单词，每天清晨记忆新单词，每晚睡前复习旧单词，利用课间、吃饭等一切碎片化时间，排除万难，完成自己制定的计划。这让我对于勤奋、刻苦、踏实、认真等词有了深刻的理解。我坚信如果在今后仍旧能够保持这些品质，那我的学习还能更上一层楼。

在专注于课程学习的同时，我开始涉足科研。作为科创项目团队中的负责人之一，我在实验室完成了大量的实验操作，同时，根据项目需要，查阅大量的文献，并在小组会与试验方案设计时提出自己的相关建议。

丰富课余，全面发展

对于创业我一直有着强烈的兴趣，于是在大二就开始组队参与相关比赛。从写好一份商业计划书，到制作一份漂亮的经济报表，我都是从零学起，虚心向老师、学长学姐求教，和队友们共同奋斗，最终荣获第四届全国大学生生命科学创新创业大赛国家级一等奖、第五届“互联网+”全国大学生创新创业大赛省级金奖、第八届大学生创业论坛一等奖等。在赴日本参与京都大学生国际创业大赛时，我代表整个团队进行了10分钟的英语答辩，受到好评，我们的成果最终荣获三等奖。当时上台，一开始虽然有很大的心理压力，但因为已经有了无数次的演练，所以最终突破了自己，做了以前认为做不到甚至不敢想的事，代表学校向大会展现了中国人的风采，内心十分激动。此次比赛，给了我与外国以及中国其他优秀学校学生同台竞技与台下深入交流的机会，极大地开阔了我的视野，让我受益匪浅。由此我也更深刻地意识到努力的意义，相信自己付出便有着无限的可能。

此外，我还注重口才训练，所以能多次代表团队进行答辩，且均取得良好成绩；由于我出色的表现，曾获得校“口才之星”荣誉称号。另外，在校乐团我还担任过小提琴手，这既丰富了我的大学生活，同时对于启迪思维、激发灵感也有重要作用。

初心不忘，我的生活充实而美好。

服务新生，热心公益

在短短两年多的大学生涯中，因为得到很多来自身边人甚或是素未谋面的学长学姐的热心帮助，我才能渡过许多难关。时到今日，我的心中依旧充满感激。于是我热心地投身于公益活动，希望能把我的这份感激也传递分享给其他人。

我参与了许多社会实践活动及志愿工作。如先后参与了2次“三下乡”活动，为长武实验站发声；任“杨马”志愿者，为运动健儿保驾护航；任校运动会裁判志愿者；任校青少年高校科学营志愿者；等等。此外，为响应党的号召，我深入社区进行扫黑除恶的宣传，还制作了“爱心义卖”海报，为山区的孩子筹集物资，做一些自己力所能及的事情。

其中，令我印象最深刻的是我校科学营活动的志愿工作。2015 年，我作为西安电子科技大学附属中学的一名高一学生，以普通营员的身份参与西农承办的首届面向全国高中生的科学营活动来到了这里；2017 年填报高考志愿，我毫不犹豫地选择了西农，从此生活在这里；2019 年，我主动报名成为由西农承办的第五届即该轮最后一次科学营活动的志愿者，为西农宣传，提高学校在全国高中生心中的知名度。在开营仪式上，我作为志愿者代表，向在座的百名如我当年般的孩子讲述我与西农的故事以及我对西农的情怀，也期待以一个学姐的身份与他们中的一部分在这里再次相遇。

当然，作为学校宣讲团的一名大三学生，我曾先后被邀请参与食安 1902 班与食工 1905 班的新生思想再教育暨学习经验交流会，在会上与会后积极帮助新生解答思想、学习等方面存在的困惑，鼓励他们敢想敢做，度过充实快乐的大学时光。

无论过去成绩如何，我都将继续努力奋斗，燃烧青春，迈向未来。用自己的全部激情，做一个新时代虽小但不可或缺的齿轮，在实现个人抱负的同时，绝不忘回馈母校和国家对我的栽培，不辜负自己，不辜负社会，自立于天地间。

师长点评

梁思远同学为人正直，积极向上，有理想，有抱负，具有强烈的社会责任感和正义感。勤奋好学，认真钻研，多才多艺，全面发展。且为人谦逊，待人真诚，团结同学，热心公益，是一名德智体美劳全面发展的优秀大学生。

食品科学与工程学院副教授　栾广忠

励志座右铭

怕什么真理无穷，进一寸有一寸的欢喜。

耐心沉潜　把握机遇

——化学与药学院施笑然

施笑然，女，汉族，2000 年 8 月生，中共党员，西北农林科技大学化学与药学院化学生物学专业 2018 级学生。曾获 2018—2019 学年校长奖学金，获“普译奖”全国大学生英语写作大赛本科组一等奖，获校级“社会实践先进个人”“优秀团员”“三好学生”“优秀共青团干部”等称号。主持省级科创项目“‘激活型’聚集态荧光增强染料在肿瘤双光子成像方面应用”一项。

拼搏的青春最美丽

进入大学的两年里，我严格要求自己。在思想上，我要求进步，积极向上，拥护中国共产党的领导，拥护社会主义事业建设，遵纪守法，遵守大学生守则和学校规章制度，重视思想道德修养，关心集体，尊敬师长，团结同学。培养了正确的世界观、人生观、价值观，努力提高自己的思想政治觉悟。积极向党组织靠拢，参加了西北农林科技大学青年马克思主义学习班，学习党的方针、政策，提高自己的党性修养。

在学习上，我刻苦努力，勤奋好问，脚踏实地，始终牢记当代大学生的历史使命，努力学习科学文化知识，提高自己的专业素养。“志存高远，筑梦飞翔”，我用实际行动去践行“扎根杨凌、胸怀社稷；脚踏黄土、情系三农；甘于吃苦、追求卓越”的西农精神，锲而不舍，钻研求真。大一学年，我的综合测评成绩居专业第三，获得了校长奖学金和专业一等奖学金，校级“三好学生”等荣誉称号；大二学年，综合测评成绩居专业第二，积极参加科创项目，努力将所学知识投入具体实践。汗水灌溉梦想，努力筑梦远航。

通过不懈的努力，我收获了成功，但我知道这种成功是阶段性的，这仅仅是一个开始，收获荣誉不仅是一种喜悦，更是一种压力和动力。人生必须不断进步，在未来的两年里，我会时时鞭策自己，继续完善自我，努力激发潜力，拼搏奋斗，让自己变得更加优秀。

实干的人生更精彩

卡耐基说过，热忱不只是外在的表现，它发自于内心，热忱来自你对自己正在做的某件工作的真心喜爱。当我们怀着一颗热忱之心，人生不会黯淡。大学生活丰富多彩，我积极投入其中，努力做到德智体美劳全面发展，曾先后参加三院运动会、校运动会、舞蹈大赛等；加入院舞蹈队，刻苦训练，收获颇丰。

此外，我还积极参加了寒暑假的社会实践活动，如回访母校、“三下乡”等活动，并撰写了相关实践论文。其中，在2019年回访母校活动中我担任队长，所带团队获得了“优秀队伍”的称号，我个人被评为“社会实践先进个人”。我积极参加田园使者活动，通过社会实践活动，实现了知识与行动的统一。

每一次活动都是一次人生经历，既有付出也有收获。增长了才干，收获了乐趣，这样的人生才更有价值。

成长的经历最美好

任何工作，既是谋生手段，也是一个人对社会的一份责任。何谓责任？责任就是人们在各自的工作岗位上尽职尽责，不允许任何人马马虎虎，不负责任，也不允许任何环节出现空当或发生松动。所以，一个具备了强烈责任心的人会拥有强烈的自信心与使命感。作为一名大学生，我必须肩负起自己的责任，认真履行职责，争取在平凡的岗位上做出不平凡的业绩。

作为一名学生干部，无论做什么工作，我都认认真真、踏踏实实，努力做好自己应该做的每一件事，让老师放心，让同学舒心。大一时，我担任班级权益委员、院学生会权益部志愿者、校团委实践部志愿者。大二时，我担任院学生会权益部负责人和校权益监督员。另外还担任院团委学生副书记和化学类2001班班助。我深深地知道，责任心不仅是一种心理品质，更是一种道德素质和能力要素。我以全心全意为同学服务为宗旨，积极主动服务同学，以热心诚恳、乐观向上的工作态度认真做好每一件工作，比如如何写好一份策划、如何办好一次活动等看似小问题的事，其实里面蕴含着大学问。我借鉴、吸收其他学院乃至其他学校的优秀经验，努力创新活动形式，让更多的同学愿意参加到活动中来。

另外,我还积极运用网络媒介开展线上活动,不拘泥于形式,真真切切地为同学提供服务。

通过学生工作的锻炼,让我在表达能力、沟通能力、策划能力、协调能力等方面有了大幅度提升,综合素质得到有效提高。如何将工作和学习相协调、相平衡是一门大学问,不能因为工作影响到学习,这是我仍然需要不断探索的地方。大学是一个小社会,蕴藏的却是大学问,如何与人交往,如何明辨是非,都是我们需要永远学习的。

一路走来,风雨兼程,磨砺的是品行,历练的是成长。过去的已经成为历史,未来的路还很长。我明白,学习须持之以恒,成功永远不会降临到懒惰者的身上,我会一直奋斗拼搏,争取在各个方面全面发展,绝不辜负老师和家长的期望。

师长点评

在和施笑然同学接触与交流过程中,发现其思想上追求上进、性格谦逊、尊敬师长,学习上刻苦勤奋、认真踏实,生活上刻苦耐劳、乐于奉献、关心集体。在我的心目中,施笑然同学是一名品学兼优的大学生。

化学与药学院副教授　马海龙

励志座右铭

唯有耐心沉潜,才能柳暗花明。

志之所趋　无远弗届

——语言文化学院刘董杰

刘董杰，女，汉族，1999 年 5 月生，中共预备党员，语言文化学院英语专业 2017 级学生。在校期间曾获校长奖学金、2019 年全国高校创新英语挑战赛决赛优秀奖、2018—2019 学年优秀共青团员、2019 年“万名学子扶千村”实践活动校级优秀奖及 2019—2020 学年“优秀大学生”等荣誉。

发现差距，定下目标

初入大学校园，感觉一切都是新奇的，但由于我个人性格问题，对很多东西极不适应。不一样的环境，不一样的教学模式，不一样的老师和同学，一切陌生的事物让我瞬间迷茫起来。特别是更灵活的课余时间，更自主的学习方法，更多来自全国各地的优秀同学，无论是在口语交流还是在课堂提问中，都无不体现出自己和别人的差距，我内心的惶恐难以言状。

果不其然，大一学年的综合测评，我位列全年级第 23 名，无论是荣誉称号还是奖学金，都与我无关。看着别人德智体美劳等各项得分，我不由得反问自己：怎么每一项都和别人有差距呢？

我开始反思自己一年来的学习和生活：对于学习不够踏实认真，没有独立自主的学习方法；性格内向，参加各类各项活动不够积极，更别提竞赛了。经过好几天的反思和总结，我认认真真地在日记本上写下了 4 个字：这样不行。

于是，我开始仔细审视自己一年来的学习和生活，与班级里优秀的同学做对比，然后制定了详尽的实施计划和达成目标，即从 23 名起步，争取明年进到前 10 名，凭借自己的能力获得荣誉称号，甚至是奖学金。

坚定目标，逐步改变

有了目标后，大二学年的我开始从学习、生活、活动等各方面抓起：一是养成课前预习课后复习的习惯，找到适合自己的学习方法；二是课余生活多泡图书馆、自习室，远离宿舍温暖的被窝；三是积极参加学院学校组织的各项活动，如配音大赛、元旦晚会、传统文化知识竞赛等；四是热心志愿服务、社会实践活动……

很快，大二学年过去了，一年的付出让我在综合测评中取得了年级第九名的骄人成绩，由此我也获得了“优秀共青团员”的荣誉称号和专业二等奖学金。

当时得知自己获得荣誉称号和拿到奖学金时的心情是怎样的，高兴？激动？喜不自胜？抑或泣不成声？记不清了，只知道这是对我一年来努力的肯定，它激励着我向更高的目标迈进。于是我暗暗告诫自己：绝不能松懈，还要继续努力。我开始为自己定下了一个更高的目标，以这份荣誉为起点，督促我继续提高自己的各项实力，争取在下一学年取得年级前五的成绩。“加油！”我握着拳头，暗暗地激励着自己。

坚持不懈，终有收获

大二学年的时候，中级英语和英语口语老师都找我谈话，希望我在英语上能有所突破，她们告诉我：你有能力，希望你敢于展示自己的能力。我意识到，这方面我确实做得还不够，要更大胆地表达自己的思想和看法，这不单单是作为英语专业学生所需要的能力，也是一个大学生应该具备的素质。

于是我参加了学校口语与演讲协会和语言文化学院英辩队，一方面是为了锻炼自己口语水平的专业能力，另一方面则是为了培养自己能大胆地在别人面前表达的能力。同时，也为了能认识更多志同道合的小伙伴。

专业知识方面，大三学年的课程比大一、大二时更具挑战性，全部都是专业课程，基础课程涉及得很少。于是我开始更加努力地学习课程，整理笔记，阅读文献，以求更好地掌握专业知识。

功夫不负有心人，大三学年结束后，我的综合测评成绩位列年级第四，达到了自己定下的小目标。这个学年多方面的表现也使得我最终被评选为了2019—2020 学年的“优秀大学生”，获得了校长奖学金的荣誉。看到公示名单的那一刻,我的心情是激动的。这不单单是对我一个学年的综合肯定,更是对我整个大学生活的激励。

回首前三个学年,无论是在学习中还是生活中,确实都有很多东西值得我去回顾、反思。从一开始以荣誉称号和奖学金激励自己努力,到现在真正获得这个荣誉,在这个过程中我收获的远远大于这些:学习中,我养成了良好的学习习惯,形成了自己的学习方法;生活中,我更愿意和他人交流,互相帮助;参加活动的过程中,结识了更多朋友,从他们身上学到了很多;社会实践中,参与了许多有意义的活动,将自己所学知识运用到生活实际中。

"往者不可谏,未来犹可追;理想其未远,振翼而腾飞。"大学生活让我收获了很多,在未来的生活中,我做好了迎接挑战的准备。我始终相信"志之所趋,无远弗届,穷山距海,不能限也。"

师长点评

刘董杰同学自入校以来,思想上要求进步,积极向党组织靠拢,下个月即将转为正式党员;学习上态度端正,认真刻苦,一丝不苟,进取心强,学习成绩一直名列前茅,给同学树立了良好的榜样;她性格活泼开朗,积极参加各类实践活动,高效率完成任务,获得大家一致认可和好评。相信在未来的成长道路上,一定会勇往直前,谱写新的辉煌!

语言文化学院讲师　王波

励志座右铭

志之所趋,无远弗届,穷山距海,不能限也。

目标照亮生活　奋斗催人前行

——葡萄酒学院潘荆凯

潘荆凯，男，汉族，2000 年 5 月生，中共预备党员，葡萄酒学院葡萄与葡萄酒工程专业 2019 级学生。在校期间曾获校长奖学金及专业一、二、三等奖学金，第十二届全国大学生数学竞赛省级三等奖，获校级“优秀大学生”“优秀学生干部”“优秀共青团员”等荣誉称号。

失去目标，止步不前

高考结束的那天我仍记忆犹新，一方面，目标的达成让我如释重负；另一方面，失去了唯一的目标，生活也好像失去了动力。一时间，一种完成使命的激动和失去目标的空虚感交织在一起向我袭来。理想、目标，我原以为这些虚无缥缈的东西离我很遥远，直到真正脱离父母的庇护我才开始认真考虑，但生于小县城的我并没有宽广的视野和踏出舒适圈的勇气。和绝大多数刚跨进大学校门的学生一样，在高中时代我唯一的目标就是考上一所理想的大学，学习自己感兴趣的专业，而这一目标随着我高考结束、收到录取通知书而宣告结束。

带着这样的心情，我来到了西北农林科技大学葡萄酒学院学习，来追寻自己想要的答案。

回归本心，奋斗向前

刚进入大一，我还不能立刻适应大学的新生活。大学不再是宿舍—教室的两点一线，学生也不再是“两耳不闻窗外事，一心只读圣贤书”的书呆子，校园里、教室里更不会再有他人时刻监督你的学习。一切全凭自律！可要做到自律则是一件很难的事，对于刚刚步入大学的我来说，一切新鲜的生活都充满了诱惑，因此，在大一的时候我的成绩并不是很理想。这使我开始警觉起来。

于是，我开始留意各种交流会上有关考研、保研、出国、就业的优秀学长学姐的经验分享,他们都不约而同地告诉我,无论我的目标最终会是什么,"学习"都是实现目标最重要的方式。在葡萄酒学院的帕图斯辩论队和习近平新时代中国特色社会主义思想学习社里,我认识了很多优秀的学长学姐,他们告诉我,目标的确定不必急于一时,更重要的是要看清自己、了解自己,不必焦虑,敢想敢做,前方的路自然就走出来了。

正当我要雄心勃勃,准备制订详细的目标大干一场的时候,大一下学期,我们遭遇了新冠疫情,于是只能待在家里,每天除了按时开始的线上上课外,就是对接下来的大学生活做了一番细致的安排。我一直牢记着学院"耕土耕心,酿酒酿人"的院训,我时常在想我要在心里"种下什么样的种子",把自己应该"酿成什么样的美酒"。思索过后,按照计划,我开始发生新的转变。

学习为本,探索中明志

《中庸》中有句话:"博学之,审问之,慎思之,明辨之,笃行之。"这是学习之道,更是人生之道。大学生的本职工作始终是学习,学习为本。我通过研究那些优秀的学长学姐的学习生活,总结出了有效学习要做好的三件事:一是合理分配时间,做自己的时间管理大师。一寸光阴一寸金,合理的规划能减少生活琐事浪费我们的学习时间;二是把握好课堂的 40 分钟,高效学习,并在课后及时做好复习,课堂上老师的讲授往往逻辑清晰、易于理解,紧跟老师的节奏学习往往能事半功倍,辅以课后笔记能帮助自己及时巩固知识;三是劳逸结合。在平时的学习、生活中,大部分时间我们都是一个人独行,但学习是需要"成群结队"的,找到志同道合的人或是围绕自己一件感兴趣的事,更能让我们时刻保持学习的激情。

我学习那些优秀者的良好习惯,并逐渐摸索出一套适合自己的规律,经过大二一年的实践,我的成绩有了显著提升。

在长期的学习中,我逐渐了解了自己,也发展了自己,这使得我有了足够广阔的视野去考虑未来的事。实现目标,这不是一蹴而就的事,在长期的探索中,我也曾有过许许多多个辗转难眠的夜晚,学习时间的缩短,如何平衡学习、生活、工作的冲突,等等,这些都会给人带来焦虑,但每一次焦虑之后,我会更加明确自己的需求。在需求的推动下,在实现个人价值、为国家为社会作贡献的大道上,我才能走得更加坦荡、平稳。

一心向党,努力提高思想觉悟

高中时,我就一直期盼着自己能加入中国共产党。大学一入学我就向学院党组织递交了入党申请书，同时还加入到学院习近平新时代中国特色社会主义思想学习社，学理论、悟思想、强党性、勇担当，以一个共产党员的标准严格要求自己，处处起先锋模范带头作用。如今，我已经成为一名中共预备党员了。

在党组织的培养下，我的思想觉悟有了显著提高，报国之志似火焰般熊熊燃烧，自律、自强、自主，以工作学习上的突飞猛进来为同学服好务，为班级建设作贡献。

享受孤独，更要学会结伴而行

我深知一个人是走不远的。正如我前面所说，在大部分独行的生活中，我们也需要结成团队，结成学习共同体、生命共同体，相互学习、共同提高。在葡萄酒学院帕图斯辩论队中，我和一群热爱“叽叽喳喳”的好伙伴结成了这样的团体。在这个团体中，他们给我枯燥单调的生活带来了“喧闹”，我们会聚在一起，谈论学习，谈论人生，谈论生活的欢声笑语，将生活中的不愉快抛之脑后。有了这群人，我将每天辩论队的晚训当作好友间一天劳累生活结束的放松。我要做生活的独行者，但并不是独行怪，在奔赴理想的路上我们各自是独立的，也是孤独的，偶尔我们的路会交织在一起，共同走一段路，然后各自分别，去追寻属于自己的梦想。

从缺乏目标到树立一个新的目标，这就是我大学两年多来最大的变化，新的目标不仅给我的生活带来新的动力，还让我掌握了新的学习方法，思想觉悟得到了提升，人开始变得自律，还结交了一群志同道合的朋友，这些都将成为我大学时最宝贵的一笔财富。

师长点评

只有那些立志高远、自强不息、奋力拼搏的人，才能在自己的人生旅途中把一个个问号变成感叹号，最后画上一个圆满的句号。潘荆凯同学在学习过程中确立了人生新阶段的新目标，用行动创造了实现目标的巨大力量。

葡萄酒学院辅导员　沙青

励志座右铭

博学之，审问之，慎思之，明辨之，笃行之。

"咸鱼"的崛起

——水利与建筑工程学院施超

施超,女,汉族,2001 年 8 月生,共青团员,水利与建筑工程学院土木工程专业 2020 级学生。曾获得 2 次专业一等奖学金;被评为校级"优秀团干部"。参加西北农林科技大学迷你马拉松裁判员并获得"优秀裁判员"称号,参加西北农林科技大学校运会裁判员并获得"优秀裁判员"称号。参加了杨凌农科城国际马拉松赛、农高会志愿者活动。

步入大学

在没有进入大学的时候,在班上我就是普普通通的一名高中学生:成绩普普通通,长相也不出众,更没有过人之处,在班级里虽然算不上"隐形人",但也不那么出彩,只想当一条咸鱼过完高中的生活。上了大学以后,我开始了自己人生真正意义的思考:每个人的生命都是短暂的,如何在短暂的人生中过完充实的一生?虽然一时半会儿还没有想明白,但总不能就这么平凡地过完自己的一生,特别是新的大学生活。学生的天职就是学习,于是我想到了学习这条路。学习能够不断地充实、发展自我,但当我拿起课本时,感觉和高中也没什么太大的区别,只是多了一份认真的态度而已,思前想后,实在想不出新的招数,就只能老老实实地坐在教室里,开始认认真真地听课,认认真真地记笔记,认认真真地思考老师课后留下来的问题,认认真真地完成每节课的课后习题。慢慢地,我发现自己有了改变:我变得更加喜欢发现生活中的美,变得阳光向上,变得更加自信。就这样,在大一上半年的学习、生活中,我有了很多意想不到的收获:学习上取得了优异的成绩,融入了来自五湖四海的同学圈中,参与了许多形形色色、丰富多彩的活动,形成了我们这个年龄段共同的也是独有的校园文化。无论是社会上许多琐事俗事,还是学校里的趣闻轶事,都纳入了我们的思考范围。特别是个别同学已经早早地为今后的出路在深思熟虑。同学们的状况也是异彩纷呈、变化万千，如有的人成了“神雕侠侣”，有些人还在“笑傲江湖”，而另一部分人则成了“侠客行”。这就是当代的大学生，可以说思考的方式和思考的深度决定了一个人在大学初始阶段的态度和状态。

成长与蜕变

经过了深思，在大一的下半年，我开始了自己计划的实施，即不仅注重学习，更要积极参加各类社会实践活动，我深知，一个人想要在这个社会上立足，不仅要依靠头脑里的知识，更要依靠自己为人处世的本领和与他人打交道的本事。在这半年里，我先后参加了学校里的校运会，当了一名趣味运动裁判员，我看到了校园生活的青春活力；参加了农高会，成为一名志愿者，看到了社会的千姿百态。作为一名大学生，要时刻抱着学习的态度，不仅是在平常的学习中，更要体现在人际交往中，学习与人打交道的方式，以一种更加谦虚的方式集百家之长，不断地丰富自己、成就自己，使自己在大学环境下茁壮成长。作为祖国未来事业的建设者，我们在平时的生活中就要勇敢地担负起自己的历史使命，提高自己的社会适应能力。当然，我们平时在学校里参加的社会实践活动就是一种很好的锻炼自己的方式，是一种提升自身能力的机会。在参加社会实践活动过程中，一方面可以把学到的理论知识应用到实践中去，另一方面也可以积累工作经验，这对日后就业大有裨益。

思想的升华

在大一第二学期，我开始全面审视自己，与自己的灵魂对话，一个人想要有所成就，就必须先去了解自己，发现自己性格上的优点和缺点。在审视自己的过程中，我的意志力也变得愈发坚定，高中时，我的意志力不强，遇到困难常常想的不是怎么去克服而是想方设法去逃避，就连体育课跑 800 米也都是想着能不去就不去，不仅如此，我在高中期间曾经历过一段黑暗时期。当时感觉生活里没有阳光，没有向上的希望，黑压压的，给人一种窒息感。但是步入大学之后，我慢慢地寻找到了自己的人生目标与方向，并为之拼搏奋斗。在追逐目标的途中，我发现自己逐渐变得积极向上，变得开朗活泼，大概是我终于明白了人生的道路总是曲折坎坷，但也是充满希望的，每个人都是在荆棘与鲜花的道路上前行。大学的生活让我明白，不是流眼泪就可以挽回失去的，所以不要轻易流下眼泪;也不是伤心就一定要哭泣,所以不要吝啬你的微笑。

接下来的路

一年半的大学生活就这样在指缝间悄然溜走,让人欣慰的是,一年多的大学时光我没有白白浪费,而是见证了自己的成长。一年中有收获,也有遗憾,最重要的是让我认清了自己,知道了自己的理想所在、使命所在,这是我从来都没有思考过的问题。人生的维度太过于丰富,人生的经历也总是苦乐相伴、祸福相依,没有人总是一帆风顺,当然也不会有人一直倒霉。俗话说得好,“尽人事,听天命”,所有的偶然都是必然,是我们平时精神状态和生活状态的一种体现。在我看来,人生可以分为两部分:一部分是掌握在自己手上的,它的好处是我们可以通过自己的努力去变得更好,也就是我们可以改变的命运的部分;而另一部分则是外在的我们不可控的因素,也就是听天命的部分,决定这一部分的因素有很多,可能与我们平时的精神状态有关,一个人如果精神状态好,那么他看平常的景物都带有一种欣赏的态度,所有的错误都能坦然地接受,那么必然他就会是人们口中的“幸运儿”。

每个人都有属于自己的人生节奏,不要着急去改变,一时不得,也无须着急,因为最好的总会在不经意间来到。不去和他人攀比,你的人生也会精彩。抱以这种心态去面对自己的生活,相信总会有一天,一觉醒来,便迎来了意想不到的“咸鱼”翻身。

师长点评

施超同学自入校以来,能够及时改变自己,积极向党组织靠拢,现已成为发展对象;学习态度端正、学习成绩优异,给同学树立了良好的榜样;同时担任班级团支书,能够积极协助班主任做好工作,为班集体建设献策献计,受到师生一致好评。

水利与建筑工程学院副教授　何斌

励志座右铭

即使活在黑暗里,也别忘了抬头看星光。